Zulässigkeit technischer Überwachungsmaßnahmen im Lichte der DS-GVO

Europäische Hochschulschriften Recht

European University Studies in Law

Publications Universitaires Européennes de Droit

Band/Volume 6776

Madelaine Isabelle Baade

Zulässigkeit technischer Überwachungsmaßnahmen im Lichte der DS-GVO

Mitarbeiterüberwachung zwecks datenschutzrechtlicher Compliance?

PETER LANG

Berlin - Bruxelles - Chennai - Lausanne - New York - Oxford

Bibliografische Information der Deutschen Nationalbibliothek
Die Deutsche Nationalbibliothek verzeichnet diese Publikation in der Deutschen Nationalbibliografie; detaillierte bibliografische Daten sind im Internet über http://dnb.d-nb.de abrufbar.

Zugl.: Leipzig, Univ., Diss., 2023

15
ISSN 0531-7312
ISBN 978-3-631-90598-2 (Print)
E-ISBN 978-3-631-90667-5 (E-PDF)
E-ISBN 978-3-631-90668-2 (EPUB)
DOI 10.3726/b21083

Verlegt durch:
Peter Lang GmbH, Berlin, Deutschland

info@peterlang.com http://www.peterlang.com/

Meiner Mutter

Vorwort

Zu Dank verpflichtet bin ich zunächst meinem Doktorvater Professor Dr. Burkhard Boemke für die Betreuung und den inhaltlich gewährten Freiraum sowie die zügige Erstellung des Erstgutachtens. Dank gebührt weiter RiBAG Professor Dr. Sebastian Roloff, der innerhalb kürzester Zeit das Zweitgutachten erstellte.

Den Grundstein für diese Arbeit legte meine Mutter, die mir mit ihrer harten Arbeit und liebevollen Erziehung ein Studium erst ermöglichte und deren bedingungslosen Unterstützung und Förderung ich mir zu jeder Zeit meines Lebens sicher sein konnte. Ihr gilt deshalb mein besonderer Dank.

Ein großes Dankeschön gebührt auch meinem Mann, der mir nicht nur während der berufsbegleitenden Promotion viel Geduld und Nachsicht entgegenbrachte, sondern mich stets mit tröstenden und motivierenden Worten durch die Höhen und Tiefen des Jurastudiums begleitet hat.

Nicht zuletzt gilt mein Dank meiner lieben Freundin Silja, die mir unermüdlich und jederzeit mit Rat und Tat zur Seite stand.

Dass ihr Teil meines Lebens seid, ist nicht in Worte zu fassendes Glück.

Inhaltsverzeichnis

Literaturverzeichnis

Albrecht, Jan Philipp	Das neue EU-Datenschutzrecht – von der Richtlinie zur Verordnung Überblick und Hintergründe zum finalen Text für die Datenschutz-Grundverordnung der EU nach der Einigung im Trilog, CR 2016, 88 ff.
Altenburg, Stephan; von Reinersdorff, Wolfgang; Leister, Thomas	Telekommunikation am Arbeitsplatz, MMR 2005, 135 ff.
Althoff, Lars	Die Rolle des Betriebsrats im Zusammenhang mit der EU-Datenschutzgrundverordnung, ArbRAktuell 2018, 414 ff.
Altmeppen, Holger	Gesetz betreffend die Gesellschaften mit beschränkter Haftung Kommentar 10. Auflage München 2021 Zit.: Altmeppen, GmbHG, § 1 Rn. 1
Arnold, Michael; Geiger, Jan-David	Haftung für Compliance-Verstöße im Konzern, BB 2018, 2306 ff.
Auer-Reinsdorff, Astrid; Conrad, Isabell	Handbuch IT- und Datenschutzrecht 3. Auflage München 2019 Zit.: Auer-Reinsdorff/Conrad/Bearb., Handbuch IT- und Datenschutzrecht, § 1 Rn. 1

Auernhammer, Herbert; Eßer, Martin; Kramer, Philipp; Von Lewinski, Kai
Datenschutz-Grundverordnung, Bundesdatenschutzgesetz und Nebengesetze
7. Auflage
Köln 2020
Zit.: Auernhammer, DSGVO/BDSG, Art. 1 Rn. 1

Baade, Madelaine Isabelle; Hagen, Christa
Beschäftigten-Datenschutz: Verarbeitung und Verwertung von Kommunikation via Messenger-Diensten, BB 2021, 1588 ff.

Balke, Barbara; Müller, Andreas
Arbeitsrechtliche Aspekte beim betrieblichen Einsatz von e-mails
Zulässigkeit von „Koppelungsgeschäften" im Zusammenhang mit § 87 BetrVG?, DB 1997, 326 ff.

Balsmeier, Benjamin; Weißnicht, Elmar
Überwachung am Arbeitsplatz und deren Einfluss auf die Datenschutzrechte Dritter, K&R 2005, 537 ff.

Barton, Dirk M.
E-Mail-Kontrolle durch Arbeitgeber
Drohen unliebsame strafrechtliche Überraschungen?, CR 2003, 839 ff.

Barton, Dirk M.
Betriebliche Übung und private Nutzung des Internetarbeitsplatzes „Arbeitsrechtliche Alternativen" zur Wiedereinführung der alleinigen dienstlichen Verwendung, NZA 2006, 460 ff.

Noack, Ulrich; Servatius, Wolfgang; Haas, Ulrich
Gesetz betreffend die Gesellschaften mit beschränkter Haftung
23. Auflage
München 2022
Zit.: Noack/Servatius/Haas/Bearb., GmbHG, § 1 Rn. 1

Baur, Alexander; Holle, Philipp Maximilian	Compliance-Defense bei der Bußgeldbemessung und ihre Einpassung in das gesellschaftsrechtliche Pflichtenprogramm, NZG 2018, 14 ff.
Bayreuther, Frank	Videoüberwachung am Arbeitsplatz, NZA 2005, 1038 ff.
Bayreuther, Frank	Zulässigkeit und Verwertbarkeit heimlicher Videoaufzeichnungen am Arbeitsplatz, DB 2012, 2222 ff.
beck-online. GROSSKOMMENTAR	Kommentar zum Handelsrecht Stand 15.09.2021 Zit.: BeckOGK/Bearb., HGB, § 1 Rn. 1
beck-online. GROSSKOMMENTAR	Kommentar zum Zivilrecht Stand 01.06.2022 Zit.: BeckOGK/Bearb., BGB, § 1 Rn. 1
Beck'sche Online-Formulare	Beck'sche Online-Formulare Vertrag 60. Edition, Stand 01.06.2021 Zit.: BeckOF/Bearb., 1.1.1.
Beck'scher Bilanz-Kommentar	Handels- und Steuerbilanz §§ 238 bis 339, 342 bis 342e HGB 13. Auflage München 2022 Zit.: BeckBilanzKomm/Bearb., § 1 Rn. 1
Beck'scher Online Kommentar	BeckOK Arbeitsrecht 64. Edition, Stand 01.06.2022 Zit.: BeckOK/Bearb., ArbeitsR, § 1 Rn. 1
Beck'scher Online Kommentar	BeckOK Datenschutzrecht 21. Edition, Stand 01.05.2017 Zit.: BeckOK/Bearb., DatenschutzR, 21. Edition, Art. 1 Rn. 1

Beck'scher Online Kommentar BeckOK Datenschutzrecht
23. Edition, Stand 01.02.2018
Zit.: BeckOK/Bearb., DatenschutzR, 23. Edition, Art. 1 Rn. 1

Beck'scher Online Kommentar BeckOK Datenschutzrecht
40. Edition, Stand 01.05.2022
Zit.: BeckOK/Bearb., DatenschutzR, Art. 1 Rn. 1

Beck'scher Online Kommentar BeckOK Gewerbeordnung
56. Edition, Stand 01.01.2022
Zit.: BeckOK/Bearb., GewO, § 1 Rn. 1

Beck'scher Online Kommentar BeckOK Grundgesetz
51. Edition, Stand 15.05.2022
Zit: BeckOK/Bearb., GG, Art. 1 Rn. 1

Beck'scher Online Kommentar BeckOK Informations- und Medienrecht
36. Edition, Stand 01.05.2021
Zit.: BeckOK/Bearb., InformationsR, § 1 Rn. 1

Beckschulze, Martin; Henkel, Wolfram Der Einfluss des Internets auf das Arbeitsrecht, DB 2001, 1491 ff.

Beckschulze, Martin Internet-, Intranet- und E-Mail-Einsatz am Arbeitsplatz
Rechte der Beteiligten und Rechtsfolgen bei Pflichtverletzungen, DB 2003, 2777 ff.

Beckschulze, Martin Internet-, Intranet- und E-Mail-Einsatz am Arbeitsplatz
Rechte der Beteiligten und Rechtsfolgen bei Pflichtverletzungen, DB 2007, 1526 ff.

Behling, Thorsten Neues EGMR-Urteil zur Überwachung der elektronischen Kommunikation am Arbeitsplatz: Datenschutzrechtliche Implikationen für deutsche Arbeitgeber, BB 2018, 52 ff.

Behrens, Alexander	Internal Investigations: Hintergründe und Perspektiven anwaltlicher „Ermittlungen" in deutschen Unternehmen, RIW 2009, 22 ff.
Benkert, Daniel	Beschäftigtendatenschutz in der DS-GVO-Welt, NJW-Spezial 2018, 562 ff.
Benkert, Daniel	Neuer Anlauf des Gesetzgebers beim Beschäftigtendatenschutz, NJW-Spezial 2017, 242 ff.
Bepler, Klaus	Betriebliche Übungen Ein erweiterter Rechtsprechungsbericht, RdA 2004, 226 ff.
Bergmoser, Ulrich; Theusinger, Ingo; Gushurst, Klaus-Peter	Corporate Compliance – Grundlagen und Umsetzung, BB 2008, 1 ff.
Bergwitz, Christoph	Prozessuale Verwertungsverbote bei unzulässiger Videoüberwachung, NZA 2012, 353 ff.
Bernhardt, Marion; Barthel, Thomas	Beispiel unerlaubte Internetnutzung Die außerordentliche Tat- und Verdachtskündigung, AuA 2008, 150 ff.
Bertram, Axel	Offline – Verbot privater Internetnutzung am Arbeitsplatz jederzeit möglich?, GWR 2012, 388 ff.
Betz, Christoph	Die gerichtliche Verwertbarkeit datenschutzwidrig erlangter Beweismittel, RdA 2018, 100 ff.
Bier, Sascha	Internet und Email am Arbeitsplatz, DuD 2004, 277 ff.

Bittmann, Folker; Brockhaus, Matthias; von Coelln, Sibylle; Heuking, Christian Regelungsbedürftige Materien in einem zukünftigen „Gesetz über Interne Ermittlungen“, NZWiSt 2019, 1 ff.

Bizer, Johann Die dienstliche Telekommunikation unter dem Schutz des Fernmeldegeheimnisses, DuD 2001, 618 ff.

Bloesinger, Hubert Grundlagen und Grenzen privater Internetnutzung am Arbeitsplatz, BB 2007, 2177 ff.

Brink, Stefan; Schmidt, Stephan Die rechtliche (Un-)Zulässigkeit von Mitarbeiterscreenings
Vom schmalen Pfad der Legalität, MMR 2010, 592 ff.

Brink, Stefan; Wybitul, Tim Der „neue Datenschutz“ des BAG
Vorgaben zum Umgang mit Beschäftigtendaten und Handlungsempfehlungen zur Umsetzung, ZD 2014, 225 ff.

Brink, Stefan Empfehlungen zur IuK-Nutzung am Arbeitsplatz
Rechtsgrundlagen und Regelungsmöglichkeiten bei betrieblicher und privater Nutzung, ZD 2015, 295 ff.

Brink, Stefan; Schwab, Sabrina Die private E-Mail-Nutzung am Arbeitsplatz, ArbRAktuell 2018, 111 ff.

von Brühl, Friederike Gräfin; Sepperer, Sophia E-Mail-Überwachung am Arbeitsplatz
Wer bewacht den Wächter?, ZD 2015, 415 ff.

Buchner, Benedikt Die Einwilligung im Datenschutzrecht – vom Rechtfertigungsgrund zum Kommerzialisierungsinstrument, DuD 2010, 39 ff.

von dem Bussche, Axel Freiherr; Zeiter, Anna; Brombach, Till — Die Umsetzung der Vorgaben der EU-Datenschutz-Grundverordnung durch Unternehmen, DB 2016, 1359 ff.

Bussmann, Kai-D. — Integrität durch nachhaltiges Compliance Management über Risiken, Werte und Unternehmenskultur, CCZ 2016, 50 ff.

Byers, Philipp — Kontrolle von Internet und E-Mail am Arbeitsplatz, SPA 2016, 173 ff.

Byers, Philipp — Die Zulässigkeit heimlicher Mitarbeiterkontrollen nach dem neuen Datenschutzrecht, NZA 2017, 1086 ff.

Byers, Philipp; Wenzel, Kathrin — Videoüberwachung am Arbeitsplatz nach dem neuen Datenschutzrecht, BB 2017, 2036 ff.

Callies, Christian; Ruffert, Matthias — EUV/AEUV
Das Verfassungsrecht der Europäischen Union mit Europäischer Grundrechtecharta
Kommentar
6. Auflage
München 2022
Zit.: Callies/Ruffert/Bearb., EUV/AEUV, Art. 1 Rn. 1

Chandna-Hoppe, Katja — Beweisverwertung bei digitaler Überwachung am Arbeitsplatz unter Geltung des BDSG 2018 und der DS-GVO – Der gläserne Arbeitnehmer?, NZA 2018, 614 ff.

Conrad, Isabell — Einsatz von Data Loss Prevention-Systemen im Unternehmen
Geheimnis-, Konkurrenz- und Datenschutz in Zeiten von „Consumerization“ und „Bring Your Own Device“, CR 2011, 797 ff.

Däubler, Wolfgang — Nutzung des Internet durch Arbeitnehmer, K&R 2000, 323 ff.

Däubler, Wolfgang — Gläserne Belegschaften?
Datenschutz in Betrieb und Dienststelle
9. Auflage
Frankfurt am Main 2021
Zit.: Däubler, Gläserne Belegschaften, Rn. 1

Däubler, Wolfgang — Internet und Arbeitsrecht
2. Auflage
Frankfurt am Main 2002
Zit.: Däubler, Internet und Arbeitsrecht, 2. Auflage, Rn. 1

Däubler, Wolfgang — Informationsbedarf versus Persönlichkeitsschutz – was muss, was darf der Arbeitgeber wissen?, NZA 2017, 1481 ff.

Däubler, Wolfgang; Wedde, Peter; Weichert, Thilo; Sommer, Imke — EU-Datenschutz-Grundverordnung und BDSG-neu Kompaktkommentar
2. Auflage
Frankfurt am Main 2020
Zit.: DWWS/Bearb., DS-GVO/BDSG, Art. 1. Rn. 1

Dahl, Holger; Brink, Stefan — Die Mitbestimmung des Betriebsrats bei der Einführung und Anwendung technischer Einrichtungen in der Praxis, NZA 2018, 1231 ff.

Dammann, Ulrich — Erfolge und Defizite der EU-Datenschutzgrundverordnung Erwarteter Fortschritt, Schwächen und unerwartete Innovation, ZD 2016, 307 ff.

Dann, Matthias; Gastell, Roland — Geheime Mitarbeiterkontrollen: Straf- und arbeitsrechtliche Risiken bei unternehmensinterner Aufklärung, NJW 2008, 2945 ff.

Deiters, Gerhard	Betriebsvereinbarung Kommunikation Beschäftigteninteressen und Compliance bei privater Nutzung von Kommunikationsmitteln im Unternehmen, ZD 2012, 109 ff.
Determann, Lothar	Gegen Eigentumsrechte an Daten Warum Gedanken und andere Informationen frei sind uns es bleiben sollten, ZD 2018, 503 ff.
Deutsch, Markus; Diller, Martin	Die geplante Neuregelung des Arbeitnehmerdatenschutzes in § 32 BDSG, DB 2009, 1462 ff.
Dickmann, Roman	Inhaltliche Ausgestaltung von Regelungen zur privaten Internetnutzung im Betrieb, NZA 2003, 1009 ff.
Dickmann, Roman	Nach dem Datenabfluss: Schadensersatz nach Art. 82 der Datenschutz-Grundverordnung und die Rechte des Betroffenen an seinen personenbezogenen Daten, r+s 2018, 345 ff.
Düwell, Franz Josef; Brink, Stefan	Die EU-Datenschutz-Grundverordnung und der Beschäftigtendatenschutz, NZA 2016, 665 ff.
Düwell, Franz Josef; Brink, Stefan	Beschäftigtendatenschutz nach der Umsetzung der Datenschutz-Grundverordnung: Viele Änderungen und wenig Neues, NZA 2017, 1081 ff.
Dyck, Laura; Ittner, Thomas	Das Sachvortragsverwertungsverbot Einordnung und Abgrenzung im zivil- und arbeitsgerichtlichen Verfahren, NJW 2021, 1633 ff.
Dzida, Boris; Grau, Timon	Verwertung von Beweismitteln bei Verletzung des Arbeitnehmerdatenschutzes, NZA 2010, 1201 ff.

Dzida, Boris; *Grau, Timon*	Datenschutzrechtliche Rechtfertigung von Maßnahmen zur Aufklärung von Pflichtverstößen unterhalb der Strafbarkeitsschwelle, NZA 2017, 1515 ff.
Dzida, Boris; *Grau, Timon*	Beschäftigtendatenschutz nach der Datenschutzgrundverordnung und dem neuen BDSG, DB 2018, 189 ff.
Ebenroth, Carsten Thomas; *Boujong, Karlheinz;* *Joost, Detlef* *Strohn, Lutz*	Handelsgesetzbuch Band 1 4. Auflage München 2020 Zit.: EBJS/Bearb, HGB, § 1 Rn. 1
Ehmann, Eugen; *Selmayr, Martin*	DS-GVO Datenschutz-Grundverordnung: Kommentar 2. Auflage München 2018 Zit.: Ehmann/Selmayr/Bearb., DS-GVO, Art. 1 Rn. 1
Erfurter Kommentar	Erfurter Kommentar zum Arbeitsrecht 22. Auflage München 2022 Zit.: ErfK/Bearb., § 1 Rn. 1
Erfurth, René	Der „neue" Arbeitnehmerdatenschutz im BDSG, NJOZ 2009, 2914 ff.
Ernst, Stefan	Der Arbeitgeber, die E-Mail und das Internet, NZA 2002, 585 ff.
Eufinger, Alexander	Arbeitsrechtliche Aspekte der Aufklärung von Compliance-Verstößen, BB 2016, 1973 ff.

Eufinger, Alexander Rechtliche Aspekte Compliance-indizierter Sanktionsmaßnahmen im Arbeitsverhältnis, RdA 2017, 223 ff.

Eufinger, Alexander Arbeitsrechtliche Beweisverwertungsverbote und unternehmensinterne Untersuchungen – Compliance, Haftungsrisiken und Aufklärungsinteresse vs. Datenschutz und Persönlichkeitsrecht des Arbeitnehmers –, DB 2017, 1266 ff.

Fezer, Karl-Heinz Dateneigentum
Theorie des immaterialgüterrechtlichen Eigentums an verhaltensgenerierten Personendaten der Nutzer als Datenproduzenten, MMR 2017, 3 ff.

Fleischer, Holger Vorstandsverantwortlichkeit und Fehlverhalten von Unternehmensangehörigen – Von der Einzelüberwachung zur Errichtung einer Compliance-Organisation, AG 2003, 291 ff.

Fleischer, Holger Kartellrechtsverstöße und Vorstandsrecht, BB 2008, 1070 ff.

Fleischer, Holger Aktuelle Entwicklungen der Managerhaftung, NJW 2009, 2337 ff.

Fleischmann, Michael Betriebliche Übung zur Privatnutzung üblicher elektronischer Kommunikationsmittel
Erwiderung auf Koch, NZA 2008, 911, NZA 2008, 1397

Forgó, Nikolaus; Helfrich, Marcus; Schneider, Jochen Betrieblicher Datenschutz
Rechtshandbuch
3. Auflage
München 2019
Zit.: Forgó/Helfrich/Schneider/Bearb., Betrieblicher Datenschutz, Teil I Kap. 1 Rn. 1

Franzen, Martin — Arbeitnehmerdatenschutz – rechtspolitische Perspektiven, RdA 2010, 257 ff.

Franzen, Martin — Datenschutz-Grundverordnung und Arbeitsrecht, EuZA 2017, 313 ff.

Franzen, Martin; Gallner, Inken; Oetker, Hartmut — Kommentar zum europäischen Arbeitsrecht
4. Auflage
München 2022
Zit.: EuArbR/Bearb., Art. 1 Rn. 1

Franzen, Martin — Das Verhältnis des Auskunftsanspruchs nach DS-GVO zu personalaktenrechtlichen Einsichtsrechten nach dem BetrVG, NZA 2020, 1593 ff.

Frenz, Walter — Handbuch Europarecht
Band 4
Europäische Grundrechte
Berlin/Heidelberg 2009
Zit.: Frenz, Hdb. Europarecht, Rn. 1

Fülbier, Ulrich; Splittgerber, Andreas — Keine (Fernmelde-)Geheimnisse vor dem Arbeitgeber?, NJW 2012, 1995 ff.

Fuhlrott, Michael — Datenschutzrechtsverstoß führt zu Verwertungsverbot, GWR 2016, 428

Fuhlrott, Michael; Schröder, Thomas — Beschäftigtendatenschutz und arbeitsgerichtliche Beweisverwertung, NZA 2017, 278 ff.

Fuhlrott, Michael — Aktuelle Rechtsprechung zum Beschäftigtendatenschutz, GWR 2017, 448 ff.

Fuhlrott, Michael — Keylogger & Arbeitnehmerdatenschutz
Zugleich Besprechung von BAG, NZA 2017, 1327, NZA 2017, 1308 ff.

Fuhlrott, Michael — Verdeckte Arbeitnehmerüberwachung nach Inkrafttreten der DS-GVO, GWR 2018, 388 ff.

Fuhlrott, Michael; Oltmanns, Sönke — Begründung prozessualer Verwertungsverbote durch Betriebsvereinbarungen?, NZA 2018, 413 ff.

Fuhlrott, Michael; Oltmanns, Sönke — Arbeitnehmerüberwachung und interne Ermittlungen im Lichte der Datenschutzgrundverordnung, NZA 2019, 1105 ff.

Fuhrmann, Lambertus — Internal Investigations: Was dürfen und müssen die Organe beim Verdacht von Compliance Verstößen tun?, NZG 2016, 881 ff.

Geppert, Martin; Schütz, Raimund — Beck'scher TKG-Kommentar
4. Auflage
München 2013
Zit.: Geppert/Schütz/Bearb., TKG, § 1 Rn. 1

Gola, Peter — Neuer Tele-Datenschutz für Arbeitnehmer? Die Anwendung von TKG und TDDSG im Arbeitsverhältnis, MMR 1999, 322 ff.

Gola, Peter; Schomerus, Rudolf — Bundesdatenschutzgesetz
Kommentar
12. Auflage
München 2015
Zit.: Gola/Schomerus/Bearb., BDSG, 12. Aufl., § 1 Rn. 1

Gola, Peter — Der „neue“ Beschäftigtendatenschutz nach § 26 BDSG n.F., BB 2017, 1462 ff.

Gola, Peter
Datenschutz-Grundverordnung
VO (EU) 2016/679: Kommentar
2. Auflage
München 2018
Zit.: Gola/Bearb., DS-GVO, Art. 1 Rn. 1

Gola, Peter; Heckmann, Dirk; Braun, Frank
Bundesdatenschutzgesetz
Kommentar
13. Auflage
München 2019
Zit.: Gola/Heckmann/Bearb., BDSG, § 1 Rn. 1

Grages, Jan-Michael; Plath, Kai-Uwe
Black Box statt Big Brother: Datenschutzkonforme Videoüberwachung unter BDSG und DSGVO, CR 2017, 791 ff.

Grau, Timon; Schaut, Andreas
Neue Spielregeln für die Verwendung von Bilddateien von Arbeitnehmern, NZA 2015, 981 ff.

Grimm, Detlef; Schiefer, Jennifer
Videoüberwachung am Arbeitsplatz, RdA 2009, 329 ff.

Grimm, Detlef
Überwachung im Arbeitsverhältnis: Von Befragungen bis zur GPS-Ortung – wie viel Kontrolle ist erlaubt?, JM 2016, 17 ff.

von der Groeben, Hans; Schwarze, Jürgen; Hatje, Armin
Europäisches Unionsrecht
Vertrag über die Europäische Union, Vertrag über die Arbeitsweise der Europäischen Union, Charta der Grundrechte der Europäischen Union
7. Auflage
Baden-Baden 2015
Zit.: von der Groeben/Schwarze/Hatje/Bearb., EU-Recht, Art. 1 Rn. 1

Grützner, Thomas; Jakob, Alexander
Compliance von A–Z
2. Auflage
München 2015
Zit.: Grützner/Jakob, Compliance von A–Z, Stichwort

Habersack, Mathias (Hrsg.); Hommelhoff, Peter (Hrsg.)
Festschrift für Wulf Goette zum 65. Geburtstag
München 2011
Zit.: FS-Goette/Bearb., S. 1

Härting, Niko
E-Mail und Telekommunikationsgeheimnis
Die drei Gesichter der E-Mail: Telekommunikation, Datensatz, elektronischer Brief; CR 2007, 311 ff.

Hanau, Peter; Hoeren, Thomas
Private Internetnutzung durch Arbeitnehmer – Die arbeits- und betriebsverfassungsrechtlichen Probleme –
München 2003
Zit.: Hanau/Hoeren, Private Internetnutzung durch Arbeitnehmer, S. 1

Hassemer, Ines; Michaela Witzel
Filterung und Kontrolle des Datenverkehrs
Ist die Filterung von E-Mails im Unternehmen rechtmäßig?, ITRB 2006, 139 ff.

Hauschka, Christoph E.; Moosmayer, Klaus; Lösler, Thomas
Corporate Compliance
Handbuch der Haftungsvermeidung im Unternehmen
3. Auflage
München 2016
Zit.: Hauschka/Moosmayer/Lösler/Bearb., Corporate Compliance, § 1 Rn. 1

Haußmann, Katrin; Krets, Jérôme
EDV-Betriebsvereinbarungen im Praxistest, NZA 2005, 259 ff.

Hayen, Ralf-Peter
Der Kampf wird sich lohnen, CuA 3/2016, 20 ff.

von Hehn, Paul; Hartung, Wilhelm — Unabhängige interne Untersuchungen in Unternehmen als Instrument guter Corporate Governance – auch in Europa?, DB 2006, 1909 ff.

Heilmann, Joachim; Tege, Claudia — Informationstechnologie
Rechte und Pflichten bei der Kommunikation, AuA 2001, 52 ff.

Henssler, Martin; Willemsen, Heinz Josef; Kalb, Heinz-Jürgen — Arbeitsrecht Kommentar
7. Auflage
Köln 2016
Zit.: Henssler/Willemsen/Kalb/Bearb., ArbeitsR, 7. Auflage, § 1 Rn. 1

Henssler, Martin; Willemsen, Heinz Josef; Kalb, Heinz-Jürgen — Arbeitsrecht Kommentar
10. Auflage
Köln 2022
Zit.: Henssler/Willemsen/Kalb/Bearb., ArbeitsR, § 1 Rn. 1

Hilber, Marc D.; Frik, Roman — Rechtliche Aspekte der Nutzung von Netzwerken durch Arbeitnehmer und den Betriebsrat, RdA 2002, 89 ff.

Hitzelberger-Kijima, Yukiko — Die Mitbestimmung bei technischen Überwachungseinrichtungen, öAT 2017, 136 ff.

Hobert, Guido — Datenschutz und Datensicherheit im Internet
Interdependenz und Korrelation von rechtlichen Grundlagen und technischen Möglichkeiten
Dissertation
Frankfurt am Main 1998
Zit.: Hobert, Datenschutz und Datensicherheit, S. 1

Hölters, Wolfgang; Weber, Martin
Aktiengesetz
Kommentar
4. Auflage
München 2022
Zit.: Hölters/Bearb., AktG, § 1 Rn. 1

Hoeren, Thomas
Datenbesitz statt Dateneigentum
Erste Ansätze zur Neuausrichtung der Diskussion um die Zuordnung von Daten, MMR 2019, 5 ff.

Hoeren, Thomas; Sieber, Ulrich; Holznagel, Bernd
Handbuch Multimedia-Recht
Rechtsfragen des elektronischen Geschäftsverkehrs
48. Ergänzungslieferung
München 2019
Zit.: Hoeren/Sieber/Holznagel/Bearb., Multimedia-Recht, 48. EL, Teil 1 Rn. 1

Hohmuth, Markus
Die arbeitsrechtliche Implementierung von Compliance-Pflichten, BB 2014, 3061 ff.

Holthausen, Joachim
Big Data, People Analytics, KI und Gestaltung von Betriebsvereinbarungen – Grund-, arbeits- und datenschutzrechtliche An- und Herausforderungen, RdA 2021, 19 ff.

Hornung, Gerrit
Eine Datenschutz-Grundverordnung für Europa? Licht und Schatten im Kommissionsentwurf vom 25.01.2012, ZD 2012, 99 ff.

Hornung, Gerrit; Knieper, Thomas
Überwachung im Betrieb aus Sicht der Beschäftigten Ergebnisse einer Online-Befragung zur Schutzbedürftigkeit personenbezogener Daten am Arbeitsplatz, ZD 2014, 383 ff.

Koch, Jens
Aktiengesetz
16. Auflage
München 2022
Zit.: Koch/Bearb., AktG, § 1 Rn. 1

Jaeger, Stefan	Mitarbeiterkontrolle Vorsicht bei Überwachungssoftware, AuA 2001, 402 ff.
Jandt, Silke	Biometrische Videoüberwachung – was wäre wenn…, ZRP 2018, 16 ff.
Jarass, Hans. D.	Charta der Grundrechte der Europäischen Union unter Einbeziehung der sonstigen Grundrechtsregelungen des Primärrechts und der EMRK Kommentar 4. Auflage München 2021 Zit.: Jarass, GRCh, Art. 1 Rn. 1
Jerchel, Kerstin; Schubert, Jens	Neustart im Datenschutz für Beschäftigte Möglichkeit von Kollektivvereinbarungen zur Regelung des Datenschutzes nach der DS-GVO, DuD 2016, 782 ff.
Jescheck, Hans-Heinrich; Weigend, Thomas	Lehrbuch des Strafrechts Allgemeiner Teil 5. Auflage Berlin 1996 Zit.: Jescheck/Weigend, Lehrbuch des Strafrechts, S. 1
Joussen, Jacob	Die Zulässigkeit von vorbeugenden Torkontrollen nach dem neuen BDSG, NZA 2010, 254 ff.
Jofer, Robert; Wegerich, Christine	Betriebliche Nutzung von E-Mail-Diensten: Kontrollbefugnisse des Arbeitgebers, K&R 2002, 235
Jung, Alexander	Datenschutz-(Compliance-)Management-Systeme – Nachweis- und Rechenschaftspflichten nach der DS-GVO, ZD 2018, 208 ff.

Kainer, Friedemann; Weber, Christian — Datenschutzrechtliche Aspekte des „Talentmanagements", BB 2017, 2740 ff.

Kammerer-Galahn — Compliance – Herausforderung für Unternehmensleiter und deren Rechtsberater Pflichten, Haftungsrisiken und Versicherungsschutz, AnwBl 2009, 77 ff.

Kania, Thomas; Ruch, Kristina — Anspruch auf private Internetnutzung kraft betrieblicher Übung? Darstellung des Streitstands und Konsequenzen für die Praxis, ArbRB 2010, 352 ff.

Kempter, Michael; Steinat, Björn — Compliance – arbeitsrechtliche Gestaltungsinstrumente und Auswirkungen in der Praxis, NZA 2017, 1505 ff.

Kiel, Heinrich; Lunk, Stefan; Oetker, Hartmut — Münchener Handbuch zum Arbeitsrecht
5. Auflage
München 2021
Zit.: Münchener Hdb. ArbR/Bearbeiter, Band 1, § 1 Rn. 1

Kieper, Marcus — Datenschutz für Telearbeitnehmer, DuD 1998, 583 ff.

Kleinebrink, Wolfgang — Die Einwilligung im Beschäftigungsverhältnis nach neuem Datenschutzrecht, DB 2018, 1729 ff.

Klengel, Jürgen Detlef W.; Mückenberger, Ole — Internal Investigations – typische Rechts- und Praxisprobleme unternehmensinterner Ermittlungen, CCZ 2009, 81 ff.

Kliemt, Michael — Vertrauen ist gut, Kontrolle ist besser? Internet- und E-Mail-Nutzung von Mitarbeitern, AuA 2001, 532 ff.

Klösel, Daniel; Mahnhold, Thilo
Die Zukunft der datenschutzrechtlichen Betriebsvereinbarung
Mindestanforderungen und betriebliche Ermessensspielräume nach DS-GVO und BDSG nF, NZA 2017, 1428 ff.

Knierim, Thomas; Rübenstahl, Markus; Tsambikakis, Michael
Internal Investigations
Ermittlungen im Unternehmen
2. Auflage
Heidelberg 2016
Zit.: Knierim/Rübenstahl/Tsambikakis/Bearb., Internal Investigations, Kap. 1 Rn. 1

Koch, Frank
Rechtsprobleme privater Nutzung betrieblicher elektronischer Kommunikationsmittel, NZA 2008, 911 ff.

Koch, Ulrich
Die Rechtsprechung des Zweiten Senats des Bundesarbeitsgerichts zur prozessualen Verwertbarkeit der Ergebnisse aus verdeckten Überwachungsmaßnahmen, ZFA 2018, 109 ff.

Köhler, Matthias; Schürgers, Adrian
Rechtswidrig erlangte Beweismittel – Beweisverwertungsverbot?, BB 2018, 1013 ff.

Kömpf, Nicola; Kunz, Holger
Kontrolle der Nutzung von Internet und E-Mail am Arbeitsplatz in Frankreich und in Deutschland, NZA 2007, 1341 ff.

Körner, Marita
Regierungsentwurf zum Arbeitnehmerdatenschutz, AuR 2010, 416 ff.

Körner, Marita
Die Datenschutz-Grundverordnung und nationale Regelungsmöglichkeiten für Beschäftigtendatenschutz, NZA 2016, 1383 ff.

Körner, Marita Wirksamer Beschäftigtendatenschutz im Lichte der Europäischen Datenschutz-Grundverordnung (DS-GVO)
Frankfurt am Main 2017
Zit.: Körner, Beschäftigtendatenschutz, S. 1

Körner, Marita Beschäftigtendatenschutz in Betriebsvereinbarungen unter der Geltung der DS-GVO, NZA 2019, 1389 ff.

Korch, Stefan Schadensersatz für Datenschutzverstöße Verfassungsrechtliche Notbremsung einer Fehlentwicklung, NJW 2021, 978 ff.

Koreng, Ansgar; Lachenmann, Matthias Formularhandbuch Datenschutzrecht
3. Auflage
München 2021
Zit.: Koreng/Lachenmann/Bearb., DatenschutzR-FormHdb., A. I. 1. Rn. 1

Kort, Michael Verhaltensstandardisierung durch Corporate Compliance, NZG 2008, 81 ff.

Kort, Michael Spannungsfeld Datenschutz und Compliance im RegE Beschäftigtendatenschutzgesetz, Vortrag im Rahmen der 1. Bitburger-Gespräche, München 14.–15. Oktober 2010

Kort, Michael Lückenhafte Reform des Beschäftigtendatenschutzes Offene Fragen und mögliche Antworten in Bezug auf die geplanten §§ 32 ff. BDSG, MMR 2011, 294 ff.

Kort, Michael Zum Verhältnis von Datenschutz und Compliance im geplanten Beschäftigtendatenschutzgesetz, DB 2011, 651 ff.

Kort, Michael Betriebsrat und Arbeitnehmerdatenschutz
Rechte der Interessenvertretung bei datenschutzrechtlich relevanten Maßnahmen des Arbeitgebers, ZD 2016, 3 ff.

Kort, Michael Die Zukunft des deutschen Beschäftigtendatenschutzes
Erfüllung der Vorgaben der DS-GVO, ZD 2016, 555 ff.

Kort, Michael Arbeitnehmerdatenschutz gemäß der EU-Datenschutz-Grundverordnung, DB 2016, 711 ff.

Kort, Michael Der Beschäftigtendatenschutz gem. § 26 BDSG-neu
Ist die Ausfüllung der Öffnungsklausel des Art. 88 DS-GVO geglückt?, ZD 2017, 319 ff.

Kort, Michael Neuer Beschäftigtendatenschutz und Industrie 4.0, RdA 2018, 24 ff.

Kort, Michael Die Bedeutung der neueren arbeitsrechtlichen Rechtsprechung für das Verständnis des neuen Beschäftigtendatenschutzes, NZA 2018, 1097 ff.

Kramer, Stefan Internetnutzung als Kündigungsgrund, NZA 2004, 457 ff.

Kramer, Stefan Folgen der EGMR-Rechtsprechung für eine IT-Kontrolle bei Privatnutzungsverbot, NZA 2018, 637 ff.

Kramer, Stefan IT-Arbeitsrecht
Digitalisierte Unternehmen: Herausforderungen und Lösungen
2. Auflage
München 2019
Zit.: Kramer/Bearb., IT-ArbR, A. Rn. 1

Kratz, Felix; Gubbels, Achim — Beweisverwertungsverbote bei privater Internetnutzung am Arbeitsplatz, NZA 2009, 652 ff.

Krause, Rüdiger — Herausforderung Digitalisierung der Arbeitswelt und Arbeiten 4.0, NZA-Beilage 2017, 53 ff.

Kremer, Sascha — Wer braucht warum das neue BDSG?, CR 2017, 367 ff.

Kremer, Thomas; Bachmann, Gregor; Lutter, Marcus; von Werder, Axel — Deutscher Corporate Governance Kodex
Kodex-Kommentar
8. Auflage
München 2021
Zit.: KBWL/Bearb., DCGK, 1. Teil Rn. 1

Kremer, Michael J.R.; Conrady, Jan; Penners, Anja — Data Privacy Litigation
Prozessuale Implikation des datenschutzrechtlichen Schadensersatzanspruchs nach Art. 82 DS-GVO, ZD 2021, 128 ff.

Kreß, Sonja — Criminal Compliance und Datenschutz im Konzern
Dissertation
Baden-Baden 2018
Zit.: Kreß, Criminal Compliance und Datenschutz im Konzern, S. 1

Kreßel, Eckhard — Compliance und Personalarbeit
Rechtliche Rahmenbedingungen bei der Verankerung von Compliance in der Personalarbeit, NZG 2018, 841 ff.

Krieger, Steffen; Arnold, Christian; Zeh, Ricarda — Betriebsvereinbarungsoffene Arbeitsverträge – Gestaltungsmöglichkeiten und Grenzen in der Praxis, NZA 2020, 81 ff.

Krusche, Jan — Kumulation von Rechtsgrundlagen zur Datenverarbeitung Verhältnis der Einwilligung zu anderen Erlaubnistatbeständen, ZD 2020, 232 ff.

Kühling, Jürgen; Buchner, Benedikt	Datenschutz-Grundverordnung – Bundesdatenschutzgesetz Kommentar 3. Auflage München 2020 Zit.: Kühling/Buchner/Bearb., DS-GVO/BDSG, Art. 1 Rn. 1
Küttner, Wolfdieter	Personalbuch 2021 Arbeitsrecht – Lohnsteuerrecht Sozialversicherungsrecht 28. Auflage München 2021 Zit.: Küttner/Bearb., Stichwort, Rn. 1
Lachenmann, Matthias	Neue Anforderungen an die Videoüberwachung Kritische Betrachtung der Neuregelungen zur Videoüberwachung in DS-GVO und BDSG-neu, ZD 2017, 407 ff.
Larenz, Karl	Methodenlehre der Rechtswissenschaft 6. Auflage Berlin u.a. 1991 Zit.: Larenz, Methodenlehre der Rechtswissenschaft, S. 1
Lindemann, Achim; Simon, Oliver	Betriebsvereinbarungen zur E-Mail-, Internet- und Intranet-Nutzung, BB 2001, 1950 ff.
Löschhorn, Alexander; Fuhrmann, Lambertus	„Neubürger" und die Datenschutz-Grundverordnung: Welche Organisations- und Handlungspflichten treffen die Geschäftsleitung in Bezug auf Datenschutz und Datensicherheit?, NZG 2019, 161 ff.
Loof, Ariane	Datenschutz in Matrixstrukturen nach Schrems II, CCZ 2021, 42 ff.

Lüders, Holger; Rinkens, Maren — Arbeitsrechtliche Implementierung von Compliance-Regeln, CB 2019, 142 ff.

Lunk, Stefan — Prozessuale Verwertungsverbote im Arbeitsrecht, NZA 2009, 457 ff.

Maas, Ingrid; Schmitz, Karl; Wedde, Peter — Datenschutz 2014
Probleme und Lösungsmöglichkeiten
Frankfurt am Main 2014
Zit.: Maas/Schmitz/Wedde, Datenschutz 2014 – Probleme und Lösungsmöglichkeiten, S. 1

Maier, Natalie — Der Beschäftigtendatenschutz nach der Datenschutz-Grundverordnung, DuD 2017, 169 ff.

Martini, Mario; Botta, Jonas — Iron Man am Arbeitsplatz? – Exoskelette zwischen Effizienzstreben, Daten- und Gesundheitsschutz
Chancen und Risiken der Verschmelzung von Mensch und Maschine in der Industrie 4.0, NZA 2018, 625 ff.

Maschmann, Frank — Compliance versus Datenschutz, NZA-Beilage 2012, 50 ff.

Maschmann, Frank — Datenschutzgrundverordnung: Quo vadis Beschäftigtendatenschutz? – Vorgaben der EU-Datenschutzgrundverordnung für das nationale Recht, DB 2016, 2480 ff.

Maschmann, Frank — Führung und Mitarbeiterkontrolle nach neuem Datenschutzrecht, NZA-Beilage 2018, 115 ff.

Dürig, Günter; *Herzog, Roman;* *Scholz, Rupert*	Grundgesetz Kommentar Band I 96. Lieferung München 2021 Zit.: Maunz/Dürig/Bearb., GG, Art. 1 Rn. 1
Mayer, Franz	Recht und Cyberspace, NJW 1996, 1782 ff.
Mengel, Anja	Kontrolle der Telekommunikation am Arbeitsplatz Wege durch einen juristischen Irrgarten?, BB 2004, 1445 ff.
Mengel, Anja	Kontrolle der E-mail- und Internetkommunikation am Arbeitsplatz Wege durch einen juristischen Irrgarten, BB 2004, 2014 ff.
Mengel, Anja	Internal Investigations – Arbeitsrechtliche Lessons Learned und Forderungen an den Gesetzgeber, NZA 2017, 1494 ff.
Meyer, Jürgen; *Hölscheidt, Sven*	Charta der Grundrechte der Europäischen Union 5. Auflage Baden-Baden 2019 Zit.: Meyer/Hölscheidt/Bearb., GRCh, Art. 1 Rn. 1
Meyer-Michaelis, Isabel	Kein Verwertungsverbot monatelang gespeicherter Videos vom Arbeitsplatz, DB 2018, 2821
Michalke, Regina	Untreue – neue Vermögensbetreuungspflichten durch Compliance-Regeln, StV 2011, 245 ff.
Moll, Wilhelm	Münchener Anwaltshandbuch Arbeitsrecht 5. Auflage München 2021 Zit.: MAH ArbR/Bearb., § 1 Rn. 1

Momsen, Carsten Internal Investigations zwischen arbeitsrechtlicher Mitwirkungspflicht und strafprozessualer Selbstbelastungsfreiheit, ZIS 2011, 508 ff.

Momsen, Carsten; Grützner, Thomas Wirtschaftsstrafrecht
Handbuch für die Unternehmens- und Anwaltspraxis
2. Auflage
München 2020
Zit.: Momsen/Grützner/Bearb., Wirtschaftsstrafrecht, Kap. 1 Rn. 1

Moosmayer, Klaus Modethema oder Pflichtprogramm guter Unternehmensführung? – Zehn Thesen zu Compliance, NJW 2012, 3013 ff.

Moosmayer, Klaus Compliance
Praxisleitfaden für Unternehmen
4. Auflage
München 2021
Zit.: Moosmayer, Compliance, § 1 Rn. 1

Morasch, Olga Datenverarbeitung im Beschäftigtenkontext
Zur Reichweite der Öffnungsklausel des Art. 88 DS-GVO
Dissertation
Baden-Baden 2019
Zit.: Morasch, Datenverarbeitung im Beschäftigtenkontext, S. 1

Müller, Falk Beschäftigtendatenschutz im Arbeitsrecht: dienstliche und private E-Mail-Nutzung, öAT 2019, 1 ff.

Münchener Kommentar Münchener Kommentar zum Aktiengesetz
Band 2, §§ 76–117, MitbestG – DrittelbG, 5. Auflage, München 2019
Band 3, §§ 118–178, 5. Auflage, München 2022
Zit.: MüKo/Bearb., AktG, § 1 Rn. 1

Münchener Kommentar Münchener Kommentar zum Bürgerlichen Gesetzbuch
Band 2
§§ 241–310
9. Auflage
München 2022
Zit.: MüKo/Bearb., BGB, § 1 Rn. 1

Münchener Kommentar Münchener Kommentar zum Gesetz betreffend die Gesellschaften mit beschränkter Haftung
3. Auflage
München 2019
Zit.: MüKo/Bearb., GmbHG, § 1 Rn. 1

Münchener Kommentar Münchener Kommentar zur Strafprozessordnung
Band 3/2
GVG – EGGVG – EMRK – EGStPO – EGStGB – ZSHG – StrEG – JGG – G 10 – AO
München 2018
Zit.: MüKo/Bearb., StPO, § 1 Rn. 1

Niedermaier, Robert; Schröcker, Stefan Ersatzfähigkeit immaterieller Schäden auf Grund rechtswidriger Datenverarbeitung, RDV 2002, 217 ff.

Oberthür, Nathalie; Seitz, Stefan Betriebsvereinbarungen
3. Auflage
München 2021
Zit.: Oberthür/Seitz/Bearb., Betriebsvereinbarungen, A. I. Rn. 1

Ott, Nicolas; Lüneborg, Cäcilie Internal Investigations in der Praxis – Umfang und Grenzen der Aufklärungspflicht, Mindestaufgriffsschwelle und Verdachtsmanagement, CCZ 2019, 71 ff.

Paal, Boris;
Pauly, Daniel
Datenschutz-Grundverordnung
Bundesdatenschutzgesetz
3. Auflage
München 2021
Zit.: Paal/Pauly/Bearb., DS-GVO/BDSG, Art. 1 Rn. 1

Passarge, Malte
Risiken und Chancen mangelhafter Compliance in der Unternehmensinsolvenz, NZI 2009, 86 ff.

Plath, Kai-Uwe
DSGVO/BDSG
Kommentar zu DSGVO, BDSG und den Datenschutzbestimmungen des TMG und TKG
3. Auflage
Köln 2018
Zit.: Plath/Bearb., DSGVO/BDSG, Art. 1 Rn. 1

Pörnbacher, Karl;
Mark, Jonas
Auswirkungen des UK Bribery Act 2010 auf deutsche Unternehmen, NZG 2010, 1372 ff.

Preuß, Tamina
Die Kontrolle von E-Mails und sonstigen elektronischen Dokumenten im Rahmen unternehmensinterner Ermittlungen
Eine straf- und datenschutzrechtliche Untersuchung unter Berücksichtigung von Auslandsbezügen
Dissertation
Berlin 2016
Zit.: Preuß, Kontrolle von E-Mails, S. 1

Pröpper, Martin;
Römermann, Martin
Nutzung von Internet und E-Mail am Arbeitsplatz (Mustervereinbarung), MMR 2008, 514 ff.

Raffler, Andrea;
Hellich, Peter
Unter welchen Voraussetzungen ist die Überwachung von Arbeitnehmer-e-mails zulässig?, NZA 1997, 862

Rath, Michael; Karner, Sophia — Private Internetnutzung am Arbeitsplatz – rechtliche Zulässigkeit und Kontrollmöglichkeiten des Arbeitgebers, K&R 2007, 446 ff.

Reding, Viviane — Sieben Grundbausteine der europäischen Datenschutzreform, ZD 2012, 195 ff.

Reichert, Jochem — Reaktionspflichten und Reaktionsmöglichkeiten der Organe auf (möglicherweise) strafrechtsrelevantes Verhalten innerhalb des Unternehmens, ZIS 2011, 113 ff.

Reiserer, Kerstin; Christ, Florian; Heinz, Katharina — Beschäftigten-Datenschutz und EU-Datenschutz-Grundverordnung Der Countdown ist abgelaufen – Anpassungsbedarf umgesetzt?, DStR 2018, 1501 ff.

Reitz, Henning — Verwertungsverbote und Wahrheitspflicht im Arbeitsgerichtsprozess – Und nichts als die Wahrheit, NZA 2017, 273 ff.

Reuter, Wiebke — Umgang mit sensiblen Daten bei allgemeiner Videoüberwachung Zulässigkeit der Verarbeitung besonderer Kategorien personenbezogener Daten, ZD 2018, 564 ff.

Riesenhuber, Karl — Die Einwilligung des Arbeitnehmers im Datenschutzrecht, RdA 2011, 257 ff.

Robrahn, Rasmus; Bremert, Benjamin — Interessenkonflikte im Datenschutzrecht Rechtfertigung der Verarbeitung personenbezogener Daten über eine Abwägung nach Art. 6 Abs. 1 lit. f DS-GVO, ZD 2018, 291 ff.

Röckl, Johannes; Fahl, Christian — Kündigung nach heimlicher Videoüberwachung, NZA 1998, 1035 ff.

Roßnagel, Alexander; Richter, Philipp; Nebel, Maxi	Besserer Internetdatenschutz für Europa Vorschläge zur Spezifizierung der DS-GVO, ZD 2013, 103 ff.
Rudkowski, Lena	„Predictive policing" am Arbeitsplatz, NZA 2019, 72 ff.
Rübenstahl, Markus	Der Foreign Corrupt Practices Act (FCPA) der USA, NZWiSt 2012, 401 ff.
Rüpke, Giselher; von Lewinski, Kai; Eckhardt, Jens	Datenschutzrecht Grundlagen und europarechtliche Neugestaltung München 2018 Zit.: Rüpke/von Lewinski/Eckhardt, Datenschutzrecht, Rn. 1
Salvenmoser, Steffen; Hauschka, Christoph E.	Korruption, Datenschutz und Compliance, NJW 2010, 331 ff.
Schaefer, Hans; Baumann, Diethelm	Compliance-Organisation und Sanktionen bei Verstößen, NJW 2011, 3601 ff.
Schantz, Peter	Die Datenschutz-Grundverordnung – Beginn einer neuen Zeitrechnung im Datenschutzrecht, NJW 2016, 1841 ff.
Schantz, Peter; Wolff, Heinrich Amadeus	Das neue Datenschutzrecht Datenschutz-Grundverordnung und Bundesdatenschutzgesetz in der Praxis München 2017 Zit.: Schantz/Wolff, Das neue Datenschutzrecht, Rn. 1
Schaub, Günter	Arbeitsrechts-Handbuch Systematische Darstellung und Naschlagewerk für die Praxis 19. Auflage München 2021 Zit.: Schaub ArbR-Hdb./Bearb., § 1 Rn. 1

Schaub, Günter; Koch, Ulrich
Arbeitsrecht von A–Z
25. Auflage
München 2021
Zit.: Schaub/Koch/Bearb., Arbeitsrecht von A–Z, Stichwort, I. 1. (a)

Scheben, Barbara; Klos, Christian
Analyse von Chatprotokollen und E-Mails – Was ist erlaubt? Was ist verwertbar?, CCZ 2013, 88 ff.

Scherp, Dirk; Stief, Alexander
Compliance – Sonderuntersuchungen in Banken und der Datenschutz, BKR 2009, 404 ff.

Schild, Hans-Hermann; Tinnefeld, Marie-Theres
Entwicklungen im Arbeitnehmerdatenschutz Anmerkungen im europäischen Kontext, DuD 2009, 469 ff.

Schimmelpfennig, Hans-Christoph; Wenning, Holger
Arbeitgeber als Telekommunikationsdienste-Anbieter? Eingeschränkter Zugriff auf elektronische Geschäftskorrespondenz bei zugelassener Privatnutzung von E-Mail und Internet am Arbeitsplatz?, DB 2006, 2290 ff.

Schindler, Stephan; Wentland, Katharina
Videoüberwachung – quo vadis?, ZD-Aktuell 2018, 06057

Schlegel, Hendrik
Einsatz von sog. „Data Loss Prevention"-Software im Unternehmen
Automatisierte Überprüfung ausgehender E-Mails bei erlaubter Privatnutzung, MMR 2020, 3 ff.

Schlegel, Hendrik
Data-Loss-Prevention(DLP)-Software zur verdachtslosen Kontrolle ausgehender E-Mails
Datenschutzrechtliche Anforderungen und Grenzen der Verhältnismäßigkeit, ZD 2020, 243 ff.

Schmidl, Michael
Aspekte des Rechts der IT-Sicherheit, NJW 2010, 476 ff.

Schmidl, Michael; Tannen, Florian — Das neue Bundesdatenschutzgesetz: die wichtigsten Regelungen für die Unternehmenspraxis, DB 2017, 1633 ff.

Schmidt, Bernd — Vertrauen ist gut, Compliance ist besser! – Anforderungen an die Datenverarbeitung im Rahmen der Compliance-Überwachung –, BB 2009, 1295 ff.

Schneider, Jana; Schindler, Stephan — Videoüberwachung als Verarbeitung besonderer Kategorien personenbezogener Daten Datenschutzrechtliche Anforderungen beim Erheben von Videodaten, ZD 2018, 463 ff.

Schrader, Peter; Mahler, Maike — Interne Ermittlungen des Arbeitgebers und Auskunftsgrenzen des Arbeitnehmers, NZA-RR 2016, 57 ff.

Schreiber, Alexander — Implementierung von Compliance-Richtlinien, NZA-RR 2010, 617 ff.

Schrey, Joachim; Kielkowski, Jacek — Die datenschutzrechtliche Betriebsvereinbarung in DS-GVO und BDSG 2018 – Viel Lärm um Nichts?, BB 2018, 629 ff.

Schulz, Martin — Compliance-Management im Unternehmen
Strategie und praktische Umsetzung
2. Auflage
Frankfurt am Main 2021
Zit.: Schulz/Bearb., Compliance-Management, 1. Kap. Rn. 1

Schulz, Martin — Compliance-Management im Unternehmen – Compliance-Strategie als (Dauer-)Aufgabe der Unternehmensleitung, BB 2019, 579 ff.

Schuster, Frank Peter — IT-gestützte interne Ermittlungen in Unternehmen – Strafbarkeitsrisiken nach den §§ 202a, 206 StGB, ZIS 2010, 68 ff.

Schwartmann, Rolf; Jaspers, Andreas; Thüsing, Gregor; Kugelmann, Dieter — DS-GVO/BDSG
Datenschutz-Grundverordnung
Bundesdatenschutzgesetz
2. Auflage
München 2020
Zit.: SJTK/Bearb., DS-GVO, Art. 1, Rn. 1

Schwenke, Thomas — Zulässigkeit der Nutzung von Smartcams und biometrische Daten nach der DS-GVO, NJW 2018, 823 ff.

Seffer, Adi; Schneider, Jörg — Behandlung des E-Mail-Accounts ausgeschiedener Organmitglieder
Rechtliche Rahmenbedingungen und praktische Handhabung des personalisierten Accounts nach dem Ausscheiden, ITRB 2007, 264 ff.

Seibt, Christoph H. — Corporate Reputation Management: Rechtsrahmen für Geschäftsleiterhandeln, DB 2015, 171 ff.

Siepelt, Stefan; Pütz, Lasse — Die Compliance-Verantwortung des Aufsichtsrats, CCZ 2018, 78 ff.

Simitis, Spiros — Bundesdatenschutzgesetz
8. Auflage
Baden-Baden 2014
Zit.: Simitis/Bearb., BDSG, § 1 Rn. 1

Simitis, Spiros; Hornung, Gerrit; Spiecker, Indra — Datenschutzrecht
DSGVO mit BDSG
Baden-Baden 2019
Zit.: Simitis/Hornung/Spiecker/Bearb., DS-GVO, Art. 1 Rn. 1

Spelge, Karin Der Beschäftigtendatenschutz nach Wirksamwerden der Datenschutz-Grundverordnung (DS-GVO) – Viel Lärm um Nichts?, DuD 2016, 775 ff.

Spindler, Gerald; Schuster, Fabian Recht der elektronischen Medien
Kommentar
4. Auflage
München 2019
Zit.: Spindler/Schuster/Bearb., Elektron. Medien, § 1 Rn. 1

Steffen, Markus; Stöhr, Alexander Die Umsetzung von Compliance-Maßnahmen im Arbeitsrecht, RdA 2017, 43 ff.

Streinz, Rudolf EUV/AEUV
Vertrag über die Europäische Union
Vertrag über die Arbeitsweise der Europäischen Union
Charta der Grundrechte der Europäischen Union
3. Auflage
München 2018
Zit.: Streinz/Bearb., EUV/AEUV, Art. 1 Rn. 1

Ströbel, Lukas; Böhm, Wolf-Tassilo; Breunig, Christina; Wybitul, Tim Beschäftigtendatenschutz und Compliance: Compliance-Kontrollen und interne Ermittlungen nach der EU-Datenschutz-Grundverordnung und dem neuen Bundesdatenschutzgesetz, CCZ 2018, 14 ff.

Stürner, Rolf Jauernig
Bürgerliches Gesetzbuch
mit Rom-I-VO, Rom-II-VO, Rom-III-VO, EG-UnthVO/HUntProt und EuErbVO
18. Auflage
München 2021
Zit.: Jauernig/Bearb., BGB, § 1 Rn. 1

Stück, Volker	Compliance: Überwachungsmöglichkeiten des Arbeitsgebers im Lichte aktueller Rechtsprechung, ArbRAktuell 2018, 31 ff.
Stück, Volker	Überwachung und Kontrolle von Arbeitnehmern nach neuer Rechtsprechung – Empfehlungen für Arbeitgeber im Brennpunkt von Compliance, Datenschutz und Arbeitsrecht, CCZ 2018, 88 ff.
Stück, Volker	Präventive und repressive Compliance: Datenschutz – und arbeitsrechtliche Aspekte nach DSGVO sowie BDSG 2018, ArbRAktuell 2019, 216 ff.
Sydow, Gernot	Europäische Datenschutzgrundverordnung Handkommentar 2. Auflage Baden-Baden/Wien/Zürich 2018 Zit.: Sydow/Bearb., DS-GVO, Art. 1 Rn. 1
Taeger, Jürgen	Videoüberwachung von Bürohäusern Zulässigkeitsvoraussetzungen zur Wahrung des Hausrechts im öffentlich zugänglichen Bereich, ZD 2013, 571 ff.
Taeger, Jürgen; Rose, Edgar	Zum Stand des deutschen und europäischen Beschäftigtendatenschutzes, BB 2016, 819 ff.
Taeger, Jürgen; Pohle, Jan	Computerrechts-Handbuch Informationstechnologie in der Rechts- und Wirtschaftspraxis Stand Februar 2021, 36. Ergänzungslieferung München 2021 Zit.: Taeger/Pohle/Bearb., Computerrechts-Hdb., 1 Rn. 1

Theile, Hans „Internal Investigations“ und Selbstbelastung – Zum Verantwortungstransfer bei Akkumulation privater und staatlicher Ermittlungen –, StV 2011, 381 ff.

Thode, Jan-Christoph Die neuen Compliance-Pflichten nach der Datenschutzgrundverordnung, CR 2016, 714 ff.

Thüsing, Gregor Datenschutz im Arbeitsverhältnis
Kritische Gedanken zum neuen § 32 BDSG, NZA 2009, 865 ff.

Thüsing, Gregor Arbeitnehmerdatenschutz und Compliance
Beschäftigtendatenschutz und Compliance
Effektive Compliance im Spannungsfeld von BDSG, Persönlichkeitsschutz und betrieblicher Mitbestimmung
München 2010
Zit.: Thüsing, Arbeitnehmerdatenschutz, Rn. 1

Thüsing, Gregor; Schmidt, Maximilian Videoüberwachung am Arbeitsplatz – Warum eine Dauerüberwachung regelmäßig unzulässig ist, warum aber nicht jede Daueraufnahme eine Dauerüberwachung ist –, DB 2017, 2608 ff.

Thüsing, Gregor; Rombey, Sebastian Der verdeckte Einsatz von Privatdetektiven zur Kontrolle von Beschäftigten nach dem neuen Datenschutzrecht, NZA 2018, 1105 ff.

Thüsing, Gregor; Rombey, Sebastian Die „schriftlich oder elektronisch“ erteilte Einwilligung des Beschäftigten nach dem neuen Formerfordernis in § 26 II 3 BDSG, NZA 2019, 1399 ff.

Thüsing, Gregor Beschäftigtendatenschutz und Compliance
Effektive Compliance im Spannungsfeld von BDSG, Persönlichkeitsschutz und betrieblicher Mitbestimmung
3. Auflage
München 2021
Zit.: Thüsing/Bearb., Beschäftigtendatenschutz, § 1 Rn. 1

Tinnefeld, Marie-Theres Arbeitnehmerdatenschutz in Zeiten des Internet, MMR 2001, 797 ff.

Tinnefeld, Marie-Theres; Conrad, Isabell Die selbstbestimmte Einwilligung im europäischen Recht
Voraussetzungen und Probleme, ZD 2018, 391 ff.

Tschöpe, Ulrich Arbeitsrecht
Handbuch
12. Auflage
Köln 2021
Zit.: Tschöpe/Bearb., Teil 1 A Rn. 1

Uecker, Philip Die Einwilligung im Datenschutzrecht und ihre Alternativen
Mögliche Lösungen für Unternehmen und Vereine, ZD 2019, 248 ff.

Ueckert, André Private Internet- und E-Mail-Nutzung am Arbeitsplatz Entwurf einer Betriebsvereinbarung, ITRB 2003, 158 ff.

Umnuß, Karsten Corporate Compliance Checklisten
Rechtliche Risiken im Unternehmen erkennen und vermeiden
4. Auflage
München 2020
Zit.: Umnuß/Bearb., Compliance Checklisten, Kap. 1, Rn. 1

Veil, Winfried	Die Datenschutz-Grundverordnung: des Kaisers neue Kleider Der gefährliche Irrweg des alten wie des neuen Datenschutzrechts, NVwZ 2018, 686 ff.
Veil, Winfried	Einwilligung oder berechtigtes Interesse? – Datenverarbeitung zwischen Skylla und Charybdis, NJW 2018, 3337 ff.
Veit, Vivien	(Strafbarkeits-)Risiken bei der Durchführung von E-Searches, NZWiSt 2015, 334 ff.
Venetis, Frank; Oberwetter, Christian	Videoüberwachung von Arbeitnehmern, NJW 2016, 1051 ff.
Vertragsformulare PREMIUM	Vertragsformulare PREMIUM Stand 01.06.2021 Zit.: Vertragsformulare Premium/Bearb., 1.1.1.1.
Vetter, Jan	Gesetzeslücken bei der Internetkriminalität Dissertation Stuttgart 2002 Zit.: Vetter, Gesetzeslücken bei der Internetkriminalität, S. 1
Vietmeyer, Katja; Byers, Philipp	Der Arbeitgeber als TK-Anbieter im Arbeitsverhältnis Geplante BDSG-Novelle lässt die Anwendbarkeit des TKG im Arbeitsverhältnis unangetastet, MMR 2010, 807 ff.
Vogel, Florian; Glas, Vera	Datenschutzrechtliche Probleme unternehmensinterner Ermittlungen Gründe und Formen der Auslagerung, DB 2009, 1747 ff.
Waltermann, Raimund	Anspruch auf private Internetnutzung durch betriebliche Übung?, NZA 2007, 529 ff.

Weißnicht, Elmar	Die Nutzung des Internet am Arbeitsplatz, MMR 2003, 448 ff.
Wellhörner, Astrid; Byers, Philipp	Datenschutz im Betrieb – Alltägliche Herausforderung für den Arbeitgeber?, BB 2009, 2310 ff.
von Werder, Axel; Talaulicar, Till	Kodex Report 2006: Die Akzeptanz der Empfehlungen und Anregungen des Deutschen Corporate Governance Kodex, DB 2006, 849 ff.
Wiedmann, Michael; Greubel, Marco	Compliance Management Systeme – Ein Beitrag zur effektiven und effizienten Ausgestaltung, CCZ 2019, 88 ff.
de Wolf, Abraham	Kollidierende Pflichten: zwischen Schutz von E-Mails und „Compliance" im Unternehmen, NZA 2010, 1206 ff.
Wolf, Thomas; Mulert, Gerrit	Die Zulässigkeit der Überwachung von E-Mail-Korrespondenz am Arbeitsplatz, BB 2008, 442 ff.
Wuermeling, Ulrich; Felixberger, Stefan	Fernmeldegeheimnis und Datenschutz im Telekommunikationsgesetz, CR 1997, 230 ff.
Wuerzberger, Sebastian	Anforderungen an Betriebsvereinbarungen nach der DS-GVO Konsequenzen und Anpassungsbedarf für bestehende Regelungen, ZD 2017, 258 ff.
Wybitul, Tim	Das neue Bundesdatenschutzgesetz: Verschärfte Regeln für Compliance und interne Ermittlungen, BB 2009, 1582 ff.
Wybitul, Tim	Wie viel Arbeitnehmerdatenschutz ist „erforderlich"?, BB 2010, 1085 ff.

Wybitul, Tim	Neue Spielregeln bei E-Mail-Kontrollen durch den Arbeitgeber Überblick über den aktuellen Meinungsstand und die Folgen für die Praxis, ZD 2011, 69 ff.
Wybitul, Tim	E-Mail-Auswertung in der betrieblichen Praxis, NJW 2014, 3605 ff.
Wybitul, Tim; *Böhm, Wolf-Tassilo*	E-Mail-Kontrollen für Compliance-Zwecke und bei internen Ermittlungen, CCZ 2015, 133 ff.
Wybitul, Tim; *Böhm, Wolf-Tassilo*	Freier Wille auch im Arbeitsverhältnis? Einwilligungen als Mittel zum Umgang mit Beschäftigtendaten, BB 2015, 2101 ff.
Wybitul, Tim; *Sörup, Thorsten;* *Pötters, Stephan*	Betriebsvereinbarungen und § 32 BDSG: Wie geht es nach der DS-GVO weiter? – Handlungsempfehlungen für Unternehmen und Betriebsräte, ZD 2015, 559 ff.
Wybitul, Tim	Welche Folgen hat die EU-Datenschutz-Grundverordnung für Compliance, CCZ 2016, 194 ff.
Wybitul, Tim	Die DS-GVO – ein Compliance-Thema?, ZD 2016, 105 f.
Wybitul, Tim	Was ändert sich mit dem neuen EU-Datenschutzrecht für Arbeitgeber und Betriebsräte? Anpassungsbedarf bei Beschäftigtendatenschutz und Betriebsvereinbarungen, ZD 2016, 203 ff.
Wybitul, Tim	Handbuch EU-Datenschutz-Grundverordnung Frankfurt am Main 2017 Zit.: Wybitul/Bearb., Hdb. DS-GVO, Art. 1 Rn. 1
Wybitul, Tim	Der neue Beschäftigtendatenschutz nach § 26 BDSG und Art. 88 DSGVO, NZA 2017, 413 ff.

Wybitul, Tim — Betriebsvereinbarungen im Spannungsverhältnis von arbeitgeberseitigem Informationsbedarf und Persönlichkeitsschutz des Arbeitnehmers Handlungsempfehlungen und Checkliste zu wesentlichen Regelungen, NZA 2017, 1488 ff.

Wybitul, Tim; Brink, Stefan; Albrecht, Jan Philipp — Interview: Beschäftigtendatenschutz nach der DS-GVO, NZA 2018, 285 ff.

Wybitul, Tim; Haß, Detlef; Albrecht, Jan Philipp — Abwehr von Schadensersatzansprüchen nach der Datenschutz-Grundverordnung, NJW 2018, 113 ff.

Wybitul, Tim; Neu, Leonie; Strauch, Martin — Schadensersatzrisiken für Unternehmen bei Datenschutzverstößen Verteidigung gegen Schadensersatzforderungen nach Art. 82 DS-GVO, ZD 2018, 202 ff.

Wybitul, Tim — Immaterieller Schadensersatz wegen Datenschutzverstößen – Erste Rechtsprechung der Instanzgerichte, NJW 2019, 3265 ff.

§ 1 Einleitung

I. Problemstellung

Seit 25. Mai 2018 gilt die europäische Datenschutzgrundverordnung (DS-GVO). Gerade die Bundesrepublik hatte mit dem BDSG schon bisher ein vergleichsweise hohes Datenschutzniveau. Für Deutschland halten sich die Änderungen durch die DS-GVO daher im Rahmen. Eines hat sich jedoch gravierend geändert: bei Verletzung datenschutzrechtlicher Vorschriften drohen nach der DS-GVO empfindliche Sanktionen und Bußgelder in ganz erheblicher Höhe. Diese Neuerung wird in der Unternehmenspraxis nicht ohne Folgen bleiben.

Nachdem der Datenschutz von Unternehmen lange Zeit eher stiefmütterlich behandelt wurde, rückt er nun – maßgeblich aufgrund der massiv gestiegenen drohenden Bußgelder – vermehrt in den Fokus. Dadurch tritt eine Pflichtenkollision deutlich zutage, die bisher in Literatur, Rechtsprechung und Gesetz nur sehr unzureichend Beachtung gefunden hat.

So ist es die Pflicht eines jeden Unternehmens, „compliant" zu sein. Bezogen auf die DS-GVO bedeutet das die Sicherstellung der ordnungsgemäßen Befolgung sämtlicher datenschutzrechtlicher Vorschriften. Ein besonderes Augenmerk liegt dabei auf dem Schutz personenbezogener Daten. Diese dürfen nur bei Vorliegen der rechtlichen Voraussetzungen verarbeitet werden. Zudem besteht – neben vielen weiteren Anforderungen – die Pflicht, personenbezogene Daten vor unbefugten Zugriffen und unerlaubter Weitergabe an Dritte zu schützen. Die zur Gewährleistung der Einhaltung dieser Pflichten getroffenen Maßnahmen sind als technische-organisatorische Maßnahmen zu dokumentieren. Gleiches gilt bei Auftragsverarbeitungsverträgen, in deren Rahmen Dienstleister im Auftrag des Verantwortlichen personenbezogene Daten verarbeiten. Auch dort müssen technische-organisatorische Maßnahmen nachgewiesen werden, zu deren Umsetzung und Durchführung der Auftragnehmer zwecks Sicherstellung der Einhaltung datenschutzrechtlicher Vorschriften auch vertraglich verpflichtet wird.

Den Unternehmen obliegen ihre umfangreichen datenschutzrechtlichen Pflichten jedoch nicht nur gegenüber Dritten, in der Regel also Kunden, Lieferanten und sonstigen Vertragspartnern, vielmehr müssen sie deren Einhaltung auch gegenüber ihren Beschäftigten gewährleisten.

Die Sicherstellung der Einhaltung datenschutzrechtlicher Vorgaben durch Beschäftigte bei der Verarbeitung personenbezogener Daten – sowohl im Interesse des Arbeitgebers als auch der betroffenen Dritten – dient neben der üblichen Intention, Straftaten aufzudecken oder zu verhindern sowie Leistung und Effizienz der Beschäftigten zu überwachen, daher nun vermehrt als Argument für den Einsatz von Mitarbeiterkontrollen. Tatsächlich erscheint es gerade in großen Unternehmen praktisch unmöglich, den Datenschutz gegenüber Dritten zu gewährleisten, ohne Beschäftigte – jedenfalls teilweise – zu überwachen.

Im Rahmen der Überwachungsmaßnahmen gilt es zunächst, die Interessen und Rechte der Beschäftigten zu wahren. Die technischen Überwachungsmöglichkeiten werden zunehmend komplexer und wecken oft Zweifel oder gar Ängste. Je weniger die Beschäftigten die Funktionsweisen der zur Überwachung genutzten Technologien verstehen, desto größer das Misstrauen gegenüber dem Arbeitgeber. Welche Daten werden tatsächlich verarbeitet? Wo kommen sie an? Wer erhält Kenntnis von deren Inhalt? Neben der Einhaltung rechtlicher Grenzen tun Unternehmen daher gut daran, auch diese Faktoren in ihre Entscheidung mit einzubeziehen, ob und wenn ja, welche Art der Überwachung angezeigt ist.

Daneben sind die Interessen Dritter zu beachten, deren personenbezogene Daten verarbeitet werden. Diese haben ihrerseits ein – voraussichtlich stetig wachsendes – Interesse an der Einhaltung datenschutzrechtlicher Vorschriften. Denn zum einen hält der Datenschutz durch steigende Medienpräsenz vermehrt Einzug in das Bewusstsein der Verbraucher, zum anderen locken bei Verletzung datenschutzrechtlicher Vorschriften monetäre Anreize wie etwa die Geltendmachung von Schadensersatzansprüchen des Betroffenen.

Dem Arbeitgeber obliegt somit die herausfordernde Aufgabe, beiden Interessengruppen in gleicher Weise gerecht zu werden sowie eigene Pflichten aus datenschutz- und gesellschaftsrechtlichen Vorschriften zu erfüllen und sich dabei innerhalb der noch nicht klar umrissenen rechtlichen Grenzen zu halten. Im Unterschied zu den bisher im Fokus stehenden Compliance-Maßnahmen – beispielsweise zur Verhinderung von Wirtschaftskriminalität – stehen daher nicht ausschließlich Interessen der Beschäftigten solchen der Arbeitgeber gegenüber. Offen ist bislang, ob – und wenn ja in welcher Weise – die Interessen Dritter am Schutz ihrer personenbezogenen Daten in die Abwägung über die Zulässigkeit einer bestimmten Mitarbeiterüberwachung mit einzubeziehen sind.

Zwar sind die Überwachungsmöglichkeiten für Arbeitgeber vielfältiger, günstiger und effizienter denn je, sie bergen jedoch auch hohe Risiken. Gerät die Gewichtung von Dritt- und Beschäftigteninteressen aus der Balance, drohen von beiden Seiten die Geltendmachung von Schadensersatzansprüchen sowie Bußgelder und Sanktionen seitens der Behörde. Nicht zu unterschätzen sind zudem die enormen wirtschaftlichen Folgen negativer Medienberichterstattung im Falle der Verletzung des Schutzes personenbezogener Daten von Kunden oder Lieferanten. Auch insofern tritt das Dilemma der Unternehmen deutlich zutage, denn mindestens in gleichem Maße geschäftsschädigend sind Medienberichte über rechtswidrige Compliance-Maßnahmen wie etwa eine zu massive Mitarbeiterüberwachung.

Im Folgenden soll daher untersucht werden, welchen Einfluss die DS-GVO voraussichtlich auf die Zulässigkeit der Mitarbeiterüberwachung nehmen wird und wie die gegenläufigen Interessen von Beschäftigten, Arbeitgebern und Dritten bestmöglich in Einklang zu bringen sind.

II. Gang der Untersuchung

Zunächst werden die Grundlagen (§ 2) und Grundprinzipien der DS-GVO (§ 3) dargestellt, bevor auf deren wichtigsten Erlaubnistatbestände für die Verarbeitung personenbezogener Daten und Systematik (§ 3 II und III) sowie Rechte der Betroffenen (§ 3 IV) und Pflichten der Verantwortlichen (§ 3 V) eingegangen wird.

Im Anschluss wird der Regelungsrahmen der Öffnungsklausel des Art. 88 Abs. 1 DS-GVO für mitgliedstaatliche Vorschriften zum Beschäftigtendatenschutz determiniert und die inhaltlichen Vorgaben des Art. 88 Abs. 2 DS-GVO dargelegt (§ 4), gefolgt von der Darstellung der aufgrund dieser Vorschrift erlassenen Regelungen des deutschen Gesetzgebers zum Beschäftigtendatenschutz, deren Verhältnis untereinander sowie zu anderen Rechtsgrundlagen und Gesetzen sodann untersucht wird (§ 5).

Es folgen Ausführungen zu den widerstreitenden Interessen von Arbeitgeber (§ 6), Arbeitnehmer und Dritten (§ 7) im Rahmen der Überwachung. Der Darstellung solcher Überwachungsmethoden, die für die Zwecke der Kontrolle der Einhaltung datenschutzrechtlicher Vorschriften üblicherweise eingesetzt werden, namentlich Videoaufnahmen zwecks Zutrittskontrolle (§ 8 I 1) und inhaltliche Auswertung von Ausgangsmails zwecks Weitergabekontrolle (§ 8 II 1), folgt jeweils eine Prüfung deren Zulässigkeit unter Zusammenstellung der in der Rechtsprechung für die Beurteilung der Rechtmäßigkeit von Überwachungsmaßnahmen entwickelten Abwägungskriterien (§ 8 I 2, § 8 II 2). Die Rechtsprechung wird auf ihre Vereinbarkeit mit der DS-GVO untersucht. Darüber hinaus werden die voraussichtlichen oder jedenfalls wünschenswerten Einflüsse der DS-GVO auf die Grundsätze der Rechtsprechung antizipiert (§ 8 III).

Nach Veranschaulichung der Folgen von Verstößen gegen den Schutz personenbezogener Daten (§ 9), werden abschließend praktische Lösungsmöglichkeiten für Arbeitgeber aufgezeigt (§ 10 I bis III), wobei der Erlass eines Gesetzes mit konkreten Vorschriften zu den gegenständlichen Überwachungsmaßnahmen als Lösung präferiert (§ 10 IV) und auszugsweise formuliert wird (§ 10 IV 4).

Teil 1: Die Grundlagen der DS-GVO

§ 2 Allgemeine Grundlagen der DS-GVO

I. Entstehungsgeschichte der DS-GVO

Nachdem die damalige Europäische (Wirtschafts-)Gemeinschaft den Datenschutz bereits seit Mitte der Siebzigerjahre diskutierte[1], wurde die Europaratskonvention Nr. 108 aus dem Jahr 1981 zum Ausgangspunkt für das europäische Datenschutzrecht.[2] Nach Vorschlägen der Europäischen Kommission in den frühen 90er-Jahren für ein Paket von Regelungsvorschlägen zum Datenschutz auf europäischer Ebene[3] erfolgte eine erste umfassende Richtlinie erstmals im Jahr 1995.[4] Am 25. Januar 2012 schließlich stellte die Europäische Kommission den Entwurf einer Datenschutzreform vor.[5] Darin enthalten war unter anderem die DS-GVO, welche die bisherige Richtlinie 95/46/EG aus dem Jahr 1995 zum Schutz natürlicher Personen bei der Verarbeitung personenbezogener Daten und zum freien Datenverkehr ersetzen sollte.[6]

Mit dem Ziel der Vollharmonisierung des Datenschutzes, die bisher wegen der uneinheitlichen Umsetzung der Richtlinie 95/46/EG nicht gewährleistet war[7], ergriff die Europäische Kommission im Jahr 2012 mit zwei Kommissionsentwürfen[8] die Initiative für einen einheitlichen Datenschutz in der Europäischen Union.[9] Nachdem sich das Europäische Parlament und der Rat der Innen- und Justizminister im März 2014 auf eine eigene, vom Entwurf der Europäischen Kommission abweichende, Fassung geeinigt hatten, führten die Organe der europäischen Gesetzgebung ab Mitte 2015 „Trilog-Verhandlungen", die am

---

1 ABl. 1976 C 100, 27; ABl. 1979 C 140, 34, BT-Drs. 8/2928; ABl. 1982 C 87, 39, BT-Drs. 9/1516; *Rüpke/von Lewinski/Eckhardt*, Datenschutzrecht, Rn. 84.

2 *Rüpke/von Lewinski/Eckhardt*, Datenschutzrecht, Rn. 83, vgl. dazu auch *Veil*, NVwZ 2018, 686, 690 f.

3 KOM (1990) 314 endgültig; *Rüpke/von Lewinski/Eckhardt*, Datenschutzrecht, Rn. 85.

4 ABl. 1995 L 281, 31; *Rüpke/von Lewinski/Eckhardt*, Datenschutzrecht, Rn. 86.

5 KOM (2012) 9 endgültig.

6 *Hornung*, ZD 2012, 99, 99; *Schantz/Wolff*, Das neue Datenschutzrecht, Rn. 197.

7 BeckOK/*Wolff/Brink*, DatenschutzrR, Einführung Rn. 11; *Schantz/Wolff*, Das neue Datenschutzrecht, Rn. 198.

8 KOM (2012) 10 endgültig; KOM (2012) 11 endgültig.

9 Kursorisch auch *Hornung*, ZD 2012, 99, 99 ff.; kritisch zum Kommissionsentwurf *Roßnagel/Richter/Nebel*, ZD 2013, 103, 103 ff.; *Rüpke/von Lewinski/Eckhardt*, Datenschutzrecht, Rn. 91.

15. Dezember 2015 schließlich zu einer Einigung auf den endgültigen Text der DS-GVO führten.[10] Die bereits am 25. Mai 2016 in Kraft getretene Verordnung gilt nunmehr seit 25. Mai 2018.

II. Regelungsinhalt

1. Gegenstand und Ziele der DS-GVO

Gemäß Art. 1 Abs. 1 DS-GVO ist Gegenstand der Verordnung der Schutz natürlicher Personen bei der Verarbeitung personenbezogener Daten sowie der freie Verkehr der Daten. Durch die Verordnung soll der grundrechtlich in Art. 8 Abs. 1 Grundrechtecharta (GRCh) und zudem in Art. 16 Abs. 1 Vertrag über die Arbeitsweise der Europäischen Union (AEUV) verankerte Schutz natürlicher Personen bei der Verarbeitung personenbezogener Daten gewährleistet werden.[11] Die Kompetenz der Union, Vorschriften zum freien Datenverkehr sowie zum Schutz natürlicher Personen hinsichtlich der Verarbeitung ihrer personenbezogenen Daten zu erlassen, wurde erst durch den Vertrag von Lissabon geschaffen und ergibt sich aus Art. 16 Abs. 2 S. 1 AEUV.[12] Die immer rascher voranschreitende technologische Entwicklung[13] sowie der deutliche Anstieg des grenzüberschreitenden Verkehrs personenbezogener Daten[14] machten die Anpassung der gesetzlichen Rahmenbedingungen erforderlich, um durch die so entstehende Harmonisierung ein gleichmäßiges Datenschutzniveau in den Mitgliedstaaten zu erreichen.[15] Gleichwohl wird bereits in den Erwägungsgründen dargelegt, dass das Recht auf Schutz der personenbezogenen Daten kein uneingeschränktes ist.[16] Es sei im Hinblick auf seine gesellschaftliche Funktion zu sehen und unter Wahrung des Verhältnismäßigkeitsprinzips gegen andere Grundrechte abzuwägen.[17]

---

10 *Düwell/Brink*, NZA 2016, 665, 665; *Rüpke/von Lewinski/Eckhardt*, Datenschutzrecht, Rn. 92 f.

11 EG 1.

12 BeckOK/*Schantz*, DatenschutzR, Art. 1 Rn. 2; *Reding*, ZD 2012, 195, 195.

13 EG 6 S. 1.

14 EG 5 S. 1.

15 EG 3 S. 1; BeckOK/*Schantz*, DatenschutzR, Art. 1 Rn. 3; *Reding*, ZD 2012, 195, 195.

16 EG 4 S. 1.

17 EG 4 S. 1.

2. Anwendungsbereich der DS-GVO

Der Anwendungsbereich der DS-GVO ergibt sich aus Art. 2 und 3 DS-GVO.

a) Sachlicher Anwendungsbereich

Die Verordnung gilt nach Art. 2 Abs. 1 DS-GVO für die ganz oder teilweise automatisierte Verarbeitung personenbezogener Daten sowie für die nicht automatisierte Verarbeitung personenbezogener Daten, die in einem Dateisystem gespeichert sind oder gespeichert werden sollen.

Es wird zwischen der automatisierten und der nicht automatisierten Verarbeitung unterschieden. Der Begriff der automatisierten Verarbeitung ist nicht legaldefiniert. Als von ihm umfasst anzusehen sind jedoch alle Verfahren, bei denen zumindest ein Teil eines Datenverarbeitungsprozesses anhand eines vorgegebenen Programms ohne weiteres menschliches Zutun selbsttätig erledigt wird[18], wobei auch eine nur teilweise automatisierte Verarbeitung ausreicht.[19] Zudem unterfällt auch die nichtautomatisierte Verarbeitung personenbezogener Daten in einem Dateisystem im Sinne des Art. 4 Nr. 6 DS-GVO dem sachlichen Anwendungsbereich der Verordnung.[20] Damit erfasst die Verordnung praktisch alle geordneten manuellen Datensammlungen.[21]

Weiter umfasst die DS-GVO gemäß Art. 2 Abs. 2 lit. a) und b) DS-GVO grundsätzlich den gesamten Anwendungsbereich des Unionsrechts mit Ausnahme der gemeinsamen Außen- und Sicherheitspolitik.[22] Ausgenommen ist zudem die Datenverarbeitung natürlicher Personen zur Ausübung ausschließlich persönlicher und familiärer Tätigkeiten nach Art. 2 Abs. 2 lit. c) DS-GVO sowie der Bereich der Strafverfolgung einschließlich der Strafvollstreckung nach Art. 2 Abs. 2 lit. d) DS-GVO.

---

18 Ähnlich BeckOK/*Bäcker*, DatenschutzR, Art. 2 Rn. 2; Ehmann/Selmayr/*Zerdick*, DS-GVO, Art. 2 Rn. 3; ähnlich auch Paal/Pauly/*Ernst*, DS-GVO/BDSG, Art. 2 Rn. 2, 5 f.

19 BeckOK/*Bäcker*, DatenschutzR, Art. 2 Rn. 3; Paal/Pauly/*Ernst*, DS-GVO/BDSG, Art. 2 Rn. 2, 6.

20 BeckOK/*Bäcker*, DatenschutzR, Art. 2 Rn. 4; Paal/Pauly/*Ernst*, DS-GVO/BDSG, Art. 2 Rn. 2, 7.

21 BeckOK/*Bäcker*, DatenschutzR, Art. 2 Rn. 4; Paal/Pauly/*Ernst*, DS-GVO/BDSG, Art. 2 Rn. 2, 9.

22 BeckOK/*Bäcker*, DatenschutzR, Art. 2 Rn. 7, 10; Paal/Pauly/*Ernst*, DS-GVO/BDSG, Art. 2 Rn. 12; *Schantz*, NJW 2016, 1841, 1842.

b) *Räumlicher Anwendungsbereich*

Gemäß Art. 3 Abs. 1 DS-GVO gilt das bisherige Sitzprinzip fort. Liegt der Sitz der die Daten verarbeitenden Stelle in der Europäischen Union, ist die DS-GVO auf die Datenverarbeitung anwendbar.[23] Gleiches gilt, wenn die Verarbeitung personenbezogener Daten im Rahmen der Tätigkeiten einer Niederlassung der verarbeitenden Stelle in der Europäischen Union erfolgt.[24] Eine Neuerung und zugleich erhebliche Erweiterung des Schutzes natürlicher Personen birgt Art. 3 Abs. 2 DS-GVO, der das Marktortprinzip statuiert.[25] Hierdurch wird der Anwendungsbereich der DS-GVO auf datenverarbeitende Stellen außerhalb der Europäischen Union erweitert, soweit sie Waren oder Dienstleistungen entgeltlich oder unentgeltlich in der Union anbieten.[26]

3. Grundbegriffe der DS-GVO

Die maßgeblichen Begriffe der DS-GVO sind weitgehend in Art. 4 DS-GVO legaldefiniert.

a) *„Personenbezogene Daten“*

Ausweislich Art. 4 Nr. 1 DS-GVO sind personenbezogene Daten alle Informationen, die sich auf eine identifizierte oder identifizierbare natürliche Person beziehen. Kernfrage ist insofern, welcher Maßstab für die Bestimmbarkeit der Person anzulegen ist, also anhand wessen Wissen, Mitteln und Fähigkeiten zu beurteilen ist, ob ein personenbezogenes Datum vorliegt.[27] Nach dem Erwägungsgrund 26 sind für die Entscheidung über das Vorliegen des Merkmals der Identifizierbarkeit alle Mittel zu berücksichtigen, die von dem Verantwortlichen oder einer

---

23 Vgl. schon zur Rechtslage unter RL 95/46/EG die Rechtsprechung des EuGH, Urt. v. 1.10.2015 – C-230/14 = ZD 2015, 580, 585; BeckOK/*Hanloser*, DatenschutzR, Art. 3 Rn. 18 ff.; Paal/Pauly/*Ernst*, DS-GVO/BDSG, Art. 3 Rn. 3.

24 EuArbR/*Franzen*, Art. 3 DS-GVO Rn. 3; Paal/Pauly/*Ernst*, DS-GVO/BDSG, Art. 3 Rn. 5.

25 *Dammann*, ZD 2016, 307, 309 „größte Pluspunkt der DS-GVO gegenüber der DS-RL“; Kühling/Buchner/*Klar*, DS-GVO/BDSG, Art. 3 Rn. 6, 8; Paal/Pauly/*Ernst*, DS-GVO/BDSG, Art. 3 Rn. 13.

26 *Albrecht*, CR 2016, 88, 90; *Schantz*, NJW 2016, 1841, 1842.

27 Der EuGH stellte unter der Geltung der RL 95/46/EG auf die Sicht des für die Verarbeitung Verantwortlichen ab, vgl. Urt. v. 19.10.2016 – C-582/14 (*Breyer*) = NJW 2016, 3579; BeckOK/*Schild*, DatenschutzR, Art. 4 Rn. 15 ff.; Paal/Pauly/*Ernst*, DS-GVO/BDSG, Art. 4 Rn. 10; *Schantz*, NJW 2016, 1841, 1842.

anderen Person wahrscheinlich zur Identifikation genutzt werden. Hieraus wird gefolgert, dass schon ein absoluter Personenbezug für die Bestimmbarkeit einer Person genügt.[28]

b) „Verarbeitung“

Verarbeitung ist gemäß Art. 4 Nr. 2 DS-GVO jeder mit oder ohne Hilfe automatisierter Verfahren ausgeführte Vorgang oder jede solche Vorgangsreihe im Zusammenhang mit personenbezogenen Daten wie das Erheben, das Erfassen, die Organisation, das Ordnen, die Speicherung, die Anpassung oder Veränderung, das Auslesen, das Abfragen, die Verwendung, die Offenlegung durch Übermittlung, Verbreitung oder eine andere Form der Bereitstellung, den Abgleich oder die Verknüpfung, die Einschränkung, das Löschen oder die Vernichtung.

c) „Verantwortlicher“

Nach Art. 4 Nr. 7 DS-GVO ist Verantwortlicher die natürliche oder juristische Person, Behörde, Einrichtung oder andere Stelle, die allein oder gemeinsam mit anderen über die Zwecke und Mittel der Verarbeitung von personenbezogenen Daten entscheidet.

---

28 BeckOK/*Schild*, DatenschutzR, Art. 4 Rn. 15; zum Streitstand: Kühling/Buchner/*Klar*/*Kühling*, DS-GVO/BDSG, Art. 4 Nr. 1 Rn. 25 ff.

§ 3 Die Grundprinzipien der DS-GVO

Die DS-GVO konstituiert verschiedene Grundprinzipien, die bei jeder Verarbeitung personenbezogener Daten zu beachten sind und maßgeblich über deren Rechtmäßigkeit entscheiden.

I. Zentrale Grundsätze, Art. 5 DS-GVO

Die zentralen Grundsätze für die Verarbeitung personenbezogener Daten sind in Art. 5 DS-GVO niedergelegt.

1. Rechtmäßigkeit, Verarbeitung nach Treu und Glauben, Transparenz (Abs. 1 lit. a))

Nach lit. a) des Art. 5 Abs. 1 DS-GVO sind Daten auf rechtmäßige Weise, nach Treu und Glauben und in einer für die betroffene Person nachvollziehbaren Weise zu verarbeiten („Rechtmäßigkeit, Verarbeitung nach Treu und Glauben, Transparenz").

a) Rechtmäßigkeit

Der Grundsatz der Rechtmäßigkeit bedeutet, dass die Verarbeitung personenbezogener Daten nur aufgrund einer ausreichenden Rechtsgrundlage im Unionsrecht oder im unionsrechtlich zulässigen mitgliedstaatlichen Recht erfolgen darf.[29]

b) Verarbeitung nach Treu und Glauben

Nicht klar umrissen werden können die Anforderungen an eine Verarbeitung nach Treu und Glauben.[30] Einigkeit besteht aber wohl dahingehend, dass hierin eine Ausprägung des Grundsatzes der Verhältnismäßigkeit zu sehen ist.[31]

---

29 Gola/*Pötters*, DS-GVO, Art. 5 Rn. 6; differenzierend zwischen engem (wie Gola/*Pötters*) und weitem Verständnis, wonach sämtliche datenschutzrechtlichen Vorschriften maßgeblich sind: Kühling/Buchner/*Herbst*, DS-GVO/BDSG, Art. 5 Rn. 8 ff.; Paal/Pauly/*Frenzel*, DS-GVO/BDSG, Art. 5 Rn. 14 ff.

30 So auch Gola/*Pötters*, DS-GVO, Art. 5 Rn. 8; Kühling/Buchner/*Herbst*, DS-GVO/BDSG, Art. 5 Rn. 13; Paal/Pauly/*Frenzel*, DS-GVO/BDSG, Art. 5 Rn. 18.

31 BeckOK/*Schantz*, DatenschutzR, Art. 5 Rn. 8; EuArbR/*Franzen*, Art. 5 DS-GVO Rn. 3; Gola/*Pötters*, DS-GVO, Art. 5 Rn. 9.

c) *Transparenz*

Entscheidende Bedeutung kommt dem Grundsatz der Transparenz zu. Durch diesen wird sichergestellt, dass die zum Schutz der natürlichen Personen getroffenen gesetzlichen Regelungen nicht leerlaufen, weil den Betroffenen Rechtsverstöße erst gar nicht bekannt werden und sie bereits aus diesem Grund gehindert sind, ihre Rechte geltend zu machen.[32] Darüber hinaus hat der Grundsatz erheblichen Einfluss auf die Praxis, insbesondere auch im Hinblick auf Compliance-Maßnahmen.

Für natürliche Personen soll danach Transparenz dahingehend bestehen, dass die betreffenden personenbezogenen Daten erhoben, verwendet, eingesehen oder anderweitig verarbeitet werden und in welchem Umfang und zu welchem Zweck die personenbezogenen Daten aktuell und künftig verarbeitet werden.[33] Der Grundsatz der Transparenz setzt voraus, dass alle Informationen und Mitteilungen zur Verarbeitung dieser personenbezogenen Daten leicht zugänglich, verständlich sowie in klarer und einfacher Sprache abgefasst sind.[34]

2. Zweckbindung (Abs. 1 lit. b))

Gemäß Art. 5 Abs. 1 lit. b) DS-GVO müssen personenbezogene Daten für festgelegte, eindeutige und legitime Zwecke erhoben werden und dürfen nicht in einer mit diesen Zwecken nicht zu vereinbarenden Weise weiterverarbeitet werden. Der Zweck muss bereits zum Zeitpunkt der Datenerhebung festgelegt sein.[35] Er muss konkret, also hinreichend bestimmt, dargelegt werden.[36] Der vom Verantwortlichen verfolgte Zweck ist somit maßgeblich für die Beurteilung der Rechtmäßigkeit der Verarbeitung.

3. Datenminimierung (Abs. 1 lit. c))

Die personenbezogenen Daten müssen darüber hinaus dem Zweck angemessen und erheblich sowie auf das für die Zwecke der Verarbeitung notwendige

---

32 BeckOK/*Schantz*, DatenschutzR, Art. 5 Rn. 10 f.; Gola/*Pötters*, DS-GVO, Art. 5 Rn. 11.

33 EG 39 S. 2; BeckOK/*Schantz*, DatenschutzR, Art. 5 Rn. 11; Paal/Pauly/*Frenzel*, DS-GVO/BDSG, Art. 5 Rn. 21.

34 EG 39 S. 3; BeckOK/*Schantz*, DatenschutzR, Art. 5 Rn. 11.

35 BeckOK/*Schantz*, DatenschutzR, Art. 5 Rn. 14; Gola/*Pötters*, DS-GVO, Art. 5 Rn. 16; Kühling/Buchner/*Herbst*, DS-GVO/BDSG, Art. 5 Rn. 31.

36 BeckOK/*Schantz*, DatenschutzR, Art. 5 Rn. 15; Kühling/Buchner/*Herbst*, DS-GVO/BDSG, Art. 5 Rn. 35; Paal/Pauly/*Frenzel*, DS-GVO/BDSG, Art. 5 Rn. 27.

Maß beschränkt sein. Die zu verarbeitenden personenbezogenen Daten sind dem Zweck angemessen, wenn ihre Zuordnung zu dem in Bezug genommenen Verarbeitungszweck nicht beanstandet werden kann.[37] Des Weiteren sind die Daten für den verfolgten Zweck erheblich, wenn die bevorstehende Verarbeitung geeignet ist, den festgelegten – legitimen – Zweck zu erreichen.[38] Schließlich sind die Daten auf das notwendige Maß zu beschränken. Dies hat zur Folge, dass Daten nicht verarbeitet werden dürfen, sofern der verfolgte Zweck auch ohne ihre Verarbeitung erreicht werden kann.[39]

4. Richtigkeit (Abs. 1 lit. d))

Die personenbezogenen Daten müssen sachlich richtig und erforderlichenfalls auf dem neuesten Stand sein. Es sind alle angemessenen Maßnahmen zu treffen, damit personenbezogene Daten, die im Hinblick auf die Zwecke ihrer Verarbeitung unrichtig sind, unverzüglich gelöscht oder berichtigt werden.

5. Speicherbegrenzung (Abs. 1 lit. e))

Darüber hinaus gilt der Grundsatz, dass die Identifizierung der betroffenen Personen bei der Speicherung der verarbeiteten Daten nur so lange möglich sein darf, wie es für die Zwecke, für die sie verarbeitet werden, erforderlich ist.

6. Integrität und Vertraulichkeit (Abs. 1 lit. f))

Die personenbezogenen Daten sind in einer Weise zu verarbeiten, die eine angemessene Sicherheit der personenbezogenen Daten gewährleistet, einschließlich des Schutzes vor unbefugter oder unrechtmäßiger Verarbeitung und vor unbeabsichtigtem Verlust, unbeabsichtigter Zerstörung oder unbeabsichtigter Schädigung durch geeignete technische und organisatorische Maßnahmen. Konkretisiert wird dieser Grundsatz in Art. 32 DS-GVO, der das Ergreifen technischer und organisatorischer Maßnahmen zum Schutz der Rechte der Betroffenen vorschreibt.[40]

---

37 Kühling/Buchner/*Herbst*, DS-GVO/BDSG, Art. 5 Rn. 57; Paal/Pauly/*Frenzel*, DS-GVO/BDSG, Art. 5 Rn. 35.

38 BeckOK/*Schantz*, DatenschutzR, Art. 5 Rn. 24; Kühling/Buchner/*Herbst*, DS-GVO/BDSG, Art. 5 Rn. 57.

39 BeckOK/*Schantz*, DatenschutzR, Art. 5 Rn. 25; Kühling/Buchner/*Herbst*, DS-GVO/BDSG, Art. 5 Rn. 57.

40 EuArbR/*Franzen*, Art. 5 DS-GVO Rn. 11; Kühling/Buchner/*Herbst*, DS-GVO/BDSG, Art. 5 Rn. 76; Paal/Pauly/*Frenzel*, DS-GVO/BDSG, Art. 5 Rn. 49.

7. Rechenschaftspflicht (Abs. 2)

Schließlich muss der Verantwortliche die Einhaltung der in Art. 5 Abs. 1 DS-GVO dargelegten Grundsätze nachweisen können. Dieser Nachweispflicht ist etwa durch eine Aufstellung geeigneter technischer und organisatorischer Maßnahmen gemäß Art. 24 Abs. 1 DS-GVO und mit der Erstellung eines Verzeichnisses von Verarbeitungstätigkeiten nach Art. 30 DS-GVO nachzukommen.[41]

II. Rechtmäßigkeit der Verarbeitung, Art. 6 Abs. 1 Satz 1 DS-GVO

Die Verarbeitung personenbezogener Daten ist nur erlaubt, wenn eine der in Art. 6 Abs. 1 Satz 1 DS-GVO aufgeführten Bedingungen erfüllt ist. Die unter Art. 6 Abs. 1 Satz 1 DS-GVO dargelegten Erlaubnistatbestände für die Verarbeitung personenbezogener Daten sind abschließend.[42]

1. Erlaubnistatbestände des Art. 6 Abs. 1 Satz 1 DS-GVO

a) Einwilligung (Abs. 1 Satz 1 lit. a))

Rechtmäßig ist die Verarbeitung personenbezogener Daten nach Art. 6 Abs. 1 Satz 1 lit. a) DS-GVO, wenn die betroffene Person ihre Einwilligung zu der Verarbeitung der sie betreffenden personenbezogenen Daten für einen oder mehrere bestimmte Zwecke erteilt hat.

aa) Pflichten des Verantwortlichen, Art. 7 Abs. 1 und 2 DS-GVO

Die Bedingungen für die Einwilligung sind in Art. 7 DS-GVO näher dargelegt und begründen hohe formale Anforderungen an eine wirksam erteilte Einwilligung. Neben einer Nachweispflicht des Verantwortlichen in Abs. 1 des Art. 7 DS-GVO fordert dessen Abs. 2 Satz 1 die transparente Ausgestaltung der Einwilligungserklärung.[43] Ausweislich des Erwägungsgrundes 32 soll sie durch eine eindeutige bestätigende Handlung erfolgen, mit der freiwillig, für den konkreten Fall, in informierter Weise und unmissverständlich bekundet wird, dass die

---

41 Gola/*Pötters*, DS-GVO, Art. 5 Rn. 32; Kühling/Buchner/*Herbst*, DS-GVO/BDSG, Art. 5 Rn. 80; Paal/Pauly/*Frenzel*, DS-GVO/BDSG, Art. 5 Rn. 52.

42 BeckOK/*Albers/Veit*, DatenschutzR, Art. 6 Rn. 10; Gola/*Schulz*, DS-GVO, Art. 6 Rn. 1, 9; Kühling/Buchner/*Buchner/Petri*, DS-GVO/BDSG, Art. 6 Rn. 1.

43 BeckOK/*Stemmer*, DatenschutzR, Art. 7 Rn. 55; Kühling/Buchner/*Buchner/Kühling*, DS-GVO/BDSG, Art. 7 Rn. 25.

betroffene Person mit der Verarbeitung der sie betreffenden personenbezogenen Daten einverstanden ist. Weiter konkretisiert werden diese Voraussetzungen in Erwägungsgrund 42. Um die Einwilligung in Kenntnis der Sachlage erteilen zu können, sollte die betroffene Person demnach jedenfalls wissen, wer der Verantwortliche ist und zu welchen Zwecken die Daten verarbeitet werden sollen.[44]

bb) Widerrufsrecht, Art. 7 Abs. 3 DS-GVO

Der die Einwilligung Erteilende hat zudem gemäß Art. 7 Abs. 3 Satz 1 und 2 DS-GVO das Recht, seine Einwilligung jederzeit mit Wirkung ex nunc zu widerrufen. Auf dieses Recht ist in der Einwilligungserklärung hinzuweisen, vgl. Art. 7 Abs. 3 Satz 3 DS-GVO.

(1) Erfordernis eines plausiblen Grundes

Umstritten ist die Frage, ob ein Widerruf nur bei Vorliegen eines plausiblen Grundes wirksam erfolgen kann. Ausgangspunkt dieses Streits ist ein noch zur alten Rechtslage ergangenes Urteil des BAG vom 11.12.2014[45], wonach der Widerruf der Einwilligung durch einen Beschäftigten nur möglich sein soll, wenn ein plausibler Grund vorliegt.[46] Zugrunde lag ein Fall, in welchem der Arbeitnehmer seine ausdrückliche Einwilligung zur Aufnahme seiner Person im Rahmen eines Werbefilms des Arbeitgebers erklärt hatte.[47] Zu sehen war der Beschäftigte in dem kurzen Video schließlich zwei Sekunden in einer Gruppe von 30 Personen.[48] Nach Beendigung seines Arbeitsverhältnisses hatte der Beschäftigte seine Einwilligung widerrufen.[49] Maßgebliche Grundlage der Entscheidung war insofern § 22 des Gesetzes betreffend das Urheberrecht an Werken der bildenden Künste und der Photographie (KunstUrhG), die als bereichsspezifische Datenschutznorm nach § 1 Abs. 3 Satz 1 BDSG a.F. vorrangig vor den allgemeinen Regeln anzuwenden war.[50] Nach § 22 KunstUrhG dürfen Bildnisse nur mit Einwilligung des Abgebildeten verbreitet oder öffentlich zur Schau gestellt werden. Das BAG hielt den Widerruf mangels plausiblen Grundes im Hinblick auf die nach seiner Auffassung ohnehin nur schwer mögliche Identifizierung des

---

44 EG 42 S. 4.

45 BAG, Urt. v. 11.12.2014 – 8 AZR 1010/13 = NZA 2015, 604.

46 BAG, Urt. v. 11.12.2014 – 8 AZR 1010/13 = NZA 2015, 604, 608.

47 BAG, Urt. v. 11.12.2014 – 8 AZR 1010/13 = NZA 2015, 604, 604.

48 BAG, Urt. v. 11.12.2014 – 8 AZR 1010/13 = NZA 2015, 604, 604.

49 BAG, Urt. v. 11.12.2014 – 8 AZR 1010/13 = NZA 2015, 604, 604.

50 BAG, Urt. v. 11.12.2014 – 8 AZR 1010/13 = NZA 2015, 604, 605.

Beschäftigten und unter Abwägung des für das Unternehmen unverhältnismäßigen Aufwands, das Video neu zu drehen, für unwirksam.[51]

(2) Streitstand

Teilweise wurde dieser zu § 22 KunstUrhG entwickelte Grundsatz auf die allgemeine datenschutzrechtliche Einwilligung nach § 4a BDSG a.F. übertragen.[52] Vereinzelt wird auch unter Geltung der DS-GVO ein plausibler Grund als Wirksamkeitserfordernis für den Widerruf verlangt und als Argument der Grundsatz von Treu und Glauben (Art. 5 Abs. 1 lit. a) DS-GVO) angeführt, welcher eine maßgebliche Veränderung der der Einwilligungserklärung zugrundeliegenden Umstände voraussetze.[53] Die weit überwiegende Meinung hält eine solche Einschränkung des Widerrufsrechts für nicht mit der DS-GVO vereinbar.[54]

(3) Stellungnahme

Dem Urteil lag ein besonderer Sachverhalt zugrunde, der eine Verallgemeinerung der dortigen Argumentation nicht ohne Weiteres zulässt.[55] Zentrale Norm war insofern der Spezialtatbestand des § 22 KunstUrhG. Darüber hinaus war der Betroffene lediglich zwei Sekunden als Teil einer großen Gruppe zu sehen und ohnehin nur schwer identifizierbar. Vor diesem Hintergrund hätte es für den Arbeitgeber einen unverhältnismäßigen Aufwand bedeutet, das Video erneut zu drehen. Im Hinblick auf die Grundsätze des Widerrufsrechts und den eindeutigen Wortlaut des Art. 7 Abs. 3 Satz 1 DS-GVO, der das Recht gewährt, die Einwilligung „jederzeit" zu widerrufen, wird die Rechtsprechung unter Geltung der DS-GVO nur schwerlich aufrecht zu erhalten sein.[56]

---

51 BAG, Urt. v. 11.12.2014 – 8 AZR 1010/13 = NZA 2015, 604, 607.

52 *Dzida/Grau*, DB 2018, 189, 192; *Grau/Schaut*, NZA 2015, 981, 984; Henssler/Willemsen/Kalb/*Lembke*, ArbeitsR, 7. Auflage, Vorb. BDSG Rn. 58; wohl auch *Kort*, ZD 2016, 3, 6; *Wybitul/Böhm*, BB 2015, 2101, 2104.

53 *Dzida/Grau*, DB 2018, 189, 190; vgl. dazu auch Kühling/Buchner/*Buchner/Kühling*, DS-GVO Art. 7 Rn. 38 f.

54 *von dem Bussche/Zeiter/Brombach*, DB 2016, 1359, 1364; EuArbR/*Franzen*, Art. 7 DS-GVO Rn. 6; *Franzen*, EuZA 2017, 313, 324; *Körner*, Beschäftigtendatenschutz, S. 79; *Kort*, DB 2016, 711, 715; *Schmidl/Tannen*, DB 2017, 1633, 1638.

55 So auch *Körner*, Beschäftigtendatenschutz, S. 79, für eine Verallgemeinerung dagegen *Wybitul/Böhm*, BB 2015, 2101, 2103 Fn. 38.

56 BeckOK/*Stemmer*, DatenschutzR, Art. 7 Rn. 93; *von dem Bussche/Zeiter/Brombach*, DB 2016, 1359, 1364; EuArbR/*Franzen*, Art. 7 DS-GVO Rn. 6; *Franzen*, EuZA 2017, 313, 324; *Körner*, Beschäftigtendatenschutz, S. 79; *Kort*, DB 2016, 711, 715; *Schmidl/Tannen*, DB 2017, 1633, 1638; Sydow/*Ingold*, DS-GVO, Art. 7 Rn. 46.

cc) Koppelungsverbot, Art. 7 Abs. 4 DS-GVO

Die zentrale Bedeutung der Freiwilligkeit der Erklärung kommt in Art. 7 Abs. 4 DS-GVO zum Ausdruck, wonach bei der Beurteilung, ob die Einwilligung freiwillig erteilt wurde, dem Umstand in größtmöglichem Umfang Rechnung getragen werden muss, ob unter anderem die Erfüllung eines Vertrags, einschließlich der Erbringung einer Dienstleistung, von der Einwilligung zu einer Verarbeitung von personenbezogenen Daten abhängig ist, die für die Erfüllung des Vertrags nicht erforderlich ist (Koppelungsverbot). Dabei ist das Kriterium der Freiwilligkeit nur erfüllt, wenn davon auszugehen ist, dass der Einwilligung eine echte oder freie Wahl zugrunde lag.[57] Dies ist in der Regel dann der Fall, wenn die Erteilung der Einwilligung verweigert oder zurückgezogen werden kann, ohne dass der betroffenen Person hierdurch Nachteile drohen.[58] Die enorme Bedeutung, die der Voraussetzung der Freiwilligkeit beizumessen ist, lässt sich zudem aus Erwägungsgrund 43 ableiten. Danach kann eine Einwilligung nicht gültige Rechtsgrundlage für die Verarbeitung personenbezogener Daten sein, sofern zwischen dem Verantwortlichen und der betroffenen Person ein erhebliches Ungleichgewicht besteht und es deshalb im konkreten Fall, unter Berücksichtigung aller Umstände, unwahrscheinlich erscheint, dass die Einwilligung freiwillig gegeben wurde.[59] Maßgebliche Relevanz entfaltet das Merkmal der Freiwilligkeit insbesondere im Beschäftigtenkontext.[60]

b) Erfüllung eines Vertrages (Abs. 1 Satz 1 lit. b))

Zudem ist die Verarbeitung personenbezogener Daten nach Art. 6 Abs. 1 Satz 1 lit. b) DS-GVO erlaubt, wenn die Verarbeitung für die Erfüllung eines Vertrags, dessen Vertragspartei die betroffene Person ist, oder zur Durchführung vorvertraglicher Maßnahmen erforderlich ist, die auf Anfrage der betroffenen Person erfolgen. Zwar ist der Begriff des Vertrages unionsrechtlich autonom auszulegen und nicht ohne Weiteres mit den deutschen Begriffskonnotationen gleichzusetzen.[61] Erfasst

57 EG 42 S. 5; BeckOK/*Stemmer*, DatenschutzR, Art. 7 Rn. 40; kritisch Paal/Pauly/*Frenzel*, DS-GVO/BDSG, Art. 7 Rn. 18.

58 EG 42 S. 5.

59 EG 43 S. 1.

60 Vgl. dazu im Einzelnen Ziffer § 5 III 1.

61 BeckOK/*Albers*/*Veit*, DatenschutzR, Art. 6 Rn. 42; Simitis/Hornung/Spiecker/*Schantz*, DS-GVO, Art. 6 Abs. 1 Rn. 16.

werden insofern aber jedenfalls rechtsgeschäftliche oder rechtsgeschäftsähnliche Schuldverhältnisse.[62]

c) Erfüllung einer rechtlichen Verpflichtung (Abs. 1 Satz 1 lit. c))

Des Weiteren darf eine Verarbeitung personenbezogener Daten erfolgen, wenn sie zur Erfüllung einer rechtlichen Verpflichtung erforderlich ist, der der Verantwortliche unterliegt, Art. 6 Abs. 1 Satz 1 lit. c) DS-GVO. Die rechtliche Verpflichtung muss sich aus Unionsrecht oder dem Recht des Mitgliedstaates, dem der Verantwortliche unterliegt, ergeben, Art. 6 Abs. 3 Satz 1 DS-GVO. Erforderlich ist eine Rechtspflicht kraft objektiven Rechts, die dem Verantwortlichen obliegt.[63] Dabei ist unerheblich, aus welchem Rechtsgebiet sich die Rechtspflicht ergibt.[64]

d) Wahrung berechtigter Interessen (Abs. 1 Satz 1 lit. f))

Schließlich ist die Verarbeitung personenbezogener Daten erlaubt, wenn sie zur Wahrung der berechtigten Interessen des Verantwortlichen oder eines Dritten erforderlich ist, sofern nicht die Interessen oder Grundrechte und Grundfreiheiten der betroffenen Person, die den Schutz personenbezogener Daten erfordern, überwiegen, vgl. Art. 6 Abs. 1 Satz 1 lit. f) DS-GVO.

Neben der Einwilligung im Sinne des Art. 6 Abs. 1 Satz 1 lit. a) DS-GVO kommt diesem Erlaubnistatbestand in der Praxis maßgebliche Bedeutung zu. Zu Recht wird die Abwägungsklausel der DS-GVO als eine der „zentralen Stellschrauben" für einen Ausgleich der Verbraucher- und Unternehmerinteressen bezeichnet.[65]

Zu den berechtigten Interessen zählen neben rechtlichen auch tatsächliche, wirtschaftliche und ideelle Interessen des Verantwortlichen oder eines Dritten.[66] Ob solche vorliegen, ist auf Grundlage des vorgesehenen Zwecks der

---

62 BeckOK/*Albers*/*Veit*, DatenschutzR, Art. 6 Rn. 42; Paal/Pauly/*Frenzel*, DS-GVO/BDSG, Art. 6 Rn. 13 („mindestens zweiseitiges Rechtsgeschäft").

63 Gola/*Schulz*, DS-GVO, Art. 6 Rn. 43; Paal/Pauly/*Frenzel*, DS-GVO/BDSG, Art. 6 Rn. 16.

64 Gola/*Schulz*, DS-GVO, Art. 6 Rn. 43; Paal/Pauly/*Frenzel*, DS-GVO/BDSG, Art. 6 Rn. 17.

65 *Albrecht*, CR 2016, 88, 92; BeckOK/*Albers*/*Veit*, DatenschutzR, Art. 6 Rn. 63; Kühling/Buchner/*Buchner*/*Petri*, DS-GVO/BDSG, Art. 6 Rn. 141.

66 Gola/*Schulz*, DS-GVO, Art. 6 Rn. 57; Kühling/Buchner/*Buchner*/*Petri*, DS-GVO/BDSG, Art. 6 Rn. 146a; Sydow/*Reimer*, DS-GVO, Art. 6 Rn. 54.

Verarbeitung zu beurteilen.[67] Sofern sich die Verarbeitung zur Wahrung der berechtigten Interessen als erforderlich darstellt[68], sind sodann im Rahmen einer Abwägung die Interessen des Verantwortlichen bzw. des Dritten und die des Betroffenen, insbesondere dessen Persönlichkeitsrecht, gegenüberzustellen.[69] Dabei kommt einer besonderen Missbrauchsanfälligkeit der Daten, einem Zusammenhang mit einer gewerblichen Tätigkeit der betroffenen Person sowie der Aussagekraft der personenbezogenen Daten für den konkret verfolgten Zweck der Datenverarbeitung eine besondere Bedeutung zu.[70] Schließlich misst Erwägungsgrund 47 dem Umstand erhebliche Relevanz zu, ob der Betroffene im Zeitpunkt der Datenerhebung die Verarbeitung seiner personenbezogenen Daten zu diesem Zweck vernünftigerweise absehen konnte.

2. Systematik des Art. 6 Abs. 1 Satz 1 DS-GVO

Die Reihenfolge der in Art. 6 Abs. 1 Satz 1 DS-GVO aufgeführten Bedingungen indiziert keine Rangfolge der einzelnen Erlaubnistatbestände. Wie aus Erwägungsgrund 40 deutlich wird, wonach die Verarbeitung rechtmäßig ist, wenn die personenbezogenen Daten mit Einwilligung des Betroffenen oder auf einer sonstigen zulässigen Rechtsgrundlage verarbeitet werden, stehen die in Art. 6 Abs. 1 Satz 1 DS-GVO enthaltenen Erlaubnistatbestände grundsätzlich gleichwertig nebeneinander und unterliegen keinem Stufenverhältnis.[71]

a) Wechsel der Rechtsgrundlage

Umstritten ist jedoch die für die Praxis äußerst relevante Frage, ob die Verarbeitung personenbezogener Daten nach Widerruf oder unwirksam erteilter Einwilligung alternativ auf einen anderen Erlaubnistatbestand gestützt werden kann.

---

67 Gola/*Schulz*, DS-GVO, Art. 6 Rn. 57; Kühling/Buchner/*Buchner*/*Petri*, DS-GVO/BDSG, Art. 6 Rn. 149.

68 BGH, Urt. v. 17.12.1985 – VI ZR 244/84 = NJW 1986, 2505, 2506; *Artikel-29-Datenschutzgruppe*, WP 217 v. 9.4.2014, S. 39 f.; Gola/*Schulz*, DS-GVO, Art. 6 Rn. 59.

69 Gola/*Schulz*, DS-GVO, Art. 6 Rn. 59; Kühling/Buchner/*Buchner*/*Petri*, DS-GVO/BDSG, Art. 6 Rn. 149.

70 OLG Stuttgart, Urt. v. 12.12.2002 – 2 U 103/02 = NJW-RR 2003, 1410, 1412; Gola/*Schulz*, DS-GVO, Art. 6 Rn. 59; Kühling/Buchner/*Buchner*/*Petri*, DS-GVO/BDSG, Art. 6 Rn. 150 f.

71 BeckOK/*Albers*/*Veit*, DatenschutzR, Art. 6 Rn. 24; Gola/*Schulz*, DS-GVO, Art. 6 Rn. 10; *Krusche*, ZD 2020, 232, 233; Sydow/*Reimer*, DS-GVO, Art. 6 Rn. 8; *Tinnefeld*/*Conrad*, ZD 2018, 391, 392; *Veil*, NJW 2018, 3337, 3342.

aa) Argumente gegen die Zulässigkeit des Wechsels der Rechtsgrundlage

Zum Teil wird die Ansicht vertreten, die ursprünglich auf eine Einwilligungserklärung gestützte Verarbeitung personenbezogener Daten könne nicht nachträglich auf einen anderen Erlaubnistatbestand gestützt werden.[72] Als Argument für diese Auffassung wird vorgebracht, die datenverarbeitende Stelle signalisiere dem Betroffenen durch die Einholung einer Einwilligung, dass es für die Zulässigkeit der Datenverarbeitung auf sein Einverständnis ankomme.[73] Deshalb sei es in sich widersprüchliches Verhalten, alternativ doch wieder auf einen anderen gesetzlichen Erlaubnistatbestand zurückzugreifen.[74] Zum Schutz der Verbraucherinteressen könnte eine Verarbeitung der personenbezogenen Daten somit nach Widerruf, Verweigerung oder unwirksam erteilter Einwilligung nicht mehr rechtmäßig für den Zweck, für welchen die Einwilligung eingeholt wurde bzw. werden sollte, vorgenommen werden.

b) Argumente für die Zulässigkeit des Wechsels der Rechtsgrundlage

Die Gegenauffassung hält eine solche Einschränkung der verarbeitenden Stelle für nicht gegeben.[75] Den Bedenken der erstgenannten Ansicht im Hinblick auf den Verbraucherschutz könne mit einem Hinweis in der Einwilligungserklärung dahingehend, dass eine Verarbeitung auf gesetzlicher Grundlage auch im Falle des Widerrufs der Einwilligung nicht ausgeschlossen sei, begegnet werden.[76] Ein gewichtiges Argument leitet diese Meinung aus Art. 17 Abs. 1 lit. b) DS-GVO ab. Danach sind die personenbezogenen Daten auf Verlangen des Betroffenen zu löschen, sofern dieser seine Einwilligung zur Verarbeitung derselben widerruft und es an einer anderweitigen Rechtsgrundlage für die Verarbeitung fehlt. Hieraus werde deutlich, dass der alternative Rückgriff auf gesetzliche Zulässigkeitstatbestände auch im Falle des Widerrufs, der Verweigerung oder einer unwirksam erteilten Einwilligung möglich sein müsse.[77]

---

72 Kritisch auch BeckOK/*Stemmer*, DatenschutzR, Art. 7 Rn. 96.1.; Kühling/Buchner/*Buchner/Kühling*, DS-GVO/BDSG, Art. 7 Rn. 18.

73 BeckOK/*Stemmer*, DatenschutzR, Art. 7 Rn. 96.1; Kühling/Buchner/*Buchner/Kühling*, DS-GVO/BDSG, Art. 7 Rn. 18.

74 Kühling/Buchner/*Buchner/Kühling*, DS-GVO/BDSG, Art. 7 Rn. 18; *Krusche*, ZD 2020, 232, 237; Paal/Pauly/*Frenzel*, DS-GVO/BDSG, Art. 7 Rn. 17a.

75 BeckOK/*Albers/Veit*, DatenschutzR, Art. 6 Rn. 27; Gola/*Schulz*, DS-GVO, Art. 6 Rn. 11; *Krusche*, ZD 2020, 232, 235; Paal/Pauly/*Frenzel*, DS-GVO/BDSG, Art. 7 Rn. 17a.

76 Gola/*Schulz*, DS-GVO, Art. 6 Rn. 12; *Krusche*, ZD 2020, 232, 236.

77 Gola/*Schulz*, DS-GVO, Art. 6 Rn. 11; *Krusche*, ZD 2020, 232, 235.

c) Stellungnahme

Letztgenannte Auffassung überzeugt. Neben dem eindeutigen Gesetzeswortlaut des Art. 17 Abs. 1 lit. b) DS-GVO sprechen hierfür auch die sich ansonsten in der Praxis ergebenden Konsequenzen. Denn im Hinblick auf die nach wie vor bestehende Unsicherheit über die genaue Reichweite der gesetzlichen Erlaubnistatbestände des Art. 6 Abs. 1 Satz 1 DS-GVO ist es für Verantwortliche unvorhersehbar und – im Hinblick auf die drohenden Strafen in erheblicher Höhe – auch unzumutbar, sich auf ihre Einschätzung, ob die von ihnen vorgenommene Verarbeitung von einem Zulässigkeitstatbestand gedeckt ist, zu verlassen. Ihnen muss die Möglichkeit gegeben werden, zusätzlich eine Einwilligungserklärung des Betroffenen einholen zu können. Die Ungeeignetheit der erstgenannten Ansicht vor allem auch in der Praxis, zeigt sich an folgendem Beispiel: Ein juristisch nicht vorgebildeter und anwaltlich nicht beratener Kleinstunternehmer benötigt Name und Adresse für die Zusendung der bei ihm von dem Betroffenen bestellten Waren. Rein vorsorglich holt er von dem Betroffenen eine Einwilligungserklärung dafür ein, dass er Name und Adresse zum Zwecke der Warenversendung verarbeiten darf. Sollte diese Einwilligungserklärung nun unwirksam sein oder vor Absendung der Ware widerrufen werden, so wäre der Verantwortliche daran gehindert, seine kaufvertraglichen Pflichten zu erfüllen, obwohl die Verarbeitung der personenbezogenen Daten zum Zwecke der Vertragserfüllung gemäß Art. 6 Abs. 1 Satz 1 lit. b) DS-GVO erforderlich ist und damit – unabhängig von der Einwilligungserklärung – eine Rechtsgrundlage bestehen würde. Zwar ist der zuerst genannten Ansicht zuzugeben, dass dem Betroffenen zunächst eine Entscheidungsautonomie suggeriert wird, die tatsächlich möglicherweise nicht besteht.[78] Dem Verbraucherschutz kann durch entsprechend transparente Ausgestaltung der Einwilligungserklärung ausreichend Rechnung getragen werden.

---

78 Kühling/Buchner/*Buchner*/*Kühling*, DS-GVO/BDSG, Art. 7 Rn. 18; *Uecker*, ZD 2019, 248, 249; für den Fall der unwirksamen Einwilligungserklärung so auch Datenschutzkonferenz (DSK), Kurzpapier Nr. 20, Einwilligung nach der DS-GVO, abrufbar unter: https://www.datenschutzkonferenz-online.de/media/kp/dsk_kpnr_20.pdf (zuletzt abgerufen am 04.08.2022).

III. Verarbeitung besonderer Kategorien personenbezogener Daten, Art. 9 DS-GVO

Gemäß Art. 9 Abs. 1 DS-GVO ist die Verarbeitung personenbezogener Daten, aus denen die rassische und ethnische Herkunft, politische Meinungen, religiöse oder weltanschauliche Überzeugungen oder die Gewerkschaftszugehörigkeit hervorgehen, sowie die Verarbeitung von genetischen Daten, biometrischen Daten zur eindeutigen Identifizierung einer natürlichen Person, Gesundheitsdaten oder Daten zum Sexualleben oder der sexuellen Orientierung einer natürlichen Person untersagt.

Die für diese Arbeit relevanten Kategorien der biometrischen Daten und Gesundheitsdaten werden in Art. 4 DS-GVO legaldefiniert. Nach dessen Nr. 14 sind biometrische Daten mit speziellen technischen Verfahren gewonnene personenbezogene Daten zu den physischen, physiologischen oder verhaltenstypischen Merkmalen einer natürlichen Person, die die eindeutige Identifizierung dieser natürlichen Person ermöglichen oder bestätigen, wie Gesichtsbilder oder daktyloskopische Daten. Art. 4 Nr. 15 DS-GVO definiert Gesundheitsdaten als personenbezogene Daten, die sich auf die körperliche oder geistige Gesundheit einer natürlichen Person, einschließlich der Erbringung von Gesundheitsdienstleistungen, beziehen und aus denen Informationen über deren Gesundheitszustand hervorgehen.

Abs. 2 gewährt von diesem Verbot der Verarbeitung besonderer personenbezogener Daten Ausnahmen in sehr engen Grenzen. Für die Überwachung von Beschäftigten, in deren Rahmen die in Art. 9 Abs. 1 DS-GVO besonders geschützten Daten verarbeitet werden, kommt als Erlaubnistatbestand einzig Art. 9 Abs. 2 lit. a) DS-GVO in Betracht. Danach ist die Verarbeitung rechtmäßig, wenn die betroffene Person in die Verarbeitung der genannten personenbezogenen Daten für einen oder mehrere festgelegte Zwecke ausdrücklich eingewilligt hat.

IV. Rechte des Betroffenen

Die DS-GVO hat die Betroffenenrechte umfassend gestärkt. Denjenigen, deren personenbezogene Daten verarbeitet werden, stehen insbesondere folgende Rechte zu:

1. Auskunftsrecht, Art. 15 Abs. 1 DS-GVO

Dem Betroffenen steht gegenüber dem Verantwortlichen das Recht zu, Auskunft darüber zu verlangen, ob ihn betreffende personenbezogene Daten verarbeitet werden. Ist dies der Fall, so sind ihm auf sein Verlangen zusätzliche, in lit. a) bis h) näher bezeichnete, Informationen zu erteilen.

2. Recht auf Löschung, Art. 17 Abs. 1 DS-GVO

Der betroffenen Person steht zudem unter den in Art. 17 Abs. 1 lit. a) bis f) DS-GVO genannten Voraussetzungen das Recht zu, von dem Verantwortlichen die Löschung der sie betreffenden personenbezogenen Daten zu verlangen. Voraussetzung hierfür ist etwa, dass die in Frage stehenden Daten für die Zwecke, für die sie erhoben wurden, nicht mehr notwendig sind, der Betroffene seine Einwilligung widerrufen hat und eine anderweitige Rechtsgrundlage für die Verarbeitung fehlt, die Daten unrechtmäßig verarbeitet wurden oder die Löschung gesetzlich vorgeschrieben ist.

Von der Verpflichtung des Verantwortlichen, die personenbezogenen Daten in den oben genannten Fällen zu löschen, wird dieser nur unter den engen Voraussetzungen des Art. 17 Abs. 3 DS-GVO entbunden. Danach ist er unter anderem in den Fällen von der Löschpflicht befreit, in denen die Verarbeitung zur Erfüllung einer rechtlichen Verpflichtung oder für die Geltendmachung, Ausübung oder Verteidigung von Rechtsansprüchen erforderlich ist.

3. Widerspruchsrecht, Art. 21 DS-GVO

Schließlich kann die betroffene Person der Verarbeitung ihrer personenbezogenen Daten jederzeit widersprechen, wenn diese aufgrund berechtigter Interessen gemäß Art. 6 Abs. 1 Satz 1 lit. f) DS-GVO erfolgt. Der Verantwortliche hat sodann die Verarbeitung einzustellen, es sei denn, er kann zwingende schutzwürdige Gründe für die Verarbeitung nachweisen, die die Interessen, Rechte und Freiheiten der betroffenen Person überwiegen oder wenn die Verarbeitung der Geltendmachung, Ausübung oder Verteidigung von Rechtsansprüchen dient.

V. Pflichten des Verantwortlichen

Als Gegenstück zu den umfangreichen Betroffenenrechten obliegen dem Verantwortlichen nach der DS-GVO Pflichten, welche die Wahrung der Rechte der Betroffenen sicherstellen sollen.

1. Informationspflichten, Art. 13, 14 DS-GVO

Wenn und soweit der Betroffene noch nicht über die entsprechenden Informationen verfügt (Art. 13 Abs. 4 DS-GVO), hat der Verantwortliche ihm zum Zeitpunkt der Erhebung der personenbezogenen Daten die in Art. 13 Abs. 1 und

2 DS-GVO genannten Angaben mitzuteilen. Insbesondere sind nach Art. 13 Abs. 1 lit. b) die Zwecke, für welche die Daten verarbeitet werden, sowie die Rechtsgrundlage der Verarbeitung darzulegen. Während Art. 13 DS-GVO für die Fälle Anwendung findet, in welchen die Daten bei dem Betroffenen selbst erhoben werden, betrifft Art. 14 DS-GVO Konstellationen, in welchen die personenbezogenen Daten nicht bei der betroffenen Person selbst erhoben werden. Die Angaben nach Art. 14 Abs. 1 und 2 DS-GVO unterscheiden sich nicht wesentlich von denen des Art. 13 Abs. 1 und 2 DS-GVO. Gemäß Art. 14 Abs. 5 DS-GVO entfallen die Informationspflichten jedoch nicht nur für den Art. 13 Abs. 4 DS-GVO entsprechenden Fall, dass die betroffene Person bereits über die Informationen verfügt (Art. 14 Abs. 5 lit. a) DS-GVO), sondern auch, wenn sich die Erteilung der Informationen als unmöglich erweist, einen unverhältnismäßigen Aufwand erfordern oder voraussichtlich die Verwirklichung der Ziele der Verarbeitung unmöglich oder ernsthaft beeinträchtigt würde.

2. Technikgestaltung, Art. 25 DS-GVO

Weitere maßgebliche Pflicht des Verantwortlichen stellt der Datenschutz durch Technikgestaltung („data protection by design"[79]) nach Art. 25 Abs. 1 DS-GVO sowie durch datenschutzfreundliche Voreinstellungen („data protection by default"[80]) nach Art. 25 Abs. 2 DS-GVO dar. Als Maßnahmen zur Umsetzung dieser Pflichten werden beispielhaft die Minimierung der Verarbeitung personenbezogener Daten, die schnellstmögliche Pseudonymisierung, Herstellung von Transparenz in Bezug auf die Funktionen und die Verarbeitung personenbezogener Daten, Ermöglichung der Überwachung der Verarbeitung personenbezogener Daten durch die betroffene Person sowie die Schaffung der Voraussetzung dafür, dass der Verantwortliche Sicherheitsfunktionen erstellen und verbessern kann, genannt.[81]

3. Technische und organisatorische Maßnahmen, Art. 32 DS-GVO

In Konkretisierung des Art. 24 DS-GVO, der die allgemeine Pflicht des Verantwortlichen begründet, auf Grundlage einer risikobasierten Abwägung[82]

79 EG 78 S. 2.
80 EG 78 S. 2.
81 EG 78 S. 3.
82 Gola/*Piltz*, DS-GVO, Art. 24 Rn. 19; Kühling/Buchner/*Hartung*, DS-GVO/BDSG, Art. 24 Rn. 13; Paal/Pauly/*Martini*, DS-GVO/BDSG, Art. 24 Rn. 2.

Maßnahmen zu treffen, die den Schutz der Betroffenen sicherstellen, beschreibt Art. 32 DS-GVO die hierfür erforderlichen technischen und organisatorischen Maßnahmen näher.[83]

a) Art. 32 Abs. 1 DS-GVO

Danach hat der Verantwortliche unter Berücksichtigung des Stands der Technik, der Implementierungskosten und der Art, des Umfangs, der Umstände und der Zwecke der Verarbeitung sowie der unterschiedlichen Eintrittswahrscheinlichkeit und Schwere des Risikos für die Rechte und Freiheiten natürlicher Personen geeignete technische und organisatorische Maßnahmen zu treffen, um ein dem Risiko angemessenes Schutzniveau zu gewährleisten. Diese Maßnahmen umfassen gemäß Art. 32 Abs. 1 DS-GVO unter anderem die Pseudonymisierung und Verschlüsselung personenbezogener Daten (lit. a)) sowie die Fähigkeit, die Vertraulichkeit, Integrität, Verfügbarkeit und Belastbarkeit der Systeme und Dienste im Zusammenhang mit der Verarbeitung auf Dauer sicherzustellen (lit. b)).

Diese Pflichten treffen nach Abs. 1 des Art. 32 DS-GVO auch den Auftragsverarbeiter. Beauftragt der Verantwortliche einen Auftragsverarbeiter, d.h. eine natürliche oder juristische Person, Behörde, Einrichtung oder andere Stelle, personenbezogene Daten zu verarbeiten[84], so ist hierfür ein Auftragsverarbeitungsvertrag zu schließen, Art. 28 Abs. 3 Satz 1 DS-GVO. In dessen Rahmen ist der Auftragsverarbeiter ausweislich Art. 28 Abs. 3 Satz 2 lit. c) DS-GVO dazu verpflichtet, seinerseits die Einhaltung der nach Art. 32 DS-GVO erforderlichen Maßnahmen zu ergreifen. In der Regel wird dem Vertrag zu diesem Zweck eine Liste der getroffenen technischen-organisatorischen Maßnahmen beigefügt. Innerhalb der jeweiligen Kontrollkategorien ist beispielsweise anzugeben, ob zum Zwecke der Zutrittskontrolle Videoüberwachung eingesetzt wird[85] oder stichprobenartige Kontrollen der Mitarbeiter durchgeführt werden, um sicherzustellen, dass keine unrechtmäßige Weitergabe von Daten erfolgt (Weitergabekontrolle)[86].

---

83 Paal/Pauly/*Martini*, DS-GVO/BDSG, Art. 32 Rn. 7; Sydow/*Mantz,* DS-GVO, Art. 32 Rn. 1.

84 Vgl. die Legaldefinition in Art. 4 Nr. 8 DS-GVO.

85 Koreng/Lachenmann/*Müller*, DatenschutzR-FormHdb., E.II.2. (Ziffer 2.7.); Vertragsformulare Premium/*Schmidt/Brink*, 13.8.3.2.

86 Koreng/Lachenmann/*Müller*, DatenschutzR-FormHdb., E.II.2. (Ziffer 5.3.); Vertragsformulare Premium/*Schmidt/Brink*, 13.8.3.2.

b) Art. 32 Abs. 2 DS-GVO

Nach Art. 32 Abs. 2 DS-GVO sind bei der Beurteilung des angemessenen Schutzniveaus vor allem diejenigen Risiken zu berücksichtigen, die mit der Verarbeitung – insbesondere durch Vernichtung, Verlust oder Veränderung, ob unbeabsichtigt oder unrechtmäßig, oder unbefugte Offenlegung von beziehungsweise unbefugten Zugang zu personenbezogenen Daten, die übermittelt, gespeichert oder auf andere Weise verarbeitet wurden – verbunden sind.[87]

87 Vgl. auch EG 83; BeckOK/*Paulus,* DatenschutzR, Art. 32 Rn. 10; Paal/Pauly/*Martini*, DS-GVO/BDSG, Art. 32 Rn. 50 ff.

Teil 2: Beschäftigtendatenschutz

Die Vorschriften der DS-GVO erschöpfen sich weitgehend in allgemeinen Grundsätzen, ohne auf besondere Verarbeitungssituationen Bezug zu nehmen. In Kapitel 9 der Verordnung werden jedoch für einige wenige Verarbeitungskontexte zusätzliche Regelungen getroffen. So auch für den Beschäftigtendatenschutz, für den Art. 88 DS-GVO einschlägig ist.

§ 4 Vorschriften in der DS-GVO

I. Regelungsrahmen des Art. 88 Abs. 1 DS-GVO

Art. 88 Abs. 1 DS-GVO bietet den Mitgliedstaaten die Möglichkeit, durch Rechtsvorschriften oder Kollektivvereinbarungen „spezifischere Vorschriften zur Gewährleistung des Schutzes der Rechte und Freiheiten hinsichtlich der Verarbeitung personenbezogener Beschäftigtendaten im Beschäftigtenkontext" zu treffen, insbesondere für Zwecke der Einstellung, der Erfüllung des Arbeitsvertrags einschließlich der Erfüllung von durch Rechtsvorschriften oder durch Kollektivvereinbarungen festgelegten Pflichten, des Managements, der Planung und der Organisation der Arbeit, der Gleichheit und Diversität am Arbeitsplatz, der Gesundheit und Sicherheit am Arbeitsplatz, des Schutzes des Eigentums der Arbeitgeber oder der Kunden sowie für Zwecke der Inanspruchnahme der mit der Beschäftigung zusammenhängenden individuellen oder kollektiven Rechte und Leistungen und für Zwecke der Beendigung des Beschäftigungsverhältnisses.

1. Bedeutung und Reichweite des Beschäftigtenbegriffs

In der Verordnung ist keine Definition von Beschäftigten oder Beschäftigung enthalten.[88] Das Unionsrecht unterscheidet auch nicht zwischen privatrechtlichen Arbeitsverhältnissen und öffentlich-rechtlich geprägten Dienstverhältnissen, sondern es ist insofern von abhängiger Arbeit im weiteren Sinne auszugehen.[89] Mit dem Wortlaut von Art. 88 DS-GVO kann davon ausgegangen werden, dass der Gesetzgeber auf die tatsächliche Gegebenheit der Beschäftigung und nicht auf die rechtliche Einordnung einer Beschäftigung Bezug nehmen wollte.[90] Zwar verweist § 88 Abs. 1 DS-GVO für den Beschäftigungskontext auch auf den Arbeitsvertrag, diese Aufzählung muss jedoch als beispielhaft verstanden werden.[91] Auch im Hinblick auf die Nennung von Einstellungszwecken in Art. 88

---

88 BeckOK/*Riesenhuber*, DatenschutzR, Art. 88 Rn. 53; Paal/Pauly/*Pauly*, DS-GVO/BDSG, Art. 88 Rn. 7.

89 EuGH, Urt. v. 11.11.2015, C-422/14 = NJW 2016, 927, 928 (Pujante Rivera/Gestora Clubs Dir u.a.); Paal/Pauly/*Pauly*, DS-GVO/BDSG, Art. 88 Rn. 7a, der den den Arbeitnehmerbegriff eher eng auslegt; Sydow/*Tiedemann*, DS-GVO, Art. 88 Rn. 4.

90 BeckOK/*Riesenhuber*, DatenschutzR, Art. 88 Rn. 30; Paal/Pauly/*Pauly*, DS-GVO/BDSG, Art. 88 Rn. 7a.

91 BeckOK/*Riesenhuber*, DatenschutzR, Art. 88 Rn. 31.

Abs. 1 DS-GVO muss von einem weiten Verständnis ausgegangen werden, das auch Bewerber um einen Arbeitsplatz vom Anwendungsbereich des Art. 88 DS-GVO erfasst.[92] Nach Sinn und Zweck der Regelung kann der Beschäftigtenbegriff in Art. 88 DS-GVO daher nicht einengend, sondern nur weit ausgelegt werden.[93] Nur auf diese Weise kann den Besonderheiten des mitgliedstaatlichen Arbeits- und Sozialrechts Rechnung getragen werden.[94] Hierfür spricht auch der Umstand, dass es sich bei der DS-GVO um EU-Gesetzgebung handelt und insofern ein europäisches Begriffsverständnis zugrunde gelegt werden sollte.[95] Auch wenn es einen einheitlichen europäischen Arbeitnehmerbegriff noch nicht gibt, so kann insofern auf die anhand des Art. 45 AEUV entwickelte Rechtsprechung des EuGH abgestellt werden, in welcher dieser ebenfalls von einem weiten Arbeitnehmerbegriff ausgeht und etwa auch Beamte als davon umfasst ansieht.[96]

Beschäftigte im Sinne von Art. 88 DS-GVO sind demnach Personen in privatrechtlichen, öffentlich-rechtlichen, wirksamen oder faktischen Verhältnissen.[97] Auch leitende Angestellte oder Geschäftsführer einer GmbH können als Beschäftigte einzuordnen sein.[98] Gleichsam unterfallen arbeitnehmerähnliche Personen dem Beschäftigtenbegriff des Art. 88 DS-GVO nur, wenn sie in einer dem Arbeitnehmer vergleichbar abhängigen Situation sind.[99]

---

92 Paal/Pauly/*Pauly*, DS-GVO/BDSG, Art. 88 Rn. 7a; Sydow/*Tiedemann*, DS-GVO, Art. 88 Rn. 4.

93 BeckOK/*Riesenhuber*, DatenschutzR, Art. 88 Rn. 29 ff., 53; Sydow/*Tiedemann*, DS-GVO, Art. 88 Rn. 4; a.A.: Kühling/Buchner/*Maschmann*, DSGVO/BDSG, Art. 88 Rn. 13 m.w.N.; *Maschmann*, DB 2016, 2480, 2481.

94 SJTK/*Thüsing*/*Traut*, DS-GVO, Art. 88 Rn. 14.

95 BeckOK/*Riesenhuber*, DatenschutzR, Art. 88 Rn. 29; *Körner*, Beschäftigtendatenschutz, S. 52; Paal/Pauly/*Pauly*, DS-GVO/BDSG, Art. 88 Rn. 7; SJTK/*Thüsing*/*Traut*, DS-GVO, Art. 88 Rn. 14.

96 EuGH, Urt. v. 3.5.2012 – C-337/10 (Neidel) = NVwZ 2012, 688, 689; EuArbR/*Steinmeyer*, Art. 45 AEUV Rn. 11; *Körner*, Beschäftigtendatenschutz, S. 52.

97 BeckOK/*Riesenhuber*, DatenschutzR, Art. 88 Rn. 30;

98 EuGH, Urt. v. 11.11.2010 – C-232/09 (Danosa) = NJW 2011, 2343, 2345; Simitis/Hornung/Spiecker/*Seifert*, DS-GVO, Art. 88 Rn. 18; a.A. Kühling/Buchner/*Maschmann*, DS-GVO/BDSG, Art. 88 Rn. 13.

99 Ehmann/Selmayr/*Selk*, DS-GVO, Art. 88 Rn. 46; Spelge, DuD 2016, 775 (777); a.A.: Simitis/Hornung/Spiecker/*Seifert*, DS-GVO, Art. 88 Rn. 19.

2. Verarbeitung im Beschäftigungskontext

Ebenfalls weit auszulegen ist der Begriff „Beschäftigungskontext".[100] Dies ergibt sich bereits aus der umfassenden und nicht abschließenden Aufzählung in Art. 88 Abs. 1 DS-GVO.[101] Daher sind darunter alle Bereiche zu verstehen, in denen personenbezogene Daten zum Zweck der Eingehung, Durchführung und Beendigung des Beschäftigungsverhältnisses im weitesten Sinne verarbeitet werden.[102]

3. Mindest- oder Vollharmonisierung

Der genaue Umfang der Regelungsermächtigung ist umstritten.[103] Ausgangspunkt der Diskussion ist die Verwendung des Komparativs „spezifischere", der nach Meinung mancher linguistisch unzulässig ist.[104] Aus dieser Wortwahl hat sich die Frage entwickelt, ob die DS-GVO im Hinblick auf den Beschäftigtendatenschutz einen Mindeststandard vorgibt oder ob das Prinzip der vollständigen Harmonisierung in den Mitgliedstaaten gelten soll.[105] Folgt man der Auffassung, wonach Art. 88 Abs. 1 DS-GVO lediglich eine Mindestharmonisierung vorgibt, so würde es sich bei diesem um eine umfassende Öffnungsklausel handeln, wohingegen die Gegenauffassung, welche eine Vollharmonisierung als angestrebtes Ziel sieht, zur Folge hätte, dass lediglich konkretere, detailliertere Regelungen getroffen werden könnten, die sich im Regelungsrahmen der DS-GVO bewegen.[106] Die Reichweite der Öffnungsklausel ist durch Auslegung zu ermitteln.

---

100 Ehmann/Selmayr/*Selk*, DS-GVO, Art. 88 Rn. 50 f.; *Franzen*, EuZA 2017, 313, 349; für eine enge Auslegung dagegen Kühling/Buchner/*Maschmann*, DS-GVO/BDSG, Art. 88 Rn. 15.

101 *Franzen*, EuZA 2017, 313, 349; *Maschmann*, DB 2016, 2480, 2481.

102 *Franzen*, EuZA 2017, 313, 349; *Maschmann*, DB 2016, 2480, 2481.

103 Zum Streitstand: *Düwell/Brink*, NZA 2016, 665, 666; *dies.*, NZA 2017, 1081, 1082; *Maschmann*, DB 2016, 2480, 2482; ausführlich *Morasch*, Datenverarbeitung im Beschäftigenkontext, S. 60 ff.

104 *Düwell/Brink*, NZA 2016, 665, 666; *dies.*, NZA 2017, 1081, 1082.

105 *Körner*, NZA 2016, 1383, 1383; Münchener Hdb. ArbR/*Wybitul*, Band 1, § 96 Rn. 88; Plath/*Stamer/Kuhnke*, DSGVO/BDSG, Art. 88 Rn. 6.

106 Für eine Mindestharmonisierung: weitergehend BeckOK/*Riesenhuber*, DatenschutzR, Art. 88 Rn. 66 ff. (partielle Absenkung möglich); *Düwell/Brink*, NZA 2016, 665, 666; *Klösel/Mahnhold*, NZA 2017, 1428, 1430 f.; *Körner*, NZA 2019, 1389, 1389; *Kort*, ZD 2017, 319, 321 f.; Paal/Pauly/*Pauly*, DS-GVO/BDSG, Art. 88 Rn. 4 (Anhebung des Schutzniveaus möglich); *Schrey/Kielkowski*, BB 2018, 629, 632; SJTK/*Thüsing/Traut*, DS-GVO, Art. 88 Rn. 2; Sydow/*Tiedemann*, DS-GVO, Art. 88 Rn. 3; für eine

a) *Wortlaut*

Der Begriff „spezifischere" lässt zwei unterschiedliche Auslegungsmöglichkeiten zu.[107] Zum einen können damit Vorschriften in Bezug genommen werden, deren Anwendungsbereich dadurch enger als der der DS-GVO umrissen ist, dass sie „Spezialsachverhalte" regeln und insofern eigenständige, sektorspezifische Vorschriften darstellen, die in ihrem Anwendungsbereich vorrangig anzuwenden sind.[108] Zum anderen ließe sich die Verwendung des Komparativs dahingehend verstehen, dass die Regelungen die DS-GVO in dem von ihr vorgegebenen Rahmen konkretisieren sollen, ohne die von ihr gesetzten Grenzen jedoch zu überschreiten.[109]

Während gegen die zuletzt genannte Auslegung schon die praktisch schwierige Abgrenzung zwischen Konkretisierung und weitergehender Abweichungen von der DS-GVO spricht, die kaum möglich sein wird und deren Konsequenz mithin erhebliche Rechtsunsicherheit wäre[110], streiten mehrere bedeutsame Argumente für die Auslegung des Begriffs „spezifischere" im Sinne einer beabsichtigten Mindestharmonisierung.

Zu Recht verweisen *Thüsing* und *Traut* auf den Wortlaut des Erwägungsgrundes 10, in welchem sektorspezifische Rechtsvorschriften als „spezifischere" Bestimmungen bezeichnet werden, also als solche, die spezielle Inhalte im Rahmen ihres Anwendungsbereiches regeln und insofern der DS-GVO vorgehen.[111] Auch Erwägungsgrund 155 streitet für diese Auslegung. Nach diesem können

---

Vollharmonisierung: Ehmann/Selmayr/*Selk*, DS-GVO, Art. 88 Rn. 18; EuArbR/*Franzen*, Art. 88 DS-GVO Rn. 10; *Kainer/Weber*, BB 2017, 2740, 2740; *Krause*, NZA-Beilage 2017, 53, 58; Kühling/Buchner/*Maschmann*, DS-GVO/BDSG, Art. 88 Rn. 30 ff.; *Morasch*, Datenverarbeitung im Beschäftigtenkontext, S. 186; *Spelge*, DuD 2016, 775, 776; *Wybitul*, NZA 2017, 413, 413 f.

107 *Morasch*, Datenverarbeitung im Beschäftigenkontext, S. 60 ff.; SJTK/*Thüsing*/*Traut*, DS-GVO, Art. 88 Rn. 6.

108 Ähnlich auch BeckOK/*Riesenhuber*, DatenschutzR, Art. 88 Rn. 67, 72; *Düwell/Brink*, NZA 2017, 1081, 1082; *Körner*, NZA 2016, 1383, 1383; *Schrey/Kielkowski*, BB 2018, 629, 632; SJTK/*Thüsing*/*Traut*, DS-GVO, Art. 88 Rn. 6.

109 Ehmann/Selmayr/*Selk*, DS-GVO, Art. 88 Rn. 69 ff.; SJTK/*Thüsing*/*Traut*, DS-GVO, Art. 88 Rn. 6; *Spelge*, DuD 2016, 775, 776; *Ströbel/Böhm/Breunig/Wybitul*, CCZ 2018, 14, 15.

110 SJTK/*Thüsing*/*Traut*, DS-GVO, Art. 88 Rn. 10; anders dagegen *Maschmann*, DB 2016, 2480, 2483 f., der die Gefahr der Rechtsunsicherheit in der Mindestharmonisierung sieht.

111 SJTK/*Thüsing*/*Traut*, DS-GVO, Art. 88 Rn. 8.

die Mitgliedstaaten spezifische Vorschriften für die Verarbeitung personenbezogener Beschäftigtendaten im Beschäftigtenkontext vorsehen. Ohne Verwendung des Komparativs wird deutlich, dass mit „spezifische Vorschriften" sektorspezifische Regelungen gemeint sind.[112]

b) Systematik

aa) Argumente für eine Vollharmonisierung

Gegen die Auslegung des Art. 88 Abs. 1 DS-GVO dahingehend, dass die DS-GVO lediglich eine Mindestharmonisierung verlangt, wird vorgebracht, die Union habe in der DS-GVO deutlich gemacht, wenn sie Mitgliedstaaten einen weiten Regelungsspielraum zugestehen wollte.[113] So gebe etwa die Öffnungsklausel für den Pressebereich, Art. 85 DS-GVO, nur das Ziel der Regelungen vor, erlaube den Mitgliedstaaten aber ausdrücklich Abweichungen oder Ausnahmen, sofern dies erforderlich ist, um das Recht auf Schutz der personenbezogenen Daten mit der Freiheit der Meinungsäußerung und der Informationsfreiheit in Einklang zu bringen.[114] Gleiches gelte für Art. 9 Abs. 4 DS-GVO, welcher sogar ausdrücklich die Erlaubnis vorsehe, zusätzliche Bedingungen, einschließlich Beschränkungen, einzuführen oder aufrechtzuerhalten.[115] Die Tatsache, dass diese Befugnisse in Art. 88 Abs. 1 DS-GVO nicht in entsprechender Deutlichkeit zum Ausdruck kommen, lässt nach dieser Ansicht den Umkehrschluss dahingehend zu, dass die Gewährung eines entsprechenden Regelungsspielraums im Hinblick auf den Beschäftigtendatenschutz nicht beabsichtigt war.[116]

bb) Argumente für eine Mindestharmonisierung

Dieser Auslegung steht jedoch Art. 88 Abs. 2 DS-GVO entgegen, wonach durch die Mitgliedstaaten gemäß Art. 88 Abs. 1 DS-GVO getroffene Vorschriften die

---

112 *Düwell/Brink*, NZA 2017, 1081, 1082; SJTK/*Thüsing*/*Traut*, DS-GVO, Art. 88 Rn. 10.

113 EuArbR/*Franzen*, Art. 88 DS-GVO Rn. 8; *Maschmann*, DB 2016, 2480, 2483; Paal/Pauly/*Pauly*, DS-GVO/BDSG, Art. 88 Rn. 4.

114 EuArbR/*Franzen*, Art. 88 DS-GVO Rn. 8; *Franzen*, EuZA 2017, 313, 344 f.; *Maschmann*, DB 2016, 2480, 2483; Paal/Pauly/*Pauly*, DS-GVO/BDSG, Art. 88 Rn. 4; *Schrey/Kielkowski*, BB 2018, 629, 632.

115 EuArbR/*Franzen*, Art. 88 DS-GVO Rn. 8; *Franzen*, EuZA 2017, 313, 344 f.; *Maschmann*, DB 2016, 2480, 2483; *Schrey/Kielkowski*, BB 2018, 629, 632.

116 *Dzida/Grau*, DB 2018, 189, 191; *Franzen*, EuZA 2017, 313, 344 f.; *Maschmann*, DB 2016, 2480, 2483; Paal/Pauly/*Pauly*, DS-GVO/BDSG, Art. 88 Rn. 4; *Schrey/Kielkowski*, BB 2018, 629, 632; *Spelge*, DuD 2016, 775, 778; *Wybitul*, NZA 2017, 413, 413.

menschliche Würde sowie berechtigte Interessen und Grundrechte der betroffenen Person zu wahren haben. Die Vorschrift stellt also Anforderungen an die von den Mitgliedstaaten zu erlassenden konkretisierenden Regelungen im Bereich des Beschäftigtendatenschutzes auf[117] und verdeutlicht auf diese Weise das Ziel der DS-GVO, einen Rahmen aufzustellen, welchen die Mitgliedstaaten einzuhalten haben.[118]

Folgte man der Auffassung, wonach Mitgliedstaaten lediglich konkretisierende Regelungen erlassen dürfen, so wäre Art. 88 Abs. 2 DS-GVO nicht erforderlich.[119] Dessen Vorgabe, im Rahmen der nationalen Rechtsvorschriften die Transparenz der Verarbeitung personenbezogener Daten zu beachten, ginge ins Leere, wenn die Betroffenenrechte nach Art. 12 ff. DS-GVO ohnehin gelten würden.[120] Gleiches gilt für die Voraussetzung der Beachtung der berechtigten Interessen und Grundrechte der betroffenen Personen.[121] Auch diese inhaltliche Konturierung wäre obsolet, wenn nationale Regelungen nur konkretisierende Regelungen treffen könnten.[122]

Entscheidend gegen die sich aus einer Vollharmonisierung ergebende Höchstgrenze des Arbeitnehmerschutzes spricht die fehlende Kompetenz der EU auf dem Gebiet des Arbeitsrechts.[123] Der Beschäftigtendatenschutz nimmt insofern aufgrund seiner Schnittstelle zwischen Arbeits- und Datenschutzrecht eine Sonderstellung ein.[124] Denn Art. 16 Abs. 2 AEUV gewährt der EU zwar eine Kompetenz, Vorschriften über den Schutz natürlicher Personen bei der Verarbeitung personenbezogener Daten zu erlassen, dies betrifft aber nur den allgemeinen

---

117 *Franzen*, EuZA 2017, 313, 345; *Körner*, NZA 2016, 1383, 1383; *Schrey/Kielkowski*, BB 2018, 629, 632.

118 *Franzen*, EuZA 2017, 313, 345; *Schrey/Kielkowski*, BB 2018, 629, 632.

119 Vgl. zur Unterschreitung des Schutzniveaus BeckOK/*Riesenhuber*, DatenschutzR, Art. 88 Rn. 71; *Körner*, NZA 2019, 1389, 1389; SJTK/*Thüsing*/*Traut*, DS-GVO, Art. 88 Rn. 19.

120 Vgl. BeckOK/*Riesenhuber*, DatenschutzR, Art. 88 Rn. 71; SJTK/*Thüsing*/*Traut*, DS-GVO, Art. 88 Rn. 19.

121 So im Ergebnis auch *Franzen*, EuZA 2017, 313, 346; SJTK/*Thüsing*/*Traut*, DS-GVO, Art. 88 Rn. 11.

122 Vgl. BeckOK/*Riesenhuber*, DatenschutzR, Art. 88 Rn. 71; SJTK/*Thüsing*/*Traut*, DS-GVO, Art. 88 Rn. 11.

123 *Franzen*, EuZA 2017, 313, 316; *Körner*, NZA 2016, 1383, 1383.

124 *Körner*, NZA 2016, 1383, 1383; vgl. dahingehend auch *Maschmann*, DB 2016, 2480, 2483.

Datenschutz.[125] Für Bestimmungen über die Rechte und Interessen der Arbeitnehmer fehlt der EU die Gesetzgebungskompetenz, vgl. Art. 153 i.V.m. Art. 114 Abs. 2 AEUV.[126]

Schließlich ist der Beschäftigtendatenschutz nicht nur eine Verknüpfung von Arbeits- und Datenschutzrecht. Vielmehr haben auch das Gesellschafts- und Strafrecht einen Einfluss auf dessen Inhalt und Reichweite. Auch für diese Gebiete fehlt der EU jedoch eine umfassende Kompetenz, sodass eine Vollharmonisierung im Hinblick auf die Vielzahl der einflussnehmenden Rechtsgebiete sowie deren Variationsmöglichkeiten und deren unterschiedliche Ausgestaltung in den verschiedenen Mitgliedstaaten ohnehin nicht sinnvoll wäre.

c) Historie

aa) Argumente für eine Vollharmonisierung

Die Vertreter der Auffassung, dass Art. 88 Abs. 1 DS-GVO den Mitgliedstaaten lediglich die Möglichkeit lässt, konkretisierende Regelungen im Bereich des Beschäftigtendatenschutzes zu treffen, ihnen nicht aber eine Verschärfungskompetenz zusteht, führen als Begründung die zur Vorgänger-Richtlinie getroffene „ASNEF"-Entscheidung[127] des EuGH an, in welcher dieser das Prinzip der Vollharmonisierung betont hatte.[128] Gegenstand des Verfahrens war ein spanisches Datenschutzgesetz, das für die Zulässigkeit der Verarbeitung personenbezogener Daten ohne Einwilligung des Betroffenen neben den in der Datenschutzrichtlinie vorgesehenen Voraussetzungen eines berechtigten Interesses an der Verarbeitung sowie einer Abwägung mit den Grundrechten des Betroffenen als zusätzliches Erfordernis den Erhalt der Daten aus öffentlich zugänglichen Quellen vorsah. Diese, über die Datenschutzrichtlinie hinausgehende Voraussetzung sah der EuGH als dem – für die Umsetzung der Richtlinie geltenden – Prinzip der Vollharmonisierung widersprechend und damit unzulässig an.[129] Von maßgeblicher Bedeutung war für den EuGH dabei das Ziel der Richtlinie, den freien Verkehr personenbezogener Daten sicherzustellen, zugleich aber ein hohes Schutzniveau der Rechte und Interessen der betroffenen Personen zu

125 Vgl. zur Reichweite der Kompetenz auch Calliess/Ruffert/*Kingreen*, EUV/AEUV, Art. 16 Rn. 5; *Körner*, NZA 2016, 1383, 1383; und ausführlich zur Reichweite der Kompetenz im Allgemeinen Streinz/*Schröder*, EUV/AEUV, Art. 16 Rn. 8 ff.

126 *Körner*, NZA 2016, 1383, 1383; *Taeger/Rose*, BB 2016, 819, 823.

127 EuGH vom 24.11.2011 – C-468/10 (ASNEF) = EuZW 2012, 37.

128 *Franzen*, EuZA 2017, 313, 345; *Maschmann*, DB 2016, 2480, 2482.

129 EuGH vom 24.11.2011 – C-468/10 (ASNEF) = EuZW 2012, 37, 38 f.

gewährleisten.[130] Weil die DS-GVO ausweislich Art. 1 DS-GVO von den gleichen Zielen getragen sei, könne die Argumentation übertragen werden, sodass von der Vorgabe eines Höchststandards durch die DS-GVO auszugehen sei.[131]

bb) Argumente für eine Mindestharmonisierung

Diese Auffassung übersieht, dass Art. 88 DS-GVO für den Beschäftigtenkontext überhaupt erst einen Regelungsspielraum für die Mitgliedstaaten schafft und so eine Abweichungsmöglichkeit vom Schutzniveau der DS-GVO ermöglicht.[132] Die Richtlinie aus dem Jahr 1995 hingegen sah derartige Abweichungsmöglichkeiten und Regelungsspielräume nicht vor.[133] Der Erlass von Vorschriften durch die Mitgliedstaaten, die das durch die DS-GVO gewährleistete Schutzniveau übersteigen, wäre demnach kein Verstoß gegen deren Anwendungsvorrang, sondern vielmehr das Ausschöpfen des durch sie vorgesehenen Handlungsrahmens für die Mitgliedstaaten.[134] Die „ASNEF"-Entscheidung kann daher nicht als Grundlage für die Beantwortung der Frage über die Reichweite der in Art. 88 DS-GVO enthaltenen Öffnungsklausel herangezogen werden.

Schließlich überzeugt die Genese der Vorschrift als weiteres Argument. Der ursprüngliche Vorschlag der Kommission sah eine Öffnungsklausel für gesetzliche Regelungen „in den Grenzen" der DS-GVO vor.[135] Im Beschluss des Parlaments war die Vorschrift bereits dahingehend geändert worden, dass die nationalen Regelungen „im Einklang mit den Regelungen" der DS-GVO stehen sollten.[136] Im Gegensatz dazu verzichtet die schließlich beschlossene Version des Art. 88 Abs. 1 DS-GVO auf die enge Vorgabe, wonach mitgliedstaatliche Vorschriften die Grenzen der DS-GVO nicht überschreiten dürfen und macht

---

130 EuGH vom 24.11.2011 – C-468/10 (ASNEF) = EuZW 2012, 37, 39; EuArbR/*Franzen*, Art. 88 DS-GVO Rn. 9; *Franzen*, EuZA 2017, 313, 345.

131 *Franzen*, EuZA 2017, 313, 345; anders dagegen *Taeger/Rose*, BB 2016, 819, 830.

132 In diese Richtung auch BeckOK/*Riesenhuber*, DatenschutzR, Art. 88 Rn. 45 f.; ebenfalls in diese Richtung *Franzen*, NZA 2020, 1593, 1595; *Kort*, ZD 2017, 319, 321.

133 *Körner*, NZA 2019, 1389, 1389; *Kort*, ZD 2017, 319, 321.

134 BeckOK/*Riesenhuber*, DatenschutzR, Art. 88 Rn. 72; *Kort*, ZD 2017, 319, 322; Paal/Pauly/*Pauly*, DS-GVO/BDSG, Art. 88 Rn. 4.

135 KOM (2012) 11 endgültig, S. 42; *Maschmann*, DB 2016, 2480, 2481; Plath/*Stamer/Kuhnke*, DSGVO/BDSG, Art. 88 Rn. 6.

136 7427/1/14, REV 1, S. 216; Plath/*Stamer/Kuhnke*, DSGVO/BDSG, Art. 88 Rn. 6.

so die Intention offenbar, den Mitgliedstaaten einen größeren Spielraum zu gewähren.[137]

d) Teleologie

Als Hauptargument für die Annahme einer Vollharmonisierung wird Erwägungsgrund 10 angeführt. Danach sollen ein gleichmäßiges und hohes Datenschutzniveau gewährleistet und Hemmnisse für den Verkehr personenbezogener Daten in der Union beseitigt werden.[138] Zu diesem Zweck soll eine gleichmäßige und einheitliche Anwendung der Vorschriften der DS-GVO erfolgen.[139] Ein Beschäftigtendatenschutzrecht auf mitgliedstaatlicher Ebene sei mit dieser Zielsetzung unvereinbar.[140]

Auch ein Mindeststandard gewährt aber in seinem Rahmen eine gleichmäßige und einheitliche Anwendung der Vorschriften, welcher in der Regel im Arbeitsrecht ausreichend ist, um ein hinreichendes Schutzniveau zu garantieren.[141] Eine Mindestharmonisierung bietet zudem den Vorteil, die Möglichkeiten eines Regulierungswettbewerbs zu nutzen.[142]

e) Stellungnahme

Überzeugender ist es nach alledem, von der Regelungsbefugnis der Mitgliedstaaten schon dann auszugehen, wenn diese für besondere Sachverhalte eigenständige Regelungsansätze verfolgen und diese sodann am durch Art. 88 Abs. 2 DS-GVO vorgeschriebenen Schutzniveau zu messen.[143] Die Auslegung der Öffnungsklausel des Art. 88 Abs. 1 DS-GVO ergibt demnach die Möglichkeit

---

137 Vgl. dazu auch *Körner*, Beschäftigtendatenschutz, S. 53; Plath/*Stamer/Kuhnke*, DSGVO/BDSG, Art. 88 Rn. 6.

138 Mit dem Hinweis auf EG 10 auch Ehmann/Selmayr/*Selk*, DS-GVO, Art. 88 Rn. 15; *Maschmann*, DB 2016, 2480, 2483.

139 EG 10 S. 2; *Martini/Botta*, NZA 2018, 625, 628; *Maschmann*, DB 2016, 2480, 2483.

140 Wohl auch BeckOK/*Riesenhuber*, DatenschutzR, Art. 88 Rn. 67, der das Vereinheitlichungsziel der Verordnung nicht als der Absenkung des Schutzniveaus durch mitgliedstaatliche Regelungen entgegenstehend ansieht; *Maschmann*, DB 2016, 2480, 2483.

141 Vgl. auch BeckOK/*Riesenhuber*, DatenschutzR, Art. 88 Rn. 72; *Körner*, NZA 2016, 1383, 1383; *Wybitul/Sörup/Pötters*, ZD 2015, 559, 561.

142 Vgl. dahingehend auch BeckOK/*Riesenhuber*, DatenschutzR, Art. 88 Rn. 69; zweifelnd *Maschmann*, DB 2016, 2480, 2483; *Wybitul/Sörup/Pötters*, ZD 2015, 559, 561.

143 BeckOK/*Riesenhuber*, DatenschutzR, Art. 88 Rn. 69; *Düwell/Brink*, NZA 2017, 1081, 1082.

der Mitgliedstaaten, im Bereich Beschäftigtendatenschutz nicht nur konkretisierende, sondern auch strengere Regelungen vorzusehen.

4. Unterschreitung des Schutzniveaus der DS-GVO

Unter Zugrundelegung dieser Auffassung ist weiter fraglich, ob eine Abweichung von dem Schutzniveau der DS-GVO bei dem Erlass „spezifischerer" Vorschriften durch Mitgliedstaaten nur „nach oben", also schutzerhöhend, oder auch „nach unten" erfolgen darf,[144] ob die DS-GVO also tatsächlich einen Mindeststandard bietet.

a) Meinungsstand

Die pauschale Annahme eines Mindestniveaus wird kritisch gesehen, weil die Beurteilung der Einhaltung des Mindestschutzes in der Praxis oft nur schwierig zu beurteilen sein dürfte.[145] Vielfach wird sich eine spezifischere Regelung mit der „allgemeinen" nicht vergleichen lassen, sodass sich in der Regel nicht „stärkere" oder „schwächere", sondern eben andersartige Schutzmechanismen eröffnen.[146] Als Argument für die Konstituierung eines Mindeststandards werden die Formulierung „spezifischere Vorschriften" sowie die weitergehenden Präzisierungen in Art. 88 Abs. 2 DS-GVO angeführt. Diese brächten zum Ausdruck, dass kein beliebiges Abweichen vom Sinn und Zweck der übrigen Bestimmungen der DS-GVO zulässig sei.[147] Weiter wird der Sinn und Zweck der DS-GVO gegen eine Unterschreitung des Schutzniveaus der DS-GVO durch mitgliedstaatliche Regelungen vorgebracht.[148] Schließlich wird das Erfordernis der Einhaltung eines Mindeststandards auf einen Vergleich mit Art. 1 Abs. 3 DS-GVO gestützt, der Persönlichkeitsschutz und Informationsfreiheit gleichgewichtig

---

144 BeckOK/*Riesenhuber*, DatenschutzR, Art. 88 Rn. 67; *Düwell/Brink*, NZA 2017, 1081, 1082.

145 BeckOK/*Riesenhuber*, DatenschutzR, Art. 88 Rn. 67; dahingehend aber *Düwell/Brink*, NZA 2016, 665, 666; *Franzen*, EuZA 2017, 313, 345 (von einer vollständigen Harmonisierung ausgehend).

146 BeckOK/*Riesenhuber*, DatenschutzR, Art. 88 Rn. 67.

147 Paal/Pauly/*Pauly*, DS-GVO/BDSG, Art. 88 Rn. 4; anders Körner, NZA 2016, 1383, 1383 f., wonach daneben die Anforderungen des Art. 88 Abs. 2 DS-GVO zu erfüllen sind.

148 *Kort*, DB 2016, 711, 715, der sich jedoch nur auf eine Senkung des Arbeitnehmerdatenschutz-Niveaus durch Betriebsvereinbarung bezieht; ebenso *Schrey/Kielkowski*, BB 2018, 628, 632.

nebeneinander stelle, wohingegen in Art. 88 Abs. 2 DS-GVO die Erforderlichkeit des Schutzes „der Grundrechte der betroffenen Person" mit nationalen Regeln zum Beschäftigtendatenschutz betont werde.[149]

b) Stellungnahme

Aufgrund des Vorranges der DS-GVO steht die Unterschreitung deren Schutzniveaus nicht zur Disposition des nationalen Gesetzgebers.[150] In der Praxis werden die unterschiedlichen Meinungen keine Auswirkungen haben. Denn unstreitig ist insofern die Notwendigkeit der in Art. 88 Abs. 2 DS-GVO postulierten Schutzstandards. Aufgrund des Erfordernisses der Einhaltung dieser Gestaltungsvorgaben sowie der Berücksichtigung der Grundrechte und -freiheiten werden sich die wesentlichen Grundlagen der DS-GVO ohnehin in den mitgliedstaatlichen Regelungen wiederfinden müssen.[151] Eine Unterschreitung des Schutzniveaus ist somit bereits wegen der in Art. 88 Abs. 2 DS-GVO enthaltenen Vorgaben, an denen sich jede nationale Regelung messen lassen muss, kaum vorstellbar.[152]

II. Inhaltliche Vorgaben des Art. 88 Abs. 2 DS-GVO

Mitgliedstaatliche Regelungen im Bereich des Beschäftigtendatenschutzes müssen nach Art. 88 Abs. 2 DS-GVO geeignete und besondere Maßnahmen zur Wahrung der menschlichen Würde, der berechtigten Interessen und der Grundrechte der betroffenen Person umfassen, insbesondere im Hinblick auf die Transparenz der Verarbeitung, die Übermittlung personenbezogener Daten innerhalb einer Unternehmensgruppe oder einer Gruppe von Unternehmen, die eine gemeinsame Wirtschaftstätigkeit ausüben, und die Überwachungssysteme am Arbeitsplatz.

---

149 *Körner*, Beschäftigtendatenschutz, S. 54; ebenso einen Mindeststandard bejahend: *Düwell/Brink*, NZA 2016, 665, 666 f.; *Maier*, DuD 2017, 169, 172; *Spelge*, DuD 2016, 775, 776; *Wybitul*, ZD 2016, 203, 207, der sich nur auf die Betriebsvereinbarung bezieht.

150 *Körner*, NZA 2019, 1389, 1390; *Kort*, ZD 2017, 319, 321.

151 Ähnlich *Körner*, NZA 2019, 1389, 1389; SJTK/*Thüsing*/*Traut*, DS-GVO, Art. 88 Rn. 19.

152 *Jerchel/Schubert*, DuD 2016, 782, 783; so auch *Klösel/Mahnhold*, NZA 2017, 1428, 1431 bezogen auf Betriebsvereinbarungen.

Dabei sind als angemessen solche Maßnahmen anzusehen, die einen verhältnismäßigen Interessenausgleich zwischen dem für die Verarbeitung Verantwortlichen und den von der Verarbeitung betroffenen Personen erlauben.[153] Besonders sind die Maßnahmen, wenn sie auf die konkreten Gefährdungen aus der jeweiligen Verarbeitungssituation eingehen.[154]

153 *Maschmann*, DB 2016, 2480, 2084; *Wybitul*, NZA 2017, 413, 414.

154 Ehmann/Selmayr/*Selk*, DS-GVO, Art. 88 Rn. 133; Paal/Pauly/*Pauly*, DS-GVO/BDSG, Art. 88 Rn. 12; SJTK/*Thüsing*/*Traut*, DS-GVO, Art. 88 Rn. 26.

§ 5 Vorschriften im Bundesdatenschutzgesetz (BDSG)

Der deutsche Gesetzgeber hat von der Öffnungsklausel des Art. 88 Abs. 1 DS-GVO mit § 26 BDSG Gebrauch gemacht und nationale Vorschriften für den Beschäftigtendatenschutz postuliert.

I. Anwendungsbereich des BDSG

1. Subsidiarität des BDSG

Wie bereits das BDSG a.F. ist auch das BDSG n.F. gemäß § 1 Abs. 2 gegenüber anderen Rechtsvorschriften des Bundes betreffend den Datenschutz subsidiär.[155] Vorrangige Bundesvorschriften sind dabei nur solche, die konkrete Regelungen über Art und Zwecke der Datenverarbeitung enthalten, nicht hingegen solche, die lediglich abstrakt eine Aufgabe bestimmen, deren Erfüllung eine Datenverarbeitung erfordert.[156]

2. Sachlicher Anwendungsbereich

Sachlich gilt § 26 BDSG für die Verarbeitung personenbezogener Daten, wobei jeweils die Legaldefinition in Art. 4 Nr. 1 bzw. Nr. 2 DS-GVO zugrunde zu legen ist.[157]

3. Persönlicher Anwendungsbereich

Der persönliche Anwendungsbereich ergibt sich aus § 26 Abs. 8 BDSG, in welchem abschließend geregelt ist, wer Beschäftigter im Sinne des BDSG ist.[158] Neben Arbeitnehmern fallen danach auch Auszubildende, Rehabilitanden, Beschäftigte in Behindertenwerkstätten, Personen, die Freiwilligendienste oder

---

155 BeckOK/*Riesenhuber*, DatenschutzR, § 26 Rn. 19; Paal/Pauly/*Ernst*, DS-GVO/BDSG, § 1 Rn. 6.

156 BeckOK/*Riesenhuber*, DatenschutzR, § 26 Rn. 19; *Gola*, BB 2017, 1462, 1463; Paal/Pauly/*Ernst*, DS-GVO/BDSG, § 1 Rn. 7 f.

157 Vgl. oben Ziffer § 2 II 3; Kühling/Buchner/*Maschmann*, DS-GVO/BDSG, § 26 Rn. 4.

158 Kühling/Buchner/*Maschmann*, DS-GVO/BDSG, § 26 Rn. 6; Paal/Pauly/*Gräber/Nolden*, DS-GVO/BDSG, § 26 Rn. 55; Plath/*Stamer/Kuhnke*, DSGVO/BDSG, § 26 Rn. 7.

Zivildienst leisten, arbeitnehmerähnliche Personen sowie Beamte und Richter in den persönlichen Anwendungsbereich des Gesetzes.[159]

II. Inhalte und Vorgaben des § 26 Abs. 1 BDSG

Nach § 26 Abs. 1 Satz 1 des BDSG dürfen personenbezogene Daten von Beschäftigten für Zwecke des Beschäftigungsverhältnisses verarbeitet werden, wenn dies für die Entscheidung über die Begründung eines Beschäftigungsverhältnisses oder nach Begründung des Beschäftigungsverhältnisses für dessen Durchführung oder Beendigung oder zur Ausübung oder Erfüllung der sich aus einem Gesetz oder einem Tarifvertrag, einer Betriebs- oder Dienstvereinbarung (Kollektivvereinbarung) ergebenden Rechte und Pflichten der Interessenvertretung der Beschäftigten erforderlich ist. Zur Aufdeckung von Straftaten dürfen personenbezogene Daten von Beschäftigten nach Satz 2 nur verarbeitet werden, wenn zu dokumentierende tatsächliche Anhaltspunkte den Verdacht begründen, dass die betroffene Person im Beschäftigungsverhältnis eine Straftat begangen hat, die Verarbeitung zur Aufdeckung erforderlich ist und das schutzwürdige Interesse der oder des Beschäftigten an dem Ausschluss der Verarbeitung nicht überwiegt, insbesondere Art und Ausmaß im Hinblick auf den Anlass nicht unverhältnismäßig sind.

1. Verarbeitung für Zwecke des Beschäftigungsverhältnisses, § 26 Abs. 1 Satz 1 BDSG

a) *Zwecke des Beschäftigungsverhältnisses*

Der Zweck der Datenverarbeitung muss das Beschäftigungsverhältnis betreffen. Es muss sich also um Rechte oder Pflichten aus dem Beschäftigungsverhältnis handeln.[160] Insofern kann auf die Rechtsprechung zu § 32 Abs. 1 BDSG a.F. rekurriert werden[161], wonach ein Zusammenhang mit der Erfüllung der vom

---

159 BeckOK/*Riesenhuber*, DatenschutzR, § 26 Rn. 21 ff.; Kühling/Buchner/*Maschmann*, DS-GVO/BDSG, § 26 Rn. 6.

160 Gola/*Pötters*, DS-GVO, Art. 88 Rn. 47; Paal/Pauly/*Gräber/Nolden*, DS-GVO/BDSG, § 26 Rn. 15.

161 BeckOK/*Riesenhuber*, DatenschutzR, § 26 Rn. 5, 57; *Düwell/Brink*, NZA 2017, 1081, 1083; Paal/Pauly/*Gräber/Nolden*, DS-GVO/BDSG, § 26 Rn. 15; *Wybitul*, NZA 2017, 413, 415.

Arbeitnehmer geschuldeten vertraglichen Leistung, seiner sonstigen Pflichtenbindung oder mit der Pflichtenbindung des Arbeitgebers bestehen muss.[162]

b) Erforderlichkeit

Das Merkmal der Erforderlichkeit für die Zweckerreichung ist der zentrale Maßstab für die Zulässigkeit und Rechtmäßigkeit der Datenverarbeitung.[163] Die Prüfung der Erforderlichkeit erfolgt auf der ersten Stufe durch Beurteilung der Eignung der Datenverwendung für Zwecke des Beschäftigungsverhältnisses.[164] Der Zweck der Maßnahme muss die Entscheidung über die Begründung, Durchführung oder Beendigung des Beschäftigungsverhältnisses betreffen und von der Rechtsordnung gebilligt sein.[165] Die Eignung ist gegeben, wenn mit Hilfe der in Rede stehenden Maßnahme der vom Arbeitgeber angestrebte Zweck einer Entscheidung über die Begründung, Durchführung oder Beendigung eines Beschäftigungsverhältnisses tatsächlich gefördert werden kann.[166] Die zweite Stufe beinhaltet die Prüfung der Erforderlichkeit im engeren Sinne.[167] Es darf kein anderes, gleich wirksames Mittel vorhanden sein, das die Persönlichkeitsrechte der betroffenen Beschäftigten weniger einschränkt.[168] Im Rahmen der dritten Stufe ist ausweislich der Gesetzesbegründung eine abschließende Abwägung der schutzwürdigen Interessen vorzunehmen.[169] Danach soll unter Anwendung der allgemeinen Datenschutzgrundsätze aus der bisherigen Rechtsprechung eine Interessenabwägung zur „Herstellung praktischer Konkordanz" vorgenommen werden.[170] Dabei sind die Interessen des Arbeitgebers an der

---

162 Vgl. zu § 32 Abs. 1 BDSG a.F. BAG, Urt. v. 29.6.2017 – 2 AZR 597/16 = NZA 2017, 1179, 1183; Gola/*Pötters*, DS-GVO, Art. 88 Rn. 47.

163 BeckOK/*Riesenhuber*, DatenschutzR, § 26 Rn. 64; Paal/Pauly/*Gräber/Nolden*, DS-GVO, § 26 BDSG Rn. 13.

164 ErfK/*Franzen*, § 26 BDSG Rn. 10; *Kramer*, NZA 2018, 637, 639.

165 *Brink/Wybitul*, ZD 2014, 225, 228; ErfK/*Franzen*, § 26 BDSG Rn. 10; *Wybitul*, BB 2010, 1085, 1086.

166 BAG, Beschl. v. 26.8.2008 – 1 ABR 16/07 = NZA 2008, 1187, 1189; *Kramer*, NZA 2018, 637, 639.

167 ErfK/*Franzen*, § 26 BDSG Rn. 10; *Kramer*, NZA 2018, 637, 639; vgl. zu § 32 BDSG a.F. *Wybitul*, BB 2010, 1085, 1086.

168 BAG, Urt. v. 20.6.2013 – 2 AZR 546/12 = NZA 2014, 143, 147; ErfK/*Franzen*, § 26 BDSG Rn. 10; *Kramer*, NZA 2018, 637, 639.

169 BT-Drs. 18/11325, S. 97; ErfK/*Franzen*, § 26 BDSG Rn. 11; *Kramer*, NZA 2018, 637, 639.

170 BT-Drs. 18/11325, S. 97; kritisch *Düwell/Brink*, NZA 2017, 1081, 1084; *Kramer*, NZA 2018, 637, 639; *Wybitul*, NZA 2017, 413, 415.

Datenverarbeitung und das Persönlichkeitsrecht des Beschäftigten zu einem schonenden Ausgleich zu bringen, der beide Interessen möglichst weitgehend berücksichtigt.[171] Die Beeinträchtigung des Persönlichkeitsrechts des Beschäftigten muss somit in einem angemessenen Verhältnis zu dem erstrebten Zweck der Datenverarbeitung stehen.[172] Überwiegen die Interessen des Beschäftigten, ist die Datenverarbeitung unangemessen.[173]

Dies entspricht der bisherigen Rechtsprechung zu § 32 Abs. 1 BDSG a.F.[174], der mit § 26 Abs. 1 BDSG n.F. nahezu wortgleich übernommen wurde.[175] Die Datenverarbeitung muss demnach für die Verwirklichung der verfolgten Zwecke geeignet und zugleich das mildeste aller gleich effektiven Mittel sein.[176] Weitere Kriterien, die bei der Ermittlung der Erforderlichkeit einzubeziehen sind, können den Erwägungsgründen 47 und 48 entnommen werden, die insbesondere die vernünftigen Erwartungen der von der Datenverarbeitung betroffenen Person erwähnen.[177] Maßgeblich für die Entscheidung über die Zulässigkeit der Verarbeitung wird somit auch künftig[178] die Information des Beschäftigten sowie die Transparenz der Verarbeitung sein.[179]

---

171 BT-Drs. 18/11325, 97; *Düwell/Brink*, NZA 2017, 1081, 1084; Paal/Pauly/*Gräber/Nolden*, DS-GVO/BDSG, § 26 Rn. 13.

172 BAG, Beschl. v. 26.8.2008 – 1 ABR 16/07 = NZA 2008, 1187, 1190; *Kramer*, NZA 2018, 637, 639.

173 ErfK/*Franzen*, § 26 BDSG Rn. 11; *Wybitul*, BB 2010, 1085, 1087.

174 BT-Drs. 18/11325, S. 97; ErfK/*Franzen*, § 26 BDSG Rn. 10; Gola/Heckmann/*Gola*, BDSG, § 26 Rn. 16. *Wybitul*, NZA 2017, 413, 415.

175 BeckOK/*Riesenhuber*, DatenschutzR, § 26 Rn. 5; ErfK/*Franzen*, § 26 BDSG Rn. 1; Kühling/Buchner/*Maschmann*, DS-GVO/BDSG, § 26 Rn. 19.

176 BAG, Urt. v. 20.6.2013 – 2 AZR 546/12 = NZA 2014, 143, 146 f.; BAG, Urt. v. 17.11.2016 – 2 AZR 730/15 = NZA 2017, 394, 398; Kühling/Buchner/*Maschmann*, DS-GVO/BDSG, § 26 Rn. 19; *Wybitul*, NZA 2017, 413, 415, der darauf hinweist, dass, soweit ein Ausgleich zwischen Grundrechten der Beteiligten aus dem GG vorgenommen wird, dies im Rahmen der DS-GVO auf den vergleichbaren dortigen Maßstab der GRCh übertragbar sei. Dagegen halten es *Düwell/Brink*, NZA 2017, 1081, 1084 für verfassungsrechtlich problematisch, nicht-öffentliche Stellen im Hinblick auf die Verarbeitung von Beschäftigtendaten einem Angemessenheitserfordernis zu unterstellen.

177 EG 47 S. 1 und 3; *Kramer*, NZA 2018, 637, 639; *Wybitul*, NZA 2017, 413, 415.

178 Bereits in der Vergangenheit wurden hohe Anforderungen an die Transparenz der Datenverarbeitung gestellt, vgl. etwa BAG, Urt. v. 20.6.2013 – 2 AZR 546/12 = NZA 2014, 143; *Wybitul*, NZA 2017, 413, 415.

179 BeckOK/*Riesenhuber*, DatenschutzR, § 26 Rn. 68.2; *Wybitul*, NZA 2017, 413, 415.

2. Verarbeitung zur Aufdeckung von Straftaten, § 26 Abs. 1 Satz 2 BDSG

a) *Zur Aufdeckung von Straftaten*

Straftat in diesem Sinne ist das vom Tatbestand des Strafgesetzes in seinen Merkmalen festgelegte, mit Strafe bedrohte rechtswidrige Verhalten, das der Täter schuldhaft verwirklicht hat.[180] Ordnungswidrigkeiten und andere Vertragsverletzungen – auch schwerwiegenderer Art – sind demnach ausweislich des eindeutigen Wortlauts nicht erfasst.[181]

b) *Begehung im Beschäftigungsverhältnis*

Der Voraussetzung der Begehung der Straftat im Beschäftigungsverhältnis ist ein weites Verständnis zugrunde zu legen.[182] Erfasst sind damit nicht nur Straftaten, die in Ausübung der Beschäftigungstätigkeit begangen werden, sondern auch solche bei Gelegenheit der Tätigkeit.[183] Die aufzudeckende Straftat muss nicht in der Vergangenheit liegen, vielmehr ist auch ein Vorgehen zur Aufdeckung vermuteter zukünftiger Straftaten legitimiert.[184]

c) *Verdacht aufgrund tatsächlicher Anhaltspunkte*

Der Verdacht der Begehung einer Straftat muss sich durch tatsächliche Anhaltspunkte ergeben. Verdacht ist dabei die Vermutung, dass ein Beschäftigter eine Straftat begangen hat.[185] Insofern wird ein durch konkrete Tatsachen belegter „Anfangsverdacht" vorausgesetzt.[186] Dem Wortlaut entsprechend werden

---

180 BeckOK/*Riesenhuber*, DatenschutzR, § 26 Rn. 133; nach dem dreigliedrigen Verbrechensbegriff vgl. *Jescheck/Weigend*, Lehrbuch des Strafrechts, S. 13.

181 BAG, Urt. v. 29.6.2017 – 2 AZR 597/16 = NZA 2017, 1179, 1181; ErfK/*Franzen*, § 26 BDSG Rn. 37; a.A.: Gola/Heckmann/*Gola*, BDSG, § 26 Rn. 124 f.; Paal/Pauly/*Gräber/Nolden*, DS-GVO/BDSG, § 26 Rn. 23.

182 BeckOK/*Riesenhuber*, DatenschutzR, § 26 Rn. 133; ErfK/*Franzen*, § 26 BDSG Rn. 36.

183 BeckOK/*Riesenhuber*, DatenschutzR, § 26 Rn. 133; *Deutsch/Diller*, DB 2009, 1462, 1464.

184 BAG, Urt. v. 20.10.2016 – 2 AZR 395/15 = NZA 2017, 443, 446; BeckOK/*Riesenhuber*, DatenschutzR, § 26 Rn. 133.

185 BeckOK/*Riesenhuber*, DatenschutzR, § 26 Rn. 134; ErfK/*Franzen*, § 26 BDSG Rn. 38.

186 Vgl. dazu die Rechtsprechung zum inhaltsgleichen § 32 Abs. 1 Satz 2 BDSG a.F.: BAG, Urt. v. 29.6.2017 – 2 AZR 597/16 = NZA 2017, 1179, 1182; BAG, Urt. v. 27.7.2017 – 2 AZR 681/16 = NZA 2017, 1327, 1330; *Kort*, NZA 2018, 1097, 1099.

somit Anforderungen vergleichbar dem einfachen Anfangsverdacht im Sinne des § 152 Abs. 2 Strafprozessordnung (StPO) gestellt.[187] Neben dem Sinn und Zweck der Regelung, die darauf ausgerichtet ist, schwerwiegende Eingriffe in das Persönlichkeitsrecht der Beschäftigten aufgrund bloßer Mutmaßungen zu verhindern, überzeugt dieser Ansatz auch in teleologisch-systematischer Hinsicht.[188] Denn die Voraussetzungen eines hinreichenden Tatverdachts im Sinne von §§ 170 Abs. 1, 203 StPO, der die Anklageerhebung und Eröffnung des Hauptverfahrens rechtfertigt oder gar eines dringenden Tatverdachts im Sinne von § 112 Abs. 1 S. 1 StPO, der Erfordernis für die Anordnung der Untersuchungshaft ist, erscheinen im Vergleich weder angemessen noch zweckdienlich.[189] Zudem wollte der Gesetzgeber ausdrücklich die Regelung des § 32 BDSG a.F. fortführen.[190] In der Gesetzesbegründung zu § 32 BDSG wiederum brachte der Gesetzgeber zum Ausdruck, dass die Vorschrift die von der Rechtsprechung erarbeiteten Grundsätze des Datenschutzes im Beschäftigungsverhältnis nicht ändern, sondern lediglich zusammenfassen soll.[191] Verwiesen wird insofern auf zwei Urteile, die sich auf die Zulässigkeit verdeckter Überwachungen Beschäftigter beziehen und jeweils einen konkreten Verdacht voraussetzen, was ebenfalls für das Erfordernis eines Anfangsverdachts im Sinne des § 152 Abs. 2 StPO spricht.[192]

d) Erforderlichkeit und Verhältnismäßigkeit

Die Datenverarbeitung muss außerdem für die Aufdeckung der Straftat erforderlich sein. Das ist der Fall, wenn sie zur Aufdeckung der Straftat geeignet ist

---

187 BeckOK/*Riesenhuber*, DatenschutzR, § 26 Rn. 134; *Salvenmoser/Hauschka*, NJW 2010, 331, 333; *Stück*, ArbRAktuell 2018, 31, 32; a.A.: DWWS/*Wedde*, DS-GVO/BDSG, § 26 Rn. 164.

188 BAG, Urt. v. 20.10.2016 – 2 AZR 395/15 = NZA 2017, 443, 446; BeckOK/*Riesenhuber*, DatenschutzR, § 26 Rn. 134; Kühling/Buchner/*Maschmann*, DS-GVO/BDSG, § 26 Rn. 59; Münchener Hdb. ArbR/*Wybitul*, Band 1, § 96 Rn. 108 f.

189 BeckOK/*Riesenhuber*, DatenschutzR, § 26 Rn. 134; ebenso Kühling/Buchner/*Maschmann*, DS-GVO/BDSG, § 26 Rn. 59.

190 BT-Drs. 18/11325, S. 95; BeckOK/*Riesenhuber*, DatenschutzR, § 26 Rn. 5; Paal/Pauly/*Gräber/Nolden*, DS-GVO/BDSG, § 26 Rn. 1, 23.

191 BT-Drs. 16/13657, S. 20.

192 BT-Drs. 16/13657, S. 21; BAG, Urt. v. 27.3.2003 – 2 AZR 51/02 = NZA 2003, 1193, 1195; BAG, Beschl. v. 26.8.2008 – 1 ABR 16/07 = NZA 2008, 1187, 1191; *Kreß*, Criminal Compliance und Datenschutz im Konzern, S. 148.

und zugleich das mildeste aller gleich geeigneten Mittel darstellt.[193] Darüber hinaus dürfen Art und Ausmaß der Verarbeitung im Hinblick auf den Anlass nicht unverhältnismäßig sein. Aus dieser Voraussetzung ergibt sich die Notwendigkeit einer Abwägung zwischen den Persönlichkeitsrechten des Beschäftigten und dem Aufklärungsinteresse des Verantwortlichen.[194] Im Rahmen der Abwägung ist dem Umstand Rechnung zu tragen, dass es sich zunächst lediglich um einen Verdacht handelt.[195] Daneben sind die Schwere der Straftat im Hinblick auf das Beschäftigungsverhältnis sowie das Ausmaß des bereits entstandenen oder drohenden Schadens zu berücksichtigen.[196] Dabei gilt: je stärker der Verdachtsmoment, desto geringer ist das Interesse des Beschäftigten am Unterbleiben der Verarbeitung zu gewichten.[197]

3. Verhältnis von § 26 Abs. 1 Satz 1 BDSG und § 26 Abs. 1 Satz 2 BDSG

Höchstrichterlich geklärt ist inzwischen das Verhältnis zwischen den Sätzen 1 und 2 des § 26 Abs. 1 BDSG (§ 32 Abs. 1 BDSG a.F.). Unklar war dieses, weil Satz 1 die Verarbeitung von Beschäftigtendaten erlaubt, wenn sie für die Entscheidung über die Begründung eines Beschäftigungsverhältnisses, für dessen Durchführung oder Beendigung erforderlich ist, wohingegen Satz 2 nach seinem klaren Wortlaut lediglich für die Datenverarbeitung zum Zwecke der Aufdeckung einer Straftat gilt und hierfür weitere Voraussetzungen aufstellt.[198] Offen war damit, ob Maßnahmen zur Aufklärung und Überwachung von Pflichtverletzungen, die nicht die Strafbarkeitsschwelle überschreiten, auf Satz 1 gestützt werden können oder Satz 2 insofern eine Sperrwirkung entfaltet.[199] Das BAG entschied,

193 BeckOK/*Riesenhuber*, DatenschutzR, § 26 Rn. 136; Kühling/Buchner/*Maschmann*, DS-GVO/BDSG, § 26 Rn. 61.

194 *Kort*, NZA 2018, 1097, 1098; *Kramer*, NZA 2018, 637, 639 Kühling/Buchner/*Maschmann*, DS-GVO/BDSG, § 26 Rn. 61.

195 BeckOK/*Riesenhuber*, DatenschutzR, § 26 Rn. 137; vgl. auch ErfK/*Franzen*, § 26 BDSG Rn. 39.

196 BeckOK/*Riesenhuber*, DatenschutzR, § 26 Rn. 137; Kühling/Buchner/*Maschmann*, DS-GVO/BDSG, § 26 Rn. 61.

197 Henssler/Willemsen/Kalb/*Lembke*, ArbeitsR, Art. 88 DS-GVO Rn. 51; Kühling/Buchner/*Maschmann*, DS-GVO/BDSG, § 26 Rn. 61.

198 *Dzida/Grau*, NZA 2017, 1515, 1515; *Düwell/Brink*, NZA 2017, 1081, 1084; Thüsing/*Thüsing/Pötters*, Beschäftigtendatenschutz, § 11 Rn. 45.

199 Für Sperrwirkung: LAG Baden-Württemberg, Urt. v. 20.7.2016 – 4 Sa 61/15 = ZD 2017, 88, 90; *Fuhlrott*, GWR 2016, 428. Gegen Sperrwirkung: BeckOK/*Riesenhuber*,

dass eine Sperrwirkung nicht besteht, Datenverarbeitungen zur Aufklärung von Pflichtverletzungen unterhalb der Strafbarkeitsschwelle also auf § 26 Abs. 1 Satz 1 BDSG gestützt werden können, sofern die dortigen Erfordernisse erfüllt werden.[200] Im Rahmen der Verhältnismäßigkeitsprüfung sind jedoch sodann die Rechtsprechungsgrundsätze zu den Voraussetzungen einer Überwachung zur Aufdeckung einer schweren Pflichtverletzung zu berücksichtigen, die mit den Anforderungen des § 26 Abs. 1 Satz 2 BDSG übereinstimmen.[201] Der Eingriff muss also geeignet, erforderlich und unter Berücksichtigung der gewährleisteten Freiheitsrechte angemessen sein, um den erstrebten Zweck zu erreichen.[202] Das ist der Fall, wenn keine anderen, zur Zielerreichung gleich wirksamen und das Persönlichkeitsrecht der Arbeitnehmer weniger einschränkenden Mittel zur Verfügung stehen.[203] Die Verhältnismäßigkeit im engeren Sinne ist gewahrt, wenn die Schwere des Eingriffs bei einer Gesamtabwägung nicht außer Verhältnis zu dem Gewicht der ihn rechtfertigenden Gründe steht.[204]

4. Verhältnis von § 26 Abs. 1 BDSG zu § 4 BDSG

§ 4 Abs. 1 BDSG regelt die Zulässigkeit der Videoüberwachung im öffentlich zugänglichen Raum. Abs. 3 des § 4 BDSG stellt Voraussetzungen für die Zulässigkeit der Speicherung und Verwendung der nach Abs. 1 erhobenen Daten auf. Strukturell entspricht § 4 BDSG im Wesentlichen § 6b BDSG a.F.[205]

Im Hinblick auf die damalige gesetzliche Regelung war das Verhältnis zwischen § 32 Abs. 1 BDSG a.F. und § 6b BDSG a.F. streitig.[206] Offen war insofern, ob sich eine nach § 32 Abs. 1 BDSG a.F. zulässige Überwachung der Beschäftigten

---

DatenschutzR, § 26 Rn. 130; *Deutsch/Diller*, DB 2009, 1462, 1464; ErfK/*Franzen*, § 26 BDSG Rn. 37; *Kort*, DB 2011, 651, 651 f.; Paal/Pauly/*Gräber/Nolden*, DS-GVO/BDSG, § 26 Rn. 23; *Thüsing*, NZA 2009, 865, 868; Thüsing/*Thüsing/Traut*, Beschäftigtendatenschutz und Compliance, § 3 V Rn. 28; *Wybitul*, NZA 2017, 413, 416.

200 BAG, Urt. v. 29.6.2017 – 2 AZR 597/16 = NZA 2017, 1179, 1182; bestätigt durch die „Keylogger"-Entscheidung BAG, Urt. v. 27.7.2017 – 2 AZR 681/16 = NZA 2017, 1327, 1330; *Kort*, NZA 2018, 1097, 1099.

201 BAG, Urt. v. 29.6.2017 – 2 AZR 597/16 = NZA 2017, 1179, 1182; *Chandna-Hoppe*, NZA 2018, 614, 617; *Dzida/Grau*, NZA 2017, 1515, 1516.

202 BAG, Urt. v. 29.6.2017 – 2 AZR 597/16 = NZA 2017, 1179, 1183.

203 BAG, Urt. v. 29.6.2017 – 2 AZR 597/16 = NZA 2017, 1179, 1183.

204 BAG, Urt. v. 29.6.2017 – 2 AZR 597/16 = NZA 2017, 1179, 1183.

205 *Kort*, NZA 2018, 1097, 1100; *Kremer*, CR 2017, 367, 373.

206 *Kort*, NZA 2018, 1097, 1100; Thüsing/*Thüsing/Pötters*, Beschäftigtendatenschutz, § 11 Rn. 29, 56 m.w.N.

zusätzlich an § 6b BDSG a.F. messen lassen muss und ob § 32 Abs. 1 BDSG a.F. bezüglich der Verarbeitung von Beschäftigtendaten lex specialis gegenüber § 6b BDSG a.F. ist.[207] Zu dieser Frage hatte das BAG in seiner Entscheidung vom 22.9.2016 dahingehend Stellung bezogen, dass verdeckte Videoüberwachungen, welche die Voraussetzungen nach § 32 Abs. 1 Satz 2 BDSG a.F. (§ 26 Abs. 1 Satz 2 BDSG) erfüllen, auch nach § 6b Abs. 1 Satz 1 Nr. 3 BDSG a.F. (§ 4 Abs. 1 Satz 1 Nr. 3 BDSG) zulässig seien.[208] Erfülle eine Datenverarbeitung die Voraussetzungen des § 32 Abs. 1 Satz 1 oder 2 BDSG a.F. (§ 26 Abs. 1 Satz und 2 BDSG), so stehe ihr auch § 6b Abs. 3 BDSG a.F. (§ 4 Abs. 3 BDSG) nicht entgegen.[209] Diese Ausführungen lassen sich auf die parallele Fragestellung betreffend das Verhältnis zwischen § 26 Abs. 1 BDSG und § 4 BDSG übertragen.[210] Darüber hinaus findet sich in der DS-GVO keine Öffnungsklausel, der zufolge § 4 BDSG im Arbeitsverhältnis anwendbar wäre, denn § 4 BDSG bezieht sich nach seinem Wortlaut nicht ausdrücklich auf das Arbeitsverhältnis, sodass Art. 88 Abs. 1 DS-GVO als Öffnungsklausel ausscheidet.[211] Sind die Voraussetzungen für die Verarbeitung von Beschäftigtendaten nach § 26 Abs. 1 Satz oder 2 BDSG erfüllt, steht ihr auch § 4 BDSG daher nicht entgegen.[212]

---

207 Für die Beachtung des § 6b Abs. 2 BDSG als Rechtmäßigkeitsvoraussetzung der Überwachung: *Bayreuther,* NZA 2005, 1038, 1040 f.; *ders.,* DB 2012, 2222, 2223; *Bergwitz,* NZA 2012, 353, 357 f.; *Lunk,* NZA 2009, 457, 460; gegen die Beachtung des § 6b Abs. 2 BDSG als Rechtmäßigkeitsvoraussetzung der Überwachung: *Grimm/Schiefer,* RdA 2009, 329, 334 f.; *Kort,* NZA 2018, 1097, 1100.

208 BAG, Urt. v. 22.9.2016 – 2 AZR 848/15 = NZA 2017, 112, 115; *Kort,* NZA 2018, 1097, 1100.

209 BAG, Urt. v. 22.9.2016 – 2 AZR 848/15 = NZA 2017, 112, 115; *Kort,* NZA 2018, 1097, 1100; Thüsing/*Thüsing/Pötters,* Beschäftigtendatenschutz, § 11 Rn. 56; vgl. zur alten Rechtslage: *Bergwitz,* NZA 2012, 353, 357 f.

210 *Byers/Wenzel,* BB 2017, 2036, 2039; *Kort,* NZA 2018, 1097, 1100, der jedoch die Vereinbarkeit des § 4 BDSG mit Unionsrecht in Frage stellt.

211 *Byers/Wenzel,* BB 2017, 2036, 2039; hierzu ausführlich Thüsing/*Thüsing/Pötters,* Beschäftigtendatenschutz, § 11 Rn. 17, 28.

212 *Kort,* NZA 2018, 1097, 1100; Thüsing/*Thüsing/Pötters,* Beschäftigtendatenschutz, § 11 Rn. 29, 56.

5. Verhältnis von § 26 Abs. 1 BDSG zu Art. 6 DS-GVO

Noch ungeklärt ist die Frage, ob § 26 Abs. 1 BDSG eine Sperrwirkung gegenüber Art. 6 DS-GVO zukommt oder ob im „Beschäftigungskontext" ein Rückgriff auf die allgemeinen Erlaubnistatbestände möglich ist.[213]

Bereits bezogen auf das BDSG a.F. war der Rückgriff auf die allgemeine Erlaubnisnorm des § 28 Abs. 1 Satz 1 Nr. 2 BDSG a.F. bei Sachverhalten, die eine Beschäftigtendatenverarbeitung zu anderen Zwecken als zu solchen, die das Beschäftigungsverhältnis betreffen, umstritten.[214] In der soeben zitierten Entscheidung des BAG vom 29.6.2017 führt dieses – obwohl entscheidungsunerheblich – aus, eine Datenerhebung, die weder der Aufdeckung von Straftaten im Sinne des § 32 Abs. 1 Satz 2 BDSG a.F. noch sonstigen Zwecken des Beschäftigungsverhältnisses im Sinne des § 32 Abs. 1 Satz 1 BDSG a.F. diene, könne „zur Wahrung berechtigter Interessen" im Sinne des § 28 Abs. 1 Satz 1 Nr. 2 BDSG a.F. zulässig sein.[215] Insoweit werde § 28 BDSG a.F. von § 32 BDSG a.F. nicht verdrängt.[216] Dieser Grundsatz ist auf das Verhältnis von § 26 BDSG zu Art. 6 DS-GVO übertragbar.[217] Denn zum einen enthält § 26 BDSG jedenfalls keine ausdrückliche Regelung, wonach ein Rückgriff auf die allgemeinen Erlaubnistatbestände im Beschäftigungskontext ausgeschlossen wäre.[218] Zum anderen kann die mitgliedstaatliche Regelung außerhalb des nach Art. 88 Abs. 1 DS-GVO bezeichneten Beschäftigtenkontextes mangels Regelungskompetenz ohnehin keine anderen Erlaubnistatbestände ausschließen.[219]

Dem folgte auch das LAG Hamm in einer bereits die neue Rechtslage betreffenden Entscheidung und machte deutlich, dass bei der Verarbeitung von

---

213 *Benkert*, NJW-Spezial 2018, 562, 563; ErfK/*Franzen*, § 26 BDSG Rn. 4 f.; Paal/Pauly/*Gräber/Nolden*, DS-GVO/BDSG, § 26 Rn. 16 f.

214 Ausführlich hierzu BeckOK/*Riesenhuber*, DatenschutzR, 23. Edition, § 32 Rn. 25 ff. m.w.N.; *Grau/Dzida*, NZA 2017, 1515, 1518; *Joussen*, NZA 2010, 254, 256; *Kort*, NZA 2018, 1097, 1099; *Thüsing*, NZA 2009, 865, 869.

215 BAG, Urt. v. 29.6.2017 – 2 AZR 597/16 = NZA 2017, 1179, 1181; *Dzida/Grau*, NZA 2017, 1515, 1518; *Kort*, NZA 2018, 1097, 1099.

216 BAG, Urt. v. 29.6.2017 – 2 AZR 597/16 = NZA 2017, 1179, 1181; dies ergibt sich auch aus der Gesetzesbegründung BT-Drs. 16/13657, 20 f.

217 *Dzida/Grau*, NZA 2017, 1515, 1518; wohl auch *Kort*, NZA 2018, 1097, 1099.

218 Paal/Pauly/*Gräber/Nolden*, DS-GVO/BDSG, § 26 Rn. 17; *Wybitul*, NZA 2017, 413, 415.

219 Paal/Pauly/*Gräber/Nolden*, DSGVO/BDSG, § 26 Rn. 10 f.; *Ströbel/Böhm/Breunig/Wytibul*, CCZ 2018, 14, 19.

Beschäftigtendaten auch Art. 6 DS-GVO als Rechtsgrundlage für die Datenverarbeitung in Betracht kommt.[220]

Im Ergebnis kann daher in Bezug auf die Verarbeitung von Beschäftigtendaten auf einen Erlaubnistatbestand des Art. 6 DS-GVO zurückgegriffen werden, wenn die Verarbeitung nicht der Aufdeckung von Straftaten oder Zwecken für die Entscheidung über die Begründung eines Beschäftigungsverhältnisses, für dessen Durchführung oder Beendigung im Sinne des Art. 26 Abs. 1 BDSG dient.[221]

III. Verarbeitung auf Grundlage einer Einwilligung, § 26 Abs. 2 BDSG

§ 26 Abs. 2 BDSG regelt die Verarbeitung von Beschäftigtendaten auf Grundlage einer Einwilligungserklärung. Nach § 26 Abs. 2 Satz 1 BDSG sind für die Beurteilung der Freiwilligkeit der Einwilligung insbesondere die im Beschäftigungsverhältnis bestehende Abhängigkeit der beschäftigten Person sowie die Umstände, unter denen die Einwilligung erteilt worden ist, zu berücksichtigen. Freiwilligkeit kann gemäß Satz 2 insbesondere vorliegen, wenn für die beschäftigte Person ein rechtlicher oder wirtschaftlicher Vorteil erreicht wird oder Arbeitgeber und beschäftigte Person gleichgelagerte Interessen verfolgen.

1. Die Einwilligung als Rechtsgrundlage im Beschäftigungsverhältnis

Aufgrund der Besonderheiten im Verhältnis Arbeitgeber – Arbeitnehmer war lange umstritten, ob der Arbeitnehmer im Rahmen eines Beschäftigungsverhältnisses überhaupt eine wirksame Einwilligungserklärung erteilen kann. Der Gesetzgeber hat dieser Unsicherheit nunmehr ein Ende bereitet und die sich im Rahmen der alten Rechtslage stellende Rechtsfrage der Zulässigkeit der Verarbeitung von Beschäftigtendaten auf Grundlage einer Einwilligungserklärung – übereinstimmend mit der höchstrichterlichen Rechtsprechung[222] sowie der

---

220 LAG Hamm, Beschl. v. 19.9.2017 – 7 TaBV 43/17 = NZA-RR 2018, 82, 84 (Einsichtsrecht in Bruttolohnlisten); sich dem LAG Hamm anschließend *Benkert*, NJW-Spezial 2018, 562, 563; *Dzida/Grau*, NZA 2017, 1515, 1518; *Kort*, NZA 2018, 1097, 1099.

221 *Byers/Wenzel*, BB 2017, 2036, 2038; *Kort*, NZA 2018, 1097, 1099; *Kramer*, NZA 2018, 637, 638; SJTK/*Thüsing/Schmidt*, DS-GVO, Art. 88 Anh. § 26 BDSG Rn. 32; *Ströbel/Böhm/Breunig/Wybitul*, CCZ 2018, 14, 19.

222 BAG, Urt. v. 11.12.2014 – 8 AZR 1010/13 = ZD 2015, 330.

herrschenden Meinung im Schrifttum[223] – bejaht.[224] In Abs. 2 des § 26 BDSG werden die Voraussetzungen formuliert, die eine Einwilligungserklärung des Beschäftigten in die Verarbeitung seiner personenbezogenen Daten für deren Wirksamkeit erfüllen muss.

Die Einwilligung ist Ausdruck der Verfügungsbefugnis des Einzelnen über seine eigenen Rechte als grundlegende Gewährleistung in einer freiheitlichen Rechtsordnung.[225] Diesem Recht der informationellen Selbstbestimmung[226] im Sinne von Art. 2 Abs. 1, Art. 1 Abs. 1 GG trägt auch Art. 8 Abs. 2 GRCh Rechnung, wonach personenbezogene Daten mit Einwilligung der betroffenen Person verarbeitet werden dürfen.[227]

Der Erwägungsgrund 155 zu Art. 88 Abs. 1 DS-GVO erlaubt insofern ausdrücklich den Erlass spezifischer Vorschriften für die Verarbeitung von Beschäftigtendaten und zwar „insbesondere Vorschriften über die Bedingungen, unter denen personenbezogene Daten im Beschäftigungskontext auf der Grundlage der Einwilligung des Beschäftigten verarbeitet werden dürfen".[228] Mit § 26 Abs. 2 BDSG hat der deutsche Gesetzgeber von seiner ihm durch Art. 88 Abs. 1 DS-GVO eingeräumten Befugnis, spezielle Vorschriften für den Beschäftigtendatenschutz zu erlassen, Gebrauch gemacht.[229] Dabei knüpft § 26 Abs. 2 BDSG an der durch die DS-GVO vorgegebenen Rechtslage an und gibt einzelne Kriterien für

---

223 *Dzida/Grau*, DB 2018, 189, 189; *Franzen*, RdA 2010, 257, 259 m.w.N.; Tschöpe/*Grimm*, Teil 6 F Rn. 103; a.A.: *Brink/Schmidt,* MMR 2010, 592, 593; *Körner,* AuR 2010, 416, 417, 419.

224 BeckOK/*Riesenhuber*, DatenschutzR, § 26 Rn. 46; *Düwell/Brink*, NZA 2017, 1081, 1084; *Dzida/Grau*, DB 2018, 189, 189.

225 Dahingehend auch BeckOK/*Riesenhuber*, DatenschutzR, § 26 Rn. 43; *Körner*, Beschäftigtendatenschutz, S. 74.

226 BeckOK/*Riesenhuber*, DatenschutzR, § 26 Rn. 43; *Brink/Schmidt*, MMR 2010, 592, 593; *Reiserer/Christ/Heinz*, DStR 2018, 1501, 1507; *Riesenhuber*, RdA 2011, 257, 264 *Wybitul/Böhm*, BB 2015, 2101, 2102.

227 Gola/Heckmann/*Schulz*, BDSG, § 46 Rn. 80, *Körner*, Beschäftigtendatenschutz, S. 74.

228 Ehmann/Selmayr/*Selk*, DS-GVO, Art. 88 Rn. 199; *Kleinebrink*, DB 2018, 1729, 1729; *Reiserer/Christ/Heinz*, DStR 2018, 1501, 1505; Thüsing/*Thüsing/Traut*, Beschäftigtendatenschutz, § 5 Rn. 18.

229 Ehmann/Selmayr/*Selk*, DS-GVO, Art. 88 Rn. 207 geht von einem Verstoß gegen die DS-GVO aus und will § 26 Abs. 2 DS-GVO daher unangewendet lassen; *Kleinebrink*, DB 2018, 1729, 1729.

die Beurteilung der Freiwilligkeit einer Einwilligungserklärung im Rahmen des Beschäftigungsverhältnisses vor.[230]

Zwar besteht im Beschäftigungsverhältnis aufgrund der Weisungsgebundenheit des Arbeitnehmers in der Regel ein Abhängigkeitsverhältnis.[231] Wegen dieser strukturellen Unterlegenheit[232] aber mangels Freiwilligkeit den grundsätzlichen Ausschluss der Einwilligungserklärung als Rechtsgrundlage für eine Datenverarbeitung im Beschäftigungsverhältnis zu fordern[233], wäre nicht nur ein Eingriff in das Grundrecht auf informationelle Selbstbestimmung[234] sowie eine Bevormundung der Beschäftigten[235], sondern würde auch gegen die Grundprinzipien der DS-GVO verstoßen.[236] Schließlich spricht für die Einwilligung als taugliche Rechtsgrundlage auch im Beschäftigungsverhältnis die Entstehungsgeschichte der DS-GVO.[237] In dem Entwurf der Kommission für die DS-GVO aus dem Jahr 2012 war in Art. 7 Nr. 4 DS-GVO die Einwilligung als Rechtsgrundlage ausdrücklich ausgeschlossen, wenn zwischen der betroffenen Person und dem für die Verarbeitung Verantwortlichen ein „erhebliches Ungleichgewicht" besteht.[238] Erwägungsgrund 34 des Kommissionsvorschlags nannte als Beispiel für ein derartiges Ungleichgewicht ausdrücklich die Datenverarbeitung des Arbeitgebers im Rahmen von Beschäftigungsverhältnissen.[239] Diese Passagen waren im Gesetzgebungsverfahren sehr umstritten und sind letztlich nicht

230 ErfK/*Franzen*, § 26 BDSG Rn. 40; Simitis/Hornung/Spiecker/*Seifert*, DS-GVO, Art. 88 Rn. 217.

231 *Brink/Schmidt*, MMR 2010, 592, 593; *Körner*, Beschäftigtendatenschutz, S. 76; *Wybitul/Böhm*, BB 2015, 2101, 2101.

232 BVerfG, Beschl. v. 23.11.2006 – 1 BvR 1909/06 = NJW 2007, 286, 287; *Körner*, Beschäftigtendatenschutz, S. 81.

233 So aber *Brink/Schmidt*, MMR 2010, 592, 593; *Hayen*, CuA 3/2016, 20, 22; ablehnend BeckOK/Riesenhuber, DatenschutzR, § 26 Rn. 46.

234 *Riesenhuber*, RdA 2011, 257, 264; *Wybitul/Böhm*, BB 2015, 2101, 2101 f.

235 *Buchner*, DuD 2010, 39, 43; *Körner*, Beschäftigtendatenschutz, S. 81; *Wybitul/Böhm*, BB 2015, 2101, 2101 f.

236 Vgl. zur Zulässigkeit der Einwilligung im Arbeitsverhältnis schon BAG, Urt. v. 11.12.2014 – 8 AZR 1010/13 = NZA 2015, 604; *Körner*, Beschäftigtendatenschutz, S. 82.

237 BT-Drs. 16/13657, S. 2 ff.; *Brink/Schmidt*, MMR 2010, 592, 593; *Franzen*, EuZA 2017, 313, 323.

238 *Franzen*, EuZA 2017, 313, 323; Gola/*Schulz*, DS-GVO, Art. 7 Rn. 49; *Körner*, Beschäftigtendatenschutz, S. 76.

239 KOM (2012) 11 endgültig, 25.1.2012, S. 25; *Franzen*, EuZA 2017, 313, 323; *Körner*, Beschäftigtendatenschutz, S. 76.

Gesetz geworden.[240] Auch hierdurch wird deutlich, dass die Einwilligung eines Arbeitnehmers in die Verarbeitung seiner personenbezogenen Daten an den durch das Gesetz vorgegebenen Kriterien zu messen ist und nicht von vornherein als nicht freiwillig gelten kann.

2. Anforderungen an eine wirksame Einwilligung

§ 26 Abs. 2 BDSG nennt die für die Beurteilung der Wirksamkeit der Einwilligungserklärung im Beschäftigungsverhältnis maßgeblichen Kriterien.

a) Freiwilligkeit

Nach § 26 Abs. 2 Satz 1 BDSG sind für die Beurteilung der Freiwilligkeit der Einwilligung insbesondere die im Beschäftigungsverhältnis bestehende Abhängigkeit der beschäftigten Person sowie die Umstände, unter denen die Einwilligung erteilt worden ist, zu berücksichtigen. Nach der Gesetzesbegründung sind dabei vor allem die Art des verarbeiteten Datums, die Eingriffstiefe sowie der Zeitpunkt der Einwilligungserklärung von Bedeutung.[241] So ist etwa die Drucksituation für den Arbeitnehmer vor Abschluss des Arbeitsvertrags in der Regel größer, sodass an die Freiwilligkeit höhere Anforderungen zu stellen sind als danach.[242]

Gemäß Satz 2 kann Freiwilligkeit insbesondere vorliegen, wenn für die beschäftigte Person ein rechtlicher oder wirtschaftlicher Vorteil erreicht wird oder Arbeitgeber und beschäftigte Person gleichgelagerte Interessen verfolgen. Beispiele für solche Vorteile sind ausweislich der Gesetzesbegründung die Einführung eines betrieblichen Gesundheitsmanagements zur Gesundheitsförderung oder die Erlaubnis zur privaten Nutzung betrieblicher IT-Systeme.[243] Als von gleichgelagerten Interessen getragen sieht die Gesetzesbegründung die Aufnahme von Name und Geburtsdatum in eine Geburtstagsliste sowie die Nutzung von Fotos für das Intranet an.[244]

---

240 *Franzen*, EuZA 2017, 313, 323; *Körner*, Beschäftigtendatenschutz, S. 77.

241 BT-Drs. 18/11325 S. 97; BeckOK/*Riesenhuber*, DatenschutzR, § 26 Rn. 47; ErfK/*Franzen*, § 26 BDSG Rn. 41; Paal/Pauly/*Gräber/Nolden*, DS-GVO/BDSG, § 26 Rn. 29.

242 BT-Drs. 18/11325 S. 97; ErfK/*Franzen*, § 26 BDSG Rn. 41; Paal/Pauly/*Gräber/Nolden*, DS-GVO/BDSG, § 26 Rn. 30.

243 BT-Drs. 18/11325 S. 97; BeckOK/*Riesenhuber*, DatenschutzR, § 26 Rn. 47; ErfK/*Franzen*, § 26 BDSG Rn. 42; Paal/Pauly/*Gräber/Nolden*, DS-GVO/BDSG, § 26 Rn. 27.

244 BT-Drs. 18/11325 S. 97; ErfK/*Franzen*, § 26 BDSG Rn. 42; Paal/Pauly/*Gräber/Nolden*, DS-GVO/BDSG, § 26 Rn. 27.

b) Form

Formelle Voraussetzung ist die schriftliche oder elektronische Erteilung, soweit nicht wegen besonderer Umstände eine andere Form angemessen ist, § 26 Abs. 2 Satz 3 BDSG. Dies dient zur Absicherung der informationellen Selbstbestimmung der Beschäftigten und konkretisiert die Nachweispflicht des Arbeitgebers im Sinne von Art. 7 Abs. 1 DS-GVO.[245]

c) Informationspflicht

Der Arbeitgeber ist darüber hinaus nach § 26 Abs. 2 Satz 4 BDSG dazu verpflichtet, den Beschäftigten in Textform über den Zweck der Datenverarbeitung sowie den jederzeit möglichen Widerruf der Einwilligungserklärung und dessen Folgen nach Art. 7 Abs. 3 DS-GVO aufzuklären.[246] Nur wenn der Beschäftigte den Zweck der Datenverarbeitung kennt, kann er die Reichweite seiner Einwilligung erkennen und damit in seinem Recht auf informationelle Selbstbestimmung geschützt werden.[247] Diese Information ist daher Voraussetzung für die Wirksamkeit einer informierten Einwilligung.[248] Ob dahingegen die fehlende Information über die Widerruflichkeit der Einwilligung zu deren Unwirksamkeit führt, wird uneinheitlich beurteilt. Für die Unwirksamkeit spricht, dass Art. 7 Abs. 3 DS-GVO, auf den § 26 Abs. 2 Satz 4 BDSG verweist, unter der Überschrift „Bedingungen für die Einwilligung" steht, ein Fehlen also die Unwirksamkeit zur Folge haben müsste.[249] In systematischer Hinsicht normiert Art. 7 Abs. 2 DS-GVO jedoch eigenständig die Folge der „Unverbindlichkeit", was ohne eigene Bedeutung wäre, wenn der Verordnungsgeber ohnehin die Unwirksamkeit der Einwilligung beim Fehlen einer der in Art. 7 DS-GVO genannten Voraussetzungen gewollt hätte.[250] Allerdings wird der verantwortliche Arbeitgeber, der den Arbeitnehmer durch das Unterlassen der Information von der Ausübung

245 BT-Drs. 18/11325 S. 97; BeckOK/*Riesenhuber*, DatenschutzR, § 26 Rn. 45; ErfK/*Franzen*, § 26 BDSG Rn. 43; Plath/*Stamer/Kuhnke*, DSGVO/BDSG, § 26 Rn. 11a; *Thüsing/Rombey*, NZA 2019, 1399, 1402.

246 Siehe dazu oben Ziffer § 3 II 1 bb); BT-Drs. 18/11325 S. 97 f.; BeckOK/*Riesenhuber*, DatenschutzR, § 26 Rn. 50; Paal/Pauly/*Gräber/Nolden*, DS-GVO, § 26 BDSG Rn. 38 f.; Plath/*Stamer/Kuhnke*, DSGVO/BDSG, § 26 Rn. 11a.

247 BeckOK/*Stemmer*, DatenschutzR, Art. 7 Rn. 55; Kramer/*Bongers*, IT-ArbR, B. Rn. 731.

248 BeckOK/*Stemmer*, DatenschutzR, Art. 7 Rn. 55; Kramer/*Bongers*, IT-ArbR, B. Rn. 731.

249 Auernhammer/*Kramer*, DS-GVO/BDSG, Art. 7 Rn. 38.

250 Ehmann/Selmayr/*Heckmann/Paschke*, DS-GVO, Art. 7 Rn. 89; Plath/*Plath*, BDSG/DS-GVO, Art. 7 Rn. 16.

seines Widerrufsrechts abhält, allein durch die Unwirksamkeit der Einwilligung effektiv sanktioniert.[251] Insbesondere auch vor dem Hintergrund des Über-/Unterordnungsverhältnisses im Beschäftigungskontext und die Fürsorgepflicht des Arbeitgebers, erscheint es interessengerecht, eine möglichst umfassende Information des Beschäftigen für die Wirksamkeit seiner Einwilligungserklärung zu verlangen, sodass die überzeugenderen Argumente für das Erfordernis der Widerrufsbelehrung in der Einwilligungserklärung für deren Wirksamkeit sprechen.

IV. Verarbeitung auf der Grundlage von Kollektivvereinbarungen, § 26 Abs. 4 BDSG

§ 26 Abs. 4 BDSG statuiert die Zulässigkeit der Verarbeitung personenbezogener Beschäftigtendaten aufgrund Kollektivvereinbarung.[252] Damit macht der nationale Gesetzgeber von der ihm in Art. 88 Abs. 1 DS-GVO eingeräumten Möglichkeit Gebrauch, spezifischere Regelungen zum Datenschutz im Beschäftigungskontext in Kollektivvereinbarungen zu treffen.[253]

1. Betriebsvereinbarungen als Erlaubnistatbestand

Nicht gänzlich unumstritten ist die Frage, ob Art. 88 Abs. 1 DS-GVO einen eigenständigen datenschutzrechtlichen Erlaubnistatbestand für Betriebsvereinbarungen enthält. Teilweise wird dies unter Verweis auf den Wortlaut des Art. 88 Abs. 1 DS-GVO, der lediglich „spezifischere" Vorschriften zulasse, verneint.[254] Nach dieser Auffassung wären Datenverarbeitungen, die auf eine Betriebsvereinbarung gestützt werden, an den allgemeinen Erlaubnistatbeständen der DS-GVO zu messen.[255] Dieser Auffassung steht aber bereits der klare Wortlaut des Art. 88 Abs. 1 DS-GVO entgegen, der eigenständige Regelungen und – ausweislich des

---

251 Auernhammer/*Kramer*, DSGVO/BDSG, § 7 Rn. 38; Simitis/Hornung/Spiecker/*Klement*, DS-GVO, Art. 7 Rn. 94 f.

252 BT-Drs. 18/11325 S. 98.

253 BT-Drs. 18/11325 S. 98; *Düwell/Brink*, NZA 2017, 1081, 1085; Paal/Pauly/*Gräber/Nolden*, DS-GVO/BDSG, § 26 Rn. 46.

254 Forgó/Helfrich/Schneider/*Hanloser*, Betrieblicher Datenschutz, Teil V Kap. 1 Rn. 9 ff.; a.A.: *Klösel/Mahnold*, NZA 2017, 1428, 1429.

255 Forgó/Helfrich/Schneider/*Hanloser*, Betrieblicher Datenschutz, Teil V Kap. 1 Rn. 9 ff.; vgl. dazu auch *Klösel/Mahnold*, NZA 2017, 1428, 1429; *Körner*, NZA 2019, 1389, 1391.

Erwägungsgrundes 155 – insbesondere Betriebsvereinbarungen zulässt.[256] Sieht man hierin keinen eigenständigen Erlaubnistatbestand, erschließt sich der Sinn und Zweck der Vorschrift nicht, weil etwaige Vereinbarungen auch ohne die Regelung des Art. 88 Abs. 1 DS-GVO an Art. 6 Abs. 1 Satz 1 lit. f) DS-GVO zu messen wären.[257] Die Entscheidung des Gesetzgebers, für den Beschäftigtendatenschutz in Art. 88 Abs. 1 DS-GVO eine besondere Ermächtigung vorzusehen, kann daher nur den Zweck haben, dadurch einen eigenständigen Erlaubnistatbestand zu begründen.[258] Für diese Ansicht streiten auch systematische Erwägungen, da auch Abs. 2 des Art. 88 DS-GVO inhaltliche Vorgaben für die nach dessen Abs. 1 errichteten „spezifischeren" Regelungen macht.[259] Diese Vorgaben wären überflüssig, wären die Betriebsvereinbarungen ohnehin an Art. 6 Abs. 1 Satz 1 lit. f) DS-GVO zu messen, der im Wesentlichen die gleichen Vorgaben enthält.[260]

Absatz 4 stellt deshalb in Umsetzung des Art. 88 Abs. 1 DS-GVO klar, dass Tarifverträge, Betriebsvereinbarungen oder Dienstvereinbarungen weiterhin die Rechtsgrundlage für Regelungen zum Beschäftigtendatenschutz bilden können.[261] Dadurch soll den Verhandlungsparteien der Kollektivvereinbarungen die Ausgestaltung eines auf die betrieblichen Bedürfnisse zugeschnittenen Beschäftigtendatenschutzes ermöglicht werden.[262]

2. Inhaltliche Anforderungen an Kollektivvereinbarungen

Die inhaltlichen Anforderungen an Kollektivvereinbarungen richten sich dabei nach Art. 88 Abs. 2 DS-GVO, vgl. § 26 Abs. 4 Satz 2 BDSG.[263] Im deutschen

---

256 *Düwell/Brink*, NZA 2016, 665, 666 f.; *Klösel/Mahnold*, NZA 2017, 1428, 1429; *Körner*, NZA 2019, 1389, 1389; *Schrey/Kielkowski*, BB 2018, 629, 631.

257 *Klösel/Mahnold*, NZA 2017, 1428, 1429; *Körner*, NZA 2019, 1389, 1391.

258 *Klösel/Mahnold*, NZA 2017, 1428, 1429; *Körner*, NZA 2019, 1389, 1391; dahingehend auch *Schrey/Kielkowski*, BB 2018, 629, 631.

259 *Klösel/Mahnold*, NZA 2017, 1428, 1429; *Körner*, NZA 2019, 1389, 1391; *Schrey/Kielkowski*, BB 2018, 629, 631.

260 Dahingehend auch BeckOK/*Riesenhuber*, DatenschutzR, Art. 88 Rn. 71 („weitgehend obsolet"); *Klösel/Mahnold*, NZA 2017, 1428, 1429; dagegen *Körner*, NZA 2016, 1383, 1383, nach deren Auffassung die Anforderungen des Abs. 2 „nichtsdestoweniger" bestehen.

261 BT-Drs. 18/11325 S. 98; *Wybitul*, NZA 2017, 413, 417; wohl auch *Benkert*, NJW-Spezial 2017, 242, 243.

262 BT-Drs. 18/11325 S. 98.

263 BT-Drs. 18/11325 S. 98; *Maschmann*, NZA-Beilage 2018, 115, 116; *Wybitul*, NZA 2017, 413, 417.

Recht entspricht diesen Vorgaben § 75 Abs. 2 Satz 1 BetrVG, wonach Arbeitgeber und Betriebsrat die freie Entfaltung der Persönlichkeit der im Betrieb beschäftigten Arbeitnehmer zu schützen und zu fördern haben.[264] Zwar kann das Persönlichkeitsrecht durch Betriebsvereinbarung beschränkt werden[265], diese Beschränkung muss allerdings durch schutzwürdige Interessen anderer Grundrechtsträger gerechtfertigt sein.[266] Erforderlich ist somit eine Güterabwägung zwischen den schutzwürdigen Interessen des Arbeitgebers und den Persönlichkeitsrechten des Beschäftigten.[267]

3. Über- oder Unterschreitung des Schutzniveaus der DS-GVO

Die sich auch in Bezug auf kollektivrechtliche Regelungen stellende Frage nach der Möglichkeit des Über- oder Unterschreitens des Schutzniveaus der DS-GVO lässt sich in gleicher Weise beantworten wie oben bereits zu der parallelen Fragestellung im Hinblick auf nationale Gesetzgebung ausführlich dargestellt[268], sodass eine Erhöhung des Schutzniveaus zu Gunsten der Beschäftigten zulässig, eine Unterschreitung desselben hingegen nicht möglich ist. Aufgrund des Vorranges der DS-GVO steht die Unterschreitung deren Schutzniveaus weder zur Disposition des nationalen Gesetzgebers noch der Parteien von Kollektivvereinbarungen.[269]

V. Ergreifen geeigneter Maßnahmen zwecks Einhaltung allgemeiner Grundsätze, § 26 Abs. 5 BDSG

Nach § 26 Abs. 5 BDSG ist der Verantwortliche verpflichtet, geeignete Maßnahmen zu ergreifen, um die Einhaltung der in Art. 5 DS-GVO dargelegten

---

264 *Maschmann*, NZA-Beilage 2018, 115, 116; ähnlich *Wuerzberger*, ZD 2017, 258, 259 und *Wybitul*, ZD 2016, 203, 207.

265 BAG, Urt. v. 21.8.1990 – 1 AZR 567/89 = NZA 1991, 154, 156; BAG, Urt. v. 19.1.1999 – 1 AZR 499/98 = NZA 1999, 546, 548; BAG, Beschl. v. 29.6.2004 – 1 ABR 21/03 = NJW 2005, 313, 314; BAG, Beschl. v. 9.7.2013 – 1 ABR 2/13 (A) = NZA 2013, 1433, 1435; *Maschmann*, NZA-Beilage 2018, 115, 116.

266 BAG, Urt. v. 25.9.2013 – 10 AZR 270/12 = ZD 2014, 154, 159; *Kort*, ZD 2016, 3, 6; *Maschmann*, NZA-Beilage 2018, 115, 116.

267 BAG, Urt. v. 27.3.2003 – 2 AZR 51/02 = NZA 2003, 1193, 1194 f.; *Kort*, ZD 2016, 3, 6; *Maschmann*, NZA-Beilage 2018, 115, 116.

268 Vgl. Ziffer § 4 I 3 und 4.

269 Gola/Heckmann/*Gola*, BDSG, § 26 Rn. 168; Paal/Pauly/*Gräber/Nolden*, DS-GVO/BDSG, § 26 Rn. 49.

Grundsätze für die Verarbeitung personenbezogener Daten sicherzustellen.[270] Absatz 5 ist primär klarstellend dahingehend zu verstehen, dass die Prinzipien der DS-GVO auch im Beschäftigtendatenschutz anzuwenden sind.[271]

VI. Beteiligungsrechte von Interessenvertretungen der Beschäftigten, § 26 Abs. 6 BDSG

Nach § 26 Abs. 6 BDSG bleiben die Beteiligungsrechte der Interessenvertretungen der Beschäftigten unberührt. Die Vorschrift entspricht damit dem Regelungsgehalt des § 32 Abs. 3 BDSG a.F. und hat ebenso wie die Altregelung klarstellende Funktion.[272]

Im Rahmen der Beschäftigtenkontrolle zum Zwecke der Einhaltung der Vorschriften der DS-GVO kommt das sich aus § 87 Abs. 1 Nr. 6 Betriebsverfassungsgesetz (BetrVG) ergebende Recht des Betriebsrats in Betracht, über die Einführung und Anwendung von technischen Einrichtungen, die dazu bestimmt sind, das Verhalten oder die Leistung der Arbeitnehmer zu überwachen, mitzubestimmen. Das BAG legt die Vorschrift in ständiger Rechtsprechung weit aus.[273] Danach reicht es aus, wenn die bloße Möglichkeit besteht, mit den technischen Einrichtungen das Verhalten oder die Leistung von Arbeitnehmern zu überwachen, ohne dass es auf die tatsächliche Überwachung ankommt.[274]

---

270 BT-Drs. 18/11325, S. 98; BeckOK/*Riesenhuber*, DatenschutzR, § 26 Rn. 58; Gola/Heckmann/*Gola*, BDSG, § 26 Rn. 170; *Lachenmann*, ZD 2017, 407, 411; so aber BeckOK/*Riesenhuber*, DatenschutzR, § 26 Rn. 54 („Betriebs- oder Dienstvereinbarungen „sollen den Verhandlungsparteien der Kollektivvereinbarungen die Ausgestaltung eines auf die betrieblichen Bedürfnisse zugeschnittenen Beschäftigtendatenschutzes ermöglichen." (BT-Drs. 18/11325, 98). Das bedeutet zugleich, dass Tarifvertrag und Betriebsvereinbarung selbständige Regelungen des Datenschutzes enthalten können und nicht an den Interessenausgleich von DS-GVO und BDSG gebunden sind; sie können davon auch zum Nachteil des Beschäftigten abweichen.

271 BeckOK/*Riesenhuber*, DatenschutzR, § 26 Rn. 58; *Düwell/Brink*, NZA 2017, 1081, 1085; Paal/Pauly/*Gräber/Nolden*, DS-GVO/BDSG, § 26 Rn. 50; *Wybitul*, NZA 2017, 413, 418.

272 BT-Drs. 18/11325 S. 98; BeckOK/*Riesenhuber*, DatenschutzR, § 26 Rn. 201; Paal/Pauly/*Gräber/Nolden*, DS-GVO/BDSG, § 26 Rn. 52.

273 Vgl. nur BAG, Urt. v. 10.12.2013 – 1 ABR 43/12 = NZA 2014, 439, 440; BAG, Urt. v. 13.12.2016 – 1 ABR 7/15 = NZA 2017, 657, 659; *Kort*, ZD 2016, 3, 5.

274 *Hitzelberger-Kijima*, öAT 2017, 136, 137; *Kort*, ZD 2016, 3, 5; Kramer/*Raif*, IT-ArbR, C. Rn. 200.

VII. Verhältnis von BDSG und Telekommunikationsgesetz (TKG)

Die Anwendbarkeit des § 26 BDSG ist für solche Überwachungsmaßnahmen umstritten, die den Zugriff des Arbeitgebers auf das betriebliche E-Mail-Postfach der Beschäftigten erfordern. Wie bereits dargestellt[275] gehen andere Rechtsvorschriften des Bundes über den Datenschutz dem BDSG vor, es sei denn sie regeln einen Sachverhalt, den das BDSG regelt, nicht oder nicht abschließend, dann findet wiederum das BDSG Anwendung, vgl. § 1 Abs. 2 Satz 1 und 2 BDSG.

1. §§ 88, 91 TKG[276] vorrangig gegenüber § 26 BDSG?

Als vorrangige Vorschriften kommen insofern die §§ 88, 91 ff. TKG in Betracht.[277] Nach § 88 Abs. 2 Satz 1 TKG ist zur Wahrung des Fernmeldegeheimnisses jeder Diensteanbieter verpflichtet. Der Begriff des Diensteanbieters ist in § 3 Nr. 6 TKG legaldefiniert. „Diensteanbieter" ist danach jeder, der ganz oder teilweise geschäftsmäßig Telekommunikationsdienste erbringt oder an der Erbringung solcher Dienste mitwirkt. Die §§ 91 ff. TKG dienen dem Schutz personenbezogener Daten der Teilnehmer und Nutzer von Telekommunikation bei der Erhebung und Verwendung dieser Daten durch Unternehmen und Personen, die geschäftsmäßig Telekommunikationsdienste erbringen oder an deren Erbringung mitwirken. „Telekommunikationsdienste" werden in § 3 Nr. 24 TKG als in der Regel gegen Entgelt erbrachte Dienste legaldefiniert, die ganz oder überwiegend in der Übertragung von Signalen über Telekommunikationsnetze bestehen. Geschäftsmäßig werden diese Dienste nach § 3 Nr. 10 TKG erbracht, wenn Dritten Telekommunikation nachhaltig angeboten wird und zwar mit oder ohne Gewinnerzielungsabsicht.

2. Abgrenzung zwischen dienstlicher und privater Nutzung

Für die Prüfung der Anwendbarkeit dieser Normen wird im Folgenden zwischen verbotener, erlaubter und geduldeter Privatnutzung für Beschäftigte der Telekommunikationsdienste des Arbeitgebers differenziert. Dabei ist von einer dienstlichen Nutzung auszugehen, wenn ein Bezug zu dienstlichen Aufgaben besteht, wobei nicht der tatsächliche Nutzen, sondern die Intention des

---

275 Vgl. oben Ziffer § 5 I 1.

276 Durch § 3 TTDSG ist keine rechtliche Änderung eingetreten.

277 Geppert/Schütz/*Braun*, TKG, § 91 Rn. 7; Thüsing/*Thüsing*, Beschäftigtendatenschutz, § 3 Rn. 57.

Beschäftigten, seine dienstliche Tätigkeit zu fördern, maßgeblich ist.[278] Sämtliche Nutzungen ohne dienstlichen Bezug sind als privat zu bewerten.[279]

3. Anwendbarkeit des TKG bei verbotener Privatnutzung

Ist die private Nutzung der betrieblichen E-Mail-Dienste nicht gestattet, herrscht nahezu Einigkeit über die Nichtanwendbarkeit des TKG.[280] Als Begründung wird hauptsächlich das Merkmal des „Dritten" als Voraussetzung für die geschäftsmäßige Erbringung von Telekommunikationsdiensten angeführt: nutzt der Beschäftigte die Telekommunikationseinrichtungen ausschließlich dienstlich, stehe es ihm gerade nicht frei, ein „Angebot" anzunehmen oder abzulehnen, sondern er sei vielmehr aufgrund seines arbeitsrechtlichen Weisungsverhältnisses zur Nutzung zu dienstlichen Zwecken verpflichtet.[281]

4. Anwendbarkeit des TKG bei Duldung der Privatnutzung

Umstritten hingegen ist der Vorrang des TKG vor dem BDSG, wenn keine Abreden zur Privatnutzung der IT getroffen wurden, diese tatsächlich aber geduldet wird.

a) Gleichsetzung von Duldung und Erlaubnis

Diesem Streit ist die Frage vorgelagert, ob die Duldung der Erlaubnis gleichzusetzen ist.[282] Bejaht man dies, so wäre die Folgefrage, ob das TKG bei erlaubter

---

278 *Dickmann*, NZA 2003, 1009, 1009 f.; *Ernst*, NZA 2002, 585, 588; *Preuß*, Kontrolle von E-Mails, S. 83.

279 *Dickmann*, NZA 2003, 1009, 1010; ausführlich *Preuß*, Kontrolle von E-Mails, S. 84 ff.

280 *Beckschulze*, DB 2003, 2777, 2780; *Ernst*, NZA 2002, 585, 588; *Gola*, MMR 1999, 322, 323 ff.; *Hassemer/Witzel*, ITRB 2006, 139, 141; *Kömpf/Kunz*, NZA 2007, 1341, 1344; *Lindemann/Simon*, BB 2001, 1950, 1951; *Mengel*, BB 2004, 2014, 2016; *Schild/Tinnefeld*, DuD 2009, 469, 472; Thüsing/*Thüsing*, Beschäftigtendatenschutz, § 3 Rn. 64; a.A.: *Bizer*, DuD 2001, 618, 618; *Heilmann/Tege*, AuA 2001, 52, 56; *Kieper*, DuD 1998, 583, 585.

281 *Däubler*, Gläserne Belegschaften, Rn. 337 f.; *Ernst*, NZA 2002, 585, 588; *Gola*, MMR 1999, 322, 323; ähnlich *Hanau/Hoeren*, Private Internetnutzung durch Arbeitnehmer, S. 40 f.; *Lindemann/Simon*, BB 2001, 1950, 1951; Thüsing/*Thüsing*, Beschäftigtendatenschutz, § 3 Rn. 64.

282 Zur Gleichsetzung von Duldung und Erlaubnis *Barton*, NZA 2006, 460, 460 f.; *Beckschulze/Henkel*, DB 2001, 1491, 1492; *Däubler*, Internet und Arbeitsrecht, 2. Auflage Rn. 185; *Fleischmann*, NZA 2008, 1397, 1397; *Veit*, NZWiSt 2015, 334, 335.

Privatnutzung anwendbar wäre.[283] Käme man hingegen zu dem Ergebnis, eine Duldung könne nicht mit einer Erlaubnis gleichgesetzt werden, so wäre das TKG nicht anwendbar.[284]

aa) Die Duldung der Privatnutzung als betriebliche Übung

Maßgeblich dafür, ob eine Duldung der Erlaubnis gleichzusetzen ist, ist die Frage, ob die Duldung geeignet ist, eine betriebliche Übung zu begründen.

Eine betriebliche Übung ist ein gleichförmiges und wiederholtes Verhalten des Arbeitgebers, das den Inhalt der Arbeitsverhältnisse gestaltet und geeignet ist, vertragliche Ansprüche auf Leistung zu begründen, wenn die Arbeitnehmer aus dem Verhalten des Arbeitgebers schließen durften, ihnen werde die Leistung auch künftig gewährt.[285] Liegt eine solche vor, entsteht eine schuldrechtliche Verpflichtung auf Gewährung der zugesicherten Leistung.[286]

bb) Privatnutzung trotz ausdrücklichen Verbots

Nach dieser Definition kann eine betriebliche Übung jedenfalls dann nicht entstehen, wenn die private Nutzung der IT ausdrücklich verboten ist.[287] Dies gilt nach – soweit ersichtlich – einhelliger Meinung auch dann, wenn die dennoch stattfindende Privatnutzung nicht unterbunden oder geahndet wird.[288] Die bloße Nichtsanktionierung des Verstoßes gegen arbeitsvertragliche Pflichten

---

283 Siehe dazu sogleich Ziffer § 5 VII 5.

284 Vgl. soeben Ziffer § 5 VII 4; gegen Anwendbarkeit des TKG bei Duldung: VG Karlsruhe, Urt. v. 25.5.2013 – 2 K 3249/12 = NVwZ-RR 2013, 797, 801; *Fülbier/Splittgerber*, NJW 2012, 1995, 1998; *Koch*, NZA 2008, 911, 912 f.; *Kreß*, Criminal Compliance, S. 186 f.; *Mengel*, BB 2004, 2014, 2015; Plath/*Stamer/Kuhnke*, DSGVO/BDSG, § 32 Rn. 92 f.; *Schmidt*, BB 2009, 1295, 1297; Thüsing/*Thüsing*, Beschäftigtendatenschutz, § 3 Rn. 66 ff.; *Veit*, NZWiSt 2015, 334, 335 f.

285 Ständige Rspr. vgl. nur BAG, Urt. v. 19.8.2008 – 3 AZR 194/07 = NZA 2009, 196, 198 m.w.N.; Plath/*Stamer/Kuhnke*, DSGVO/BDSG, § 32 Rn. 90.

286 BAG, Urt. v. 18.3.2009 – 10 AZR 281/08 = NJW 2009, 2475, 2476; *Preuß*, Kontrolle von E-Mails, S. 114.

287 Kramer/*Wenzel*, IT-ArbR, B. Rn. 155; Plath/*Stamer/Kuhnke*, DSGVO/BDSG, § 32 Rn. 90; Thüsing/*Thüsing*, Beschäftigtendatenschutz und Compliance, § 3 Rn. 68.

288 VG Karlsruhe, Urt. v. 27.5.2013 – 2 K 3249/12 = NVwZ-RR 2013, 797, 801; *Fülbier/Splittgerber*, NJW 2012, 1995, 1998; Plath/*Stamer/Kuhnke*, DSGVO/BDSG, § 32 Rn. 90; *Waltermann*, NZA 2007, 529, 530 ff.

kann nicht zu einer schützenswerten Annahme des Beschäftigten führen, dass die private Nutzung künftig erlaubt sei.[289]

cc) Keine ausdrückliche Regelung zur Privatnutzung

Das Entstehen einer betrieblichen Übung ist aber für die Fälle zu prüfen, in denen keine ausdrückliche Regelung zur Privatnutzung der IT getroffen wurde, eine solche aber seitens des Arbeitgebers geduldet wird.

(1) Argumente für das Entstehen einer betrieblichen Übung

Die Ansicht, welche die Möglichkeit der Entstehung einer betrieblichen Übung bejaht[290], konstituiert als Voraussetzung hierfür die vorbehaltlose Duldung des Arbeitgebers über einen gewissen Zeitraum sowie das berechtigte Vertrauen des Arbeitnehmers darauf, dass sich daran auch künftig nichts ändern werde.[291] Als Argument für diese Ansicht wird vorgebracht, alle Arbeitsbedingungen, die vertraglich vereinbart werden könnten – wie etwa die Gestattung der Privatnutzung –, könnten nach der Rechtsprechung auch Gegenstand einer betrieblichen Übung sein.[292] Der Mindestzeitraum, ab dem eine betriebliche Übung angenommen werden kann, wird dabei unterschiedlich bemessen und reicht von sechs Monaten bis zu einem Jahr.[293]

---

289 Plath/*Stamer/Kuhnke*, DSGVO/BDSG, § 32 Rn. 90; Thüsing/*Thüsing*, Beschäftigtendatenschutz, § 3 Rn. 66.

290 *Barton*, NZA 2006, 460, 460 f.; *Beckschulze/Henkel*, DB 2001, 1491, 1492; *Bier*, DuD 2004, 277, 278; *Brink*, ZD 2015, 295, 297; *Fleischmann*, NZA 2008, 1397, 1397; *Kramer*, NZA 2004, 457, 459; *Preuß*, Kontrolle von E-Mails, S. 116 m.w.N.

291 *Barton*, NZA 2006, 460, 461; *Kramer*, NZA 2004, 457, 459; *Preuß*, Kontrolle von E-Mails, S. 116.

292 BAG, Urt. v. 21.1.1997 – 1 AZR 572/96 = NZA 1997, 1009, 1012; *Fleischmann*, NZA 2008, 1397, 1397; *Preuß*, Kontrolle von E-Mails, S. 116; Schaub ArbR-Hdb./*Ahrendt*, § 110 Rn. 9.

293 Vgl. *Preuß*, Kontrolle von E-Mails, S. 117; für die Entstehung ab einem halben Jahr der Duldung: *Ernst*, NZA 2002, 585, 586; *Rath/Karner*, K&R 2007, 446, 449; *Ueckert*, ITRB 2003, 158, 158; für die Entstehung ab einem halben Jahr bis ein Jahr der Duldung: *Beckschulze/Henkel*, DB 2001, 1491, 1492; *Däubler*, Internet und Arbeitsrecht, 2. Auflage, Rn. 185; *ders.* K&R 2000, 323, 325; *Dickmann*, NZA 2003, 1009, 1010; für die Entstehung ab einem Jahr der Duldung: *Kramer*, NZA 2004, 457, 459.

(2) Argumente gegen das Entstehen einer betrieblichen Übung

Bereits in dieser unterschiedlichen Bemessung des für die Annahme einer betrieblichen Übung maßgeblichen Zeitraums zeigt sich die erste Schwäche dieser Ansicht. Denn unstreitig bedarf es zum Entstehen des schuldrechtlichen Gewährungsanspruchs der Kenntnis des Arbeitgebers.[294] Wann aber liegt diese vor und auf was muss sie sich beziehen? So ist fraglich, ob die Kenntnis einer einmaligen privaten Nutzung genügt oder ob eine solche dem Arbeitgeber mehrmals zur Kenntnis gelangt sein muss.[295] Die Grenze und damit die Entstehung der schuldrechtlichen Verpflichtung auf Gewährung der zugesicherten Leistung bleibt unklar. Dies wird noch durch den Umstand verstärkt, dass kein aktives Tun des Unternehmens auf den Entstehungszeitpunkt schließen lässt, weil es sich um schlicht duldendes Verhalten handelt, welches keine abgrenzbare Leistung darstellt.[296] Im Hinblick auf die Gewährung eines rechtlich durchsetzbaren Anspruchs durch die Einordnung der geduldeten Privatnutzung als betriebliche Übung erscheint es problematisch, den Entstehungszeitpunkt dieses Anspruchs nicht determinieren zu können.[297] Auch erscheint es schwierig, dem bloßen Dulden des Arbeitgebers einen Erklärungswert beizumessen, obwohl ausschließlich der Arbeitnehmer Art, Zeitpunkt, Dauer und Umfang der Nutzung bestimmt.[298]

Weiter ist zu beachten, dass der die IT privat nutzende Beschäftigte gegen seine arbeitsvertragliche Hauptleistungspflicht verstößt, nämlich die Erbringung der Arbeitsleistung.[299] Eine derartige Billigung von Vertragsverstößen wurde in der Rechtsprechung bislang nicht als Gegenstand einer betrieblichen Übung anerkannt.[300]

---

294 *Beckschulze*, DB 2007, 1526, 1527; Plath/*Stamer/Kuhnke*, DSGVO/BDSG, § 32 Rn. 94; *Preuß*, Kontrolle von E-Mails, S. 122.

295 *Fülbier/Splittgerber*, NJW 2012, 1995, 1998; *Preuß*, Kontrolle von E-Mails, S. 121.

296 BeckOK/*Riesenhuber*, DatenschutzR, § 26 Rn. 170; *Fülbier/Splittgerber*, NJW 2012, 1995, 1998; dahingehend auch Thüsing/*Thüsing*, Beschäftigtendatenschutz, § 3 Rn. 65.

297 *Barton*, NZA 2006, 460, 461; ähnlich Plath/*Stamer/Kuhnke*, DSGVO/BDSG, § 32 Rn. 91.

298 *Bertram*, GWR 2012, 388, 392; *Bloesinger*, BB 2007, 2177, 2179 f.; *Kania/Ruch*, ArbRB 2010, 352 f.; *Preuß*, Kontrolle von E-Mails, S. 121; Schaub ArbR-Hdb./*Ahrendt*, § 110 Rn. 14.

299 *Kort*, MMR 2011, 294, 295; Thüsing/*Thüsing*, Beschäftigtendatenschutz, § 3 Rn. 69; *Waltermann*, NZA 2007, 529, 531.

300 *Preuß*, Kontrolle von E-Mails, S. 121; Thüsing/*Thüsing*, Beschäftigtendatenschutz, § 3 Rn. 69; *Waltermann*, NZA 2007, 529, 531.

Gegen die Annahme einer durch Duldung der Privatnutzung begründeten betrieblichen Übung spricht zudem, dass das BAG eine Bindung des Arbeitgebers, wie sie Voraussetzung für das Bejahen einer betrieblichen Übung ist, verneint, wenn es um bloße Annehmlichkeiten geht.[301] Annehmlichkeiten sind dabei Leistungen in geringer Höhe, bezüglich deren Gewährung der Beschäftigte kein schützenwertes Vertrauen hat.[302] Im Gegensatz zu einer derartigen Gefälligkeit, wie sie auch die Privatnutzung der IT darstellt, sind Leistungen, die eine betriebliche Übung begründen, in der Regel prägend für den Lebensstandard und geeignet, den Beschäftigten zu längerfristigen Dispositionen zu veranlassen.[303]

b) Ergebnis

Im Ergebnis sprechen damit die überzeugenderen Argumente für die Ansicht, welche die Entstehung einer betrieblichen Übung durch Duldung und damit eine Gleichsetzung von Duldung und Erlaubnis verneint. Auch die Rechtsprechung lässt erkennen, dass auch diese der hier vertretenen Meinung folgt. So führte das VG Karlsruhe[304] aus, eine Erlaubnis der privaten Nutzung könne durch bloß passives Verhalten, also allein durch die Duldung privater Nutzung, nicht entstehen. Das TKG ist damit nach hiesiger Auffassung bei Duldung der privaten Nutzung von Telekommunikationsmitteln nicht anwendbar, sodass sich die Zulässigkeit der Kontrolle allein nach datenschutzrechtlichen Vorschriften richtet.

5. Anwendbarkeit des TKG bei erlaubter Privatnutzung

Höchst umstritten ist die Anwendbarkeit der Vorschriften des TKG, wenn Angestellten die private Nutzung der Telekommunikationseinrichtungen ausdrücklich gestattet ist. Nach der bislang zum Teil als herrschend bezeichneten Ansicht

---

301 BAG, Urt. v. 17.9.1970 – 5 AZR 539/69 = NJW 1971, 163, 164; BAG Urt. v. 12.1.1994 – 5 AZR 41/93 = NZA 1994, 694, 695; BAG, Urt. v. 16.4.1997 – 10 AZR 705/96 = NZA 1998, 423, 424; *Preuß*, Kontrolle von E-Mails, S. 120; Thüsing/*Thüsing*, Beschäftigtendatenschutz, § 3 Rn. 71.

302 Vgl. dazu BAG, Urt. v. 16.4.1997 – 10 AZR 705/96 = NZA 1998, 423, 424 („eine kleine Freude"); ErfK/*Preis*, § 611a BGB Rn. 222; *Preuß*, Kontrolle von E-Mails, S. 120.

303 *Bepler*, RdA 2004, 226, 237; *Kania/Ruch*, ArbRB 2010, 352, 353; *Preuß*, Kontrolle von E-Mails, S. 120; ähnlich Thüsing/*Thüsing*, Beschäftigtendatenschutz, § 3 Rn. 71; *Waltermann*, NZA 2007, 529, 531.

304 VG Karlsruhe, Urt. v. 27.5.2013 – 2 K 3249/12 = NVwZ-RR 2013, 797, 801.

ist das TKG bei erlaubter Privatnutzung anwendbar.[305] In der Folge hätte der Arbeitgeber das Fernmeldegeheimnis nach § 88 Abs. 3 Satz 1 TKG zu beachten, dessen Missachtung strafrechtliche Folgen nach § 206 StGB auslösen kann. Eine sich im Vordringen befindliche und in den letzten Jahren durch Rechtsprechung gestützte Auffassung hält das TKG auch bei Gestattung der privaten Nutzung für nicht einschlägig.[306] Die Beurteilung der Rechtmäßigkeit der Kontrolle von E-Mails würde sich sodann ausschließlich nach datenschutzrechtlichen Vorschriften richten.

a) Rechtsprechung

Bislang haben sich nur wenige Gerichte mit der Anwendbarkeit des TKG bei erlaubter privater Nutzung der Telekommunikationsdienste durch Beschäftigte befasst. Diejenigen Entscheidungen, die zu diesem Themengebiet ergangen sind, lassen allerdings die eindeutige Tendenz erkennen, Unternehmen, die eine private Nutzung der Dienste erlauben, nicht als Diensteanbieter im Sinne des TKG zu qualifizieren, gleichwohl höchstrichterliche Rechtsprechung hierzu noch immer fehlt.

aa) OLG Karlsruhe

Zwar hat das OLG Karlsruhe[307] eine Universität, die sowohl Beschäftigten als auch Externen die private E-Mail- und Internetnutzung erlaubt, als Diensteanbieterin im Sinne des TKG angesehen.[308] Soweit dieser Beschluss jedoch für die Position

---

305 *Brink/Schwab*, ArbRAktuell 2018, 111, 112; *von Brühl/Sepperer*, ZD 2015, 415, 418; *Däubler*, NZA 2017, 1481, 1486; *Hassemer/Witzel*, ITRB 2006, 139, 141; *Kömpf/Kunz*, NZA 2007, 1341, 1345; *Lindemann/Simon*, BB 2001, 1950, 1953; MAH ArbR/*Dendorfer-Ditges*, § 35 Rn. 208; *Maschmann*, NZA-Beilage 2018, 115, 122; *Mengel*, NZA 2017, 1494, 1496; *Vietmeyer/Byers*, MMR 2010, 807, 808; *de Wolf*, NZA 2010, 1206, 1208; Datenschutzkonferenz (DSK), Orientierungshilfe der Datenschutzaufsichtsbehörden zur datenschutzgerechten Nutzung von E-Mail und anderen Internetdiensten am Arbeitsplatz, Januar 2016, abrufbar unter: https://www.baden-wuerttemberg.datenschutz.de/wp-content/uploads/2016/02/OH_E-Mail_Internet_Arbeitsplatz.pdf (zuletzt abgerufen am 04.08.2022).

306 *Behling*, BB 2018, 52, 54; wohl auch *Byers*, SPA 2016, 173, 174; *Fülbier/Splittgerber*, NJW 2012, 1995, 1999; *Müller*, öAT 2019, 1, 2; *Scheben/Klos*, CCZ 2013, 88, 90 f.; Thüsing/*Thüsing*, Beschäftigtendatenschutz, § 3 Rn. 74 ff.; *Veit*, NZWiSt 2015, 334, 335 f.; *Wybitul/Böhm*, CCZ 2015, 133, 134.

307 OLG Karlsruhe, Beschl. v. 10.1.2005 – 1 Ws 152/04 = MMR 2005, 178.

308 *Preuß*, Kontrolle von E-Mails, S. 90; Thüsing/*Thüsing*, Beschäftigtendatenschutz, § 3 Rn. 77.

derjenigen herangezogen wird, die Unternehmen als geschäftsmäßige Erbringer telekommunikativer Dienstleistungen ansehen, sobald sie ihren Beschäftigten die private Nutzung solcher Dienste erlauben, ist dies unzutreffend.[309] Denn der dieser Entscheidung zugrundeliegende Sachverhalt ist mit dem hier gegenständlichen nicht vergleichbar.[310] Zu der in Streit stehenden Frage, ob die Gewährung der privaten Nutzung von Telekommunikationsmitteln durch Beschäftigte – und zwar nur durch solche – zu einer Einordnung des Arbeitgebers als Diensteanbieter führt, hat sich das OLG gerade nicht geäußert.[311]

bb) LAG Berlin-Brandenburg

Das LAG Berlin-Brandenburg[312] bestätigte die vorinstanzliche Entscheidung des ArbG Berlin[313], welches einen Unterschied zwischen einem die Privatnutzung gestattenden Unternehmen zu einem Diensteanbieter im Sinne von § 3 Nr. 6 TKG angenommen hatte, weil dieses anders als jene alleine schon aus Wettbewerbsgründen ein erhebliches Eigeninteresse an der Datensicherheit habe.

cc) LAG Niedersachsen

Auch das LAG Niedersachsen[314] verneinte die Diensteanbietereigenschaft im Sinne des TKG für einen Arbeitgeber, der die Privatnutzung gestattete, allerdings ohne dies zu begründen.

dd) LAG Hessen

Das LAG Hessen[315] hat im Rahmen eines Kündigungsstreits dahinstehen lassen, ob die private Nutzung gestattet war. Daraus kann geschlossen werden, dass auch das LAG Hessen der Einordnung des die Privatnutzung gestattenden Arbeitgebers als geschäftsmäßigen Erbringer von Telekommunikationsdienstleistungen ablehnend gegenübersteht.[316] Denn andernfalls hätte es sich mit einem Verstoß

---

309 So aber *Hassemer/Witzel*, ITRB 2006, 139, 141; Thüsing/*Thüsing*, Beschäftigtendatenschutz, § 3 Rn. 77.

310 Thüsing/*Thüsing*, Beschäftigtendatenschutz, § 3 Rn. 76.

311 Thüsing/*Thüsing*, Beschäftigtendatenschutz, § 3 Rn. 76.

312 LAG Berlin-Brandenburg, Urt. v. 16.2.2011 – 4 Sa2132/10 = NZA-RR 2011, 342.

313 ArbG Berlin, Urt. v. 17.8.2010 – 36 Ca 235/10 = BeckRS 2011, 70280.

314 LAG Niedersachsen, Urt. v. 31.5.2010 – 12 Sa 875/09 = NZA-RR 2010, 406.

315 LAG Hessen, Urt. v. 5.8.2013 – 7 Sa 1060/10 = ZD 2014, 377.

316 *Preuß*, Kontrolle von E-Mails, S. 92 f.; *Wybitul*, NJW 2014, 3605, 3609.

gegen § 206 StGB und einem sich daraus möglicherweise ergebenden Beweisverwertungsverbot befassen müssen.[317]

ee) VGH Mannheim

Der VGH Mannheim[318] hat ein Urteil des VG Karlsruhe[319] (Fall Mappus) bestätigt. Dieses hatte – obwohl nicht entscheidungserheblich – ausgeführt, selbst bei Annahme einer erlaubten privaten Nutzung stehe der Gesetzeszweck des Telekommunikationsgesetzes einer Heranziehung des § 88 TKG entgegen. § 1 TKG bringe zum Ausdruck, dass es sich um ein Gesetz zur Förderung des privaten Wettbewerbs im Bereich der Telekommunikation handele, dass also auf die Rechtsbeziehungen zwischen dem Staat und den Telekommunikationsanbietern sowie diejenigen zwischen den Telekommunikationsanbietern untereinander abgezielt werde. Sinn und Zweck des Gesetzes sei es hingegen nicht, die unternehmens- bzw. behördeninternen Rechtsbeziehungen – etwa zwischen Arbeitgeber und Arbeitnehmer – zu regeln.

ff) LAG Berlin-Brandenburg

Das LAG Berlin Brandenburg[320] unterstellte in seiner Entscheidung zugunsten des Klägers die Erlaubnis der privaten Nutzung und führte aus, der Arbeitgeber, der seinen Arbeitnehmern auch die private Nutzung dienstlicher Telekommunikationseinrichtungen gestatte, sei kein Diensteanbieter im Sinne des TKG, da kein geschäftsmäßiges Erbringen von Telekommunikationsdienstleistungen im Sinne des § 3 Nr. 6 und 10 TKG vorliege, wenn der Arbeitgeber seinen Arbeitnehmern die private Nutzung der Dienstrechner gestattet. § 3 Nr. 10 TKG setze voraus, dass das Angebot von Telekommunikation an außerhalb der Sphäre des Diensteanbieters liegende Dritte gerichtet ist. Arbeitnehmer des Arbeitgebers seien nicht außerhalb seiner Sphäre stehende Dritte in diesem Sinne.

gg) LAG Hessen

Nachfolgend zu einer Entscheidung des ArbG Frankfurt a. M.[321] befasste sich das LAG Hessen[322] mit einem Sachverhalt, der wohl die erlaubte, jedenfalls aber die

---

317 *Preuß*, Kontrolle von E-Mails, S. 92 f.; *Wybitul*, NJW 2014, 3605, 3609.
318 VGH Mannheim, Urt. v. 30.7.2014 – 1 S 1352/13 = ZD 2014, 579.
319 VG Karlsruhe, Urt. v. 27.5.2013 – 2 K 3249/12 = NVwZ-RR 2013, 797.
320 LAG Berlin-Brandenburg, Urt. v. 14.1.2016 – 5 Sa 657/15 = BB 2016, 891.
321 ArbG Frankfurt a. M., Urt. v. 7.3.2018 – 6 Ca 2159/17 = BeckRS 2018, 36473.
322 LAG Hessen, Urt. v. 21.9.2018 – 10 Sa 601/18 = NZA-RR 2019, 130.

geduldete private Nutzung durch Beschäftigte betraf und schloss sich – allerdings ohne Begründung – der Auffassung an, dass der Arbeitgeber als Diensteanbieter im Sinne des § 3 Nr. 6 TKG anzusehen ist, wenn er die private Internetnutzung und damit auch das Versenden privater E-Mails erlaubt.

hh) LG Krefeld

In seinem Urteil folgt das LG Krefeld[323] der in der Rechtsprechung vorherrschenden Ansicht, den Arbeitgeber trotz Erlaubnis der Privatnutzung nicht als Diensteanbieter im Sinne des TKG anzusehen und begründet seine Entscheidung in erfreulicher Ausführlichkeit. Nach den Ausführungen des Gerichts spreche für diese Auffassung, dass der Arbeitgeber seine Telekommunikationsdienste nicht zielgerichtet für Dritte nach außen erbringe, sondern diese seinen Beschäftigten in erster Linie überlasse, damit diese ihre arbeitsvertraglichen Pflichten betriebsintern erbringen können. Es beruft sich insoweit auf die oben zitierte Entscheidung des LAG Berlin-Brandenburg vom 14.01.2016. Das TKG sei – wie bereits vom VG Karlsruhe in dessen Urteil vom 27.05.2013 ausgeführt – von seiner Zielrichtung auch nicht darauf angelegt, unternehmensinterne Rechtsbeziehungen zwischen Arbeitgeber und Arbeitnehmer zu regeln. Die Verhältnisse zwischen Arbeitgebern und Arbeitnehmern einerseits und Telekommunikationsdiensteanbietern und Kunden andererseits seien in der Regel nicht vergleichbar. Ferner setze ein geschäftsmäßiges Erbringen von Telekommunikationsdiensten gemäß § 3 Nr. 10 TKG ein an Dritte gerichtetes Angebot voraus. Die Beschäftigten seien im Verhältnis zum Arbeitgeber aber nicht als Dritte zu qualifizieren.

b) Auslegung

Ob die Regelungen des TKG für Sachverhalte, die die – erlaubte – private Nutzung von Telekommunikationseinrichtungen von Angestellten betreffen, maßgeblich sind, ist durch Auslegung zu ermitteln.

aa) Wortlaut

Ausgangspunkt der Auslegung ist zunächst der Wortlaut der Norm.

(1) „Diensteanbieter"

Nach der Ansicht, die das TKG bei erlaubter Privatnutzung für anwendbar hält, wird ein Beschäftigter – unabhängig von dem Vorliegen einer Gewinnerzielungsabsicht – zum Dritten im Sinne des § 3 Nr. 10 TKG und der Arbeitgeber

323 LG Krefeld, Urt. v. 7.2.2018 – 7 O 198/17 = BeckRS 2018, 41509.

zum Diensteanbieter nach § 3 Nr. 6 TKG, sobald Ersterer ein Telekommunikationsmittel privat nutzt.[324]

Das Ergebnis der Auslegung aber maßgeblich auf einen Wortlaut zu stützen, der höchst widersprüchlich ist, überzeugt nicht, worauf *Thüsing* zu Recht hinweist.[325] Sowohl § 88 Abs. 2 als auch § 91 Abs. 1 TKG setzen die Erbringung einer geschäftsmäßigen Telekommunikationsdienstleistung voraus. Nach § 3 Nr. 10 TKG ist für das Vorliegen des Merkmals der Geschäftsmäßigkeit keine Gewinnerzielungsabsicht erforderlich. Telekommunikationsdienstleistungen werden hingegen nach § 3 Nr. 24 TKG „in der Regel" gegen Entgelt erbracht. Insofern stellt sich die Frage, welcher Norm der Vorrang gebühren soll. Unternehmen gestatten die Nutzung der Telekommunikationsdienste regelmäßig unentgeltlich, was selbst Vertreter der Meinung, die Unternehmen bei erlaubter Privatnutzung als Diensteanbieter ansehen, nicht bestreiten.[326] Fraglich ist dann allerdings, ob die Aussage des § 3 Nr. 24 TKG im Hinblick auf die regelmäßige Entgeltlichkeit der Leistung durch die Anwendung auf den hier gegenständlichen Sachverhalt der regelmäßigen Unentgeltlichkeit der Leistung geradezu in ihr Gegenteil verkehrt werden soll.[327]

De Wolf widerspricht dieser Argumentation mit dem Hinweis auf die Vielzahl von Geschäftsmodellen, die im Internetzeitalter zwar keine direkten Einnahmen durch Nutzer erbringen, aber dennoch geschäftsmäßig Sinn ergeben.[328] Zum Vergleich zieht er etwa Facebook, Google und Cafés mit kostenlosem Internetzugang heran.[329]

Inwieweit Arbeitgeber aber den beispielhaft aufgezählten Geschäftsmodellen vergleichbare Vorteile durch die Gewährung der privaten Nutzung von Telekommunikationsmitteln haben sollen, führt *de Wolf* nicht aus. Das Bestehen derartiger Vorteile erscheint auch äußerst fraglich. Allenfalls ein Wettbewerbsvorteil bei der Suche nach qualifizierten Arbeitskräften wäre denkbar. Insofern drängt sich jedoch sogleich die Frage auf, ob Mitarbeiter, die ihren Arbeitgeber nach der Erlaubnis der Privatnutzung von Telekommunikationsdienstleistungen

---

324 Spindler/Schuster/*Eckhardt*, Elektron. Medien, § 88 TKG Rn. 30 f.; Thüsing/*Thüsing*, Beschäftigtendatenschutz, § 3 Rn. 80; *de Wolf*, NZA 2010, 1206, 1207 f.

325 Thüsing/*Thüsing*, Beschäftigtendatenschutz, § 3 Rn. 57 f., 81.

326 *Mengel*, BB 2004, 2014, 2018; Thüsing/*Thüsing*, Beschäftigtendatenschutz, § 3 Rn. 82.

327 *Scheben/Klos*, CCZ 2013, 88, 90 f.; *Schimmelpfennig/Wenning*, DB 2006, 2290, 2292; Thüsing/*Thüsing*, Beschäftigtendatenschutz, § 3 Rn. 82; *Veit*, NZWiSt 2015, 334, 335; *Wybitul*, ZD 2011, 69, 71.

328 *de Wolf*, NZA 2010, 1206, 1208.

329 *de Wolf*, NZA 2010, 1206, 1208.

wählen, tatsächlich als Bereicherung und damit als Vorteil für diesen gewertet werden können. Denn die Inanspruchnahme der erlaubten Nutzung wird regelmäßig während der Arbeitszeit und damit zulasten des Arbeitgebers stattfinden, was wiederum erheblichen Aufwand zur Vermeidung dieser Nutzung und damit einen weiteren Nachteil hervorruft. Darüber hinaus dürfte sich – einen Vorteil unterstellt – dieser jedenfalls verflüchtigt haben, seitdem eine quasi flächendeckende Ausstattung mit Smartphones inklusive günstiger „All-net-Flats" und mobiler Daten Normalzustand ist. Der ob seiner Kostengünstigkeit und alltäglichen Verfügbarkeit selbstverständlich gewordene Zugriff auf Telekommunikationsmittel ist somit nur schwerlich als irgendwie gearteter Vorteil für den Arbeitgeber denkbar.

(2) „Dritter"

Auch die Einordnung der – wohl ehemals – herrschenden Meinung, der Arbeitnehmer werde aufgrund eines „Anbieter-Nutzer-Verhältnisses", in dessen Rahmen der Arbeitgeber dem Beschäftigten als externer Anbieter gegenüberstehe, Dritter, überzeugt nicht.[330] Sie übersieht den ursprünglichen Ausgangspunkt des TKG.[331] Geschaffen wurde dieses, um den Markt für Telekommunikationsdienste zu öffnen, der zum Zeitpunkt des Inkrafttretens des TKG allein von dem ehemals staatlichen Unternehmen Telekom AG beherrscht wurde.[332] Als staatliches Unternehmen war die Telekom an die Grundrechte und insbesondere an Art. 10 GG gebunden.[333] Mit Eintritt privater Anbieter in den Markt sollten auch diese zur Einhaltung des grundrechtlich geschützten Fernmeldegeheimnisses verpflichtet werden, was mithilfe der §§ 88, 91 TKG auch geschah.[334] Die in aller Regel kostenlose Zurverfügungstellung der Telekommunikationsmittel ist aber nicht mit den Funktionsprinzipien des Marktes vereinbar, denn der Arbeitgeber steht gerade nicht mit anderen Anbietern im Wettbewerb und er leistet auch keinen Beitrag zur flächendeckenden

---

330 So auch *Kömpf/Kunz*, NZA 2007, 1341, 1345; *Mengel*, BB 2004, 2014, 2017.

331 BeckOGK/*Günther*, BGB, § 626 Rn. 761; *Fülbier/Splittgerber*, NJW 2012, 1995, 1999; Thüsing/*Thüsing*, Beschäftigtendatenschutz, § 3 Rn. 84.

332 BT-Drs. 13/3609, S. 36; *Schimmelpfennig/Wenning*, DB 2006, 2290, 2293; Thüsing/*Thüsing*, Beschäftigtendatenschutz, § 3 Rn. 84.

333 BeckOK/*Ogorek*, GG, Art. 10 Rn. 12; Thüsing/*Thüsing*, Beschäftigtendatenschutz, § 3 Rn. 84.

334 Vgl. auch VG Karlsruhe, Urt. v. 27.5.2013 – 2 K 3249/12 = NVwZ-RR 2013, 797, 800; Thüsing/*Thüsing*, Beschäftigtendatenschutz, § 3 Rn. 84.

Leistungserbringung.[335] Auch wenn hiergegen vorgebracht werden kann, eine Entgeltlichkeit setze § 3 Nr. 10 TKG für das geschäftsmäßige Erbringen der Dienstleistungen gerade nicht voraus, so ist jedenfalls die mehr oder weniger zufällige Definition des Beschäftigten als „Dritter" nur schwer vertretbar.[336] Denn in beiden Fällen – also sowohl bei verbotener Privatnutzung als auch bei der erlaubten – ist der Arbeitnehmer ein anderer als der Arbeitgeber.[337] Das Näheverhältnis zwischen diesen ändert sich in keiner Weise. Eine Differenzierung danach erscheint daher denkbar ungeeignet.

(3) Ergebnis

Aufgrund seiner Widersprüchlichkeit verliert der Wortlaut an seinem argumentativen Wert[338], sodass die Auslegung des Wortlauts weder eindeutig für die eine noch für die andere Auffassung streitet.[339]

bb) Systematik

Gegen die Einordnung des Arbeitgebers als Diensteanbieter sprechen jedenfalls die mit der Gegenauffassung verbundenen Folgen.[340] Als Beispiel kann die für jeden Kaufmann geltende handelsrechtliche Dokumentationspflicht nach § 257 Abs. 1 Nr. 2 und 3 Handelsgesetzbuch (HGB) angeführt werden, wonach abgesandte und empfangene Handelsbriefe sechs Jahre lang aufzubewahren sind.[341] Diese Verpflichtung gilt nach ganz herrschender Meinung unter anderem auch für E-Mails.[342] Um beurteilen zu können, ob eine bestimmte E-Mail als Handelsbrief aufzubewahren

---

335 *Barton*, CR 2003, 839, 843; *Haußmann/Krets*, NZA 2005, 259, 260; *Seffer/Schneider*, ITRB 2007, 264, 266; Thüsing/*Thüsing*, Beschäftigtendatenschutz, § 3 Rn. 84; *Veit*, NZWiSt 2015, 334, 335.

336 Gegen die Einordnung von Beschäftigten als Dritte auch *Behling*, BB 2018, 52, 54; Thüsing/*Thüsing*, Beschäftigtendatenschutz, § 3 Rn. 84.

337 *Behling*, BB 2018, 52, 54; *Fülbier/Splittgerber*, NJW 2012, 1995, 1999.

338 *Larenz*, Methodenlehre der Rechtswissenschaft, S. 320 ff.; Thüsing/*Thüsing*, Beschäftigtendatenschutz, § 3 Rn. 81.

339 In diese Richtung auch *Haußmann/Krets*, NZA 2005, 259, 260; So auch Thüsing/*Thüsing*, Beschäftigtendatenschutz, § 3 Rn. 84.

340 *Fülbier/Splittgerber*, NJW 2012, 1995, 1999; Thüsing/*Thüsing*, Beschäftigtendatenschutz, § 3 Rn. 88.

341 BeckOGK/*Traut*, HGB, § 257 Rn. 20 ff., 42; Thüsing/*Thüsing*, Beschäftigtendatenschutz, § 3 Rn. 89.

342 BeckBilanzKomm/*Störk/Lewe*, § 257 Rn. 15; EBJS/*Böcking/Gros*, HGB, § 257 Rn. 15; Thüsing/*Thüsing*, Beschäftigtendatenschutz, § 3 Rn. 89.

ist, bedarf es jedoch des Zugriffs auf diese.[343] Dieser Zugriff wird dem Kaufmann aber von der Gegenfassung wegen der Anwendung des § 88 TKG untersagt.[344] Der betroffene Kaufmann hat demzufolge die Wahl, entweder die Vorschriften des TKG oder des HGB zu verletzen.[345] Gleiches gilt im Übrigen für die nach § 147 Abs. 1 Nr. 2 und 3 Abgabenordnung (AO) bestehende Aufbewahrungspflicht.[346]

Die Einsicht des Arbeitgebers in dienstliche Korrespondenz wäre nur noch möglich, wenn durch technische Einrichtungen strikt zwischen dienstlicher und privater Korrespondenz getrennt würde, was jedoch nicht, jedenfalls aber nicht mit einem vertretbaren Aufwand, möglich wäre.[347] Selbst bei Inkaufnahme dieses unverhältnismäßigen Aufwands hinge die zuverlässige Trennung der Korrespondenz maßgeblich von dem jeweiligen Beschäftigten ab.[348] Über diesen Umstand würde auch eine Einwilligungserklärung des Beschäftigten in die Einsichtnahme der E-Mail-Korrespondenz nicht hinweghelfen, denn auch insofern wäre der Arbeitgeber wieder von der Mitwirkung des Beschäftigten abhängig, der seine Einwilligung im Übrigen jederzeit widerrufen könnte.[349]

Nach alledem streitet die Systematik eindeutig für die Ansicht, die eine Anwendbarkeit des TKG auf die Privatnutzung erlaubende Arbeitgeber ablehnt.

cc) Historie

Als maßgebliches Argument für die Geltung des Fernmeldegeheimnisses ziehen Vertreter der Ansicht, die eine Anwendbarkeit des TKG bejaht, die Regierungsbegründung[350] zum TKG

343 *Schimmelpfennig/Wenning*, DB 2006, 2290, 2291; Thüsing/*Thüsing*, Beschäftigtendatenschutz, § 3 Rn. 89.

344 Kritisch auch Mengel, NZA 2017, 1494, 1496; Thüsing/*Thüsing*, Beschäftigtendatenschutz, § 3 Rn. 89.

345 In diese Richtung auch *Deiters*, ZD 2012, 109, 109, 111; *Scheben/Klos*, CCZ 2013, 88, 90; Thüsing/*Thüsing*, Beschäftigtendatenschutz, § 3 Rn. 89.

346 *Seffer/Schneider*, ITRB 2007, 264, 266; Thüsing/*Thüsing*, Beschäftigtendatenschutz, § 3 Rn. 89.

347 *Mengel*, BB 2004, 2014, 2017; *Schimmelpfennig/Wenning*, DB 2006, 2290, 2291 f.; Thüsing/*Thüsing*, Beschäftigtendatenschutz, § 3 Rn. 90.

348 *Deiters*, ZD 2012, 109, 111; Thüsing/*Thüsing*, Beschäftigtendatenschutz, § 3 Rn. 90.

349 Vgl. auch *Hassemer/Witzel*, ITRB 2006, 139, 142, die zudem eine Einwilligungserklärung auch des Kommunikationspartners für erforderlich halten; *Schimmelpfennig/Wenning*, DB 2006, 2290, 2292; Thüsing/*Thüsing*, Beschäftigtendatenschutz, § 3 Rn. 90.

350 BT-Drs. 13/3609, S. 53.

heran.[351]

Nach dieser unterliegen dem Fernmeldegeheimnis z.B. Corporate Networks, Nebenstellenanlagen in Hotels und Krankenhäusern, Clubtelefone und Nebenstellenanlagen in Betrieben und Behörden, soweit sie den Beschäftigten zur privaten Nutzung zur Verfügung gestellt sind, sofern dies auf Dauer angelegt ist und auch, wenn dies ohne Gewinnerzielungsabsicht erfolgt. Weiter wird ausgeführt, wegen der Komplexität und der Vielfalt denkbarer Konfigurationen bei Telekommunikationsanlagen, die künftig bestehen werden, sei eine enumerative Abgrenzung des Schutzbereichs des Fernmeldegeheimnisses nicht möglich. Im Einzelfall sei deshalb auf das schutzwürdige Vertrauen der Beteiligten abzustellen.[352]

Entscheidend aus Sicht der Vertreter dieser Auffassung sind die Erwähnung von „Corporate Networks“ und „Nebenstellenanlagen in Betrieben“.[353] Zum einen bleibt aber fraglich, was genau der Gesetzgeber mit „Nebenstellenanlagen“ meinte.[354] Zum anderen fällt auf, dass lediglich die Telefonie in Bezug genommen wird[355], was im Hinblick auf das Jahr 1996, aus dem die Gesetzesbegründung stammt, auch wenig verwunderlich ist. Es liegt daher nahe, dass der Gesetzgeber die damals noch nicht übliche E-Mail-Nutzung während des Verfassens der Gesetzesbegründung nicht im Blick hatte.

Somit kann auch die historische Auslegung nicht als Argument für die Ansicht, die eine Anwendbarkeit des TKG bejaht, herangezogen werden.

dd) Teleologie

Zweck des TKG ist es ausweislich dessen § 1, den Wettbewerb im Bereich der Telekommunikation sowie leistungsfähige Telekommunikationsinfrastrukturen zu fördern und flächendeckend angemessene und ausreichende Dienstleistungen zu gewährleisten. Dieses Ziel dient vorwiegend dem Interesse der Nutzer, die von einem lebendigen Wettbewerb maßgeblich profitieren.[356] Die Wahrung

---

351 *Preuß*, Kontrolle von E-Mails, S. 95; Thüsing/*Thüsing*, Beschäftigtendatenschutz, § 3 Rn. 85.

352 BT-Drs. 13/3609, S. 53.

353 *von Brühl/Sepperer*, ZD 2015, 415, 416; *Härting*, CR 2007, 311, 312; *Preuß*, Kontrolle von E-Mails, S. 94; *de Wolf*, NZA 2010, 1206, 1208; *Wuermeling/Felixberger*, CR 1997, 230, 232.

354 *Schebens/Klos,* CCZ 2013, 88, 90; Thüsing/*Thüsing*, Beschäftigtendatenschutz, § 3 Rn. 87.

355 *Schimmelpfennig/Wenning*, DB 2006, 2290, 2293; *Schuster*, CR 2014, 21, 23; ähnlich Thüsing/*Thüsing*, Beschäftigtendatenschutz, § 3 Rn. 87.

356 Geppert/Schütz/*Cornils*, TKG, § 1 Rn. 14; *Schuster*, CR 2014, 21, 26.

der Nutzerinteressen wird folgerichtig in § 2 Abs. 2 Nr. 1 TKG auch ausdrücklich als Regulierungsziel genannt und ist damit zentraler Zweck des TKG.[357] Erreicht werden soll dieses Ziel ausweislich des § 1 TKG durch Förderung und Sicherstellung des Wettbewerbs.[358] Arbeitgeber, die eine private Nutzung gestatten, haben aber weder Einfluss auf den Marktpreis, die flächendeckende Verfügbarkeit des Netzes, dessen Qualität oder Serviceleistungen der Netzbetreiber, noch beabsichtigen sie eine solche Einflussnahme.[359] Hierin offenbart sich die Widersinnigkeit, ein auf den Wettbewerb zwischen Netzbetreibern ausgerichtetes Gesetz auf freiwillige Zusatzleistungen des Arbeitgebers anzuwenden und damit ein Regulierungs- und Liberalisierungsgesetz zu einem Arbeitnehmerschutzgesetz umzuwandeln.[360] Dafür besteht auch keine Notwendigkeit, denn zum einen sind die Beschäftigten bereits durch datenschutzrechtliche Vorschriften umfassend geschützt[361], zum anderen ergibt sich dies auch aus der nach der Gesetzesbegründung[362] zur Bestimmung des Anwendungsbereichs des TKG vorzunehmenden Abwägung schutzwürdiger Interessen der Beteiligten.

Zwar ist die Privatsphäre ein hohes und grundrechtlich geschütztes Gut, das der Beschäftigte zu Recht geschützt wissen möchte.[363] Diesem Interesse stehen aber bedeutende Interessen des Arbeitgebers gegenüber.[364] So ist dieser bereits aufgrund gesetzlicher Pflichten gehalten, dafür Sorge zu tragen, dass durch die private Nutzung keine Geschäftsgeheimnisse verraten werden oder Straftaten begangen werden.[365] Darüber hinaus möchte der Arbeitgeber regelmäßig die Korrespondenz und Internetnutzung überwachen, etwa um die Installation von Schadsoftware zu verhindern, um sich über den betrieblichen Ablauf informiert

---

357 Geppert/Schütz/*Cornils*, TKG, § 2 Rn. 5; *Schuster*, CR 2014, 21, 27; Spindler/Schuster/*Ricke*, Elektron. Medien, § 2 TKG Rn. 4.

358 *Schuster*, CR 2014, 21, 27; Spindler/Schuster/*Ricke*, Elektron. Medien, § 2 TKG Rn. 8 f.

359 Ähnlich *Schuster*, CR 2014, 21, 27; Thüsing/*Thüsing*, Beschäftigtendatenschutz, § 3 Rn. 84, 93.

360 Ähnlich *Behling*, BB 2018, 52, 54; *Fülbier/Splittgerber*, NJW 2012, 1995, 1999; *Scheben/Klos*, CCZ 2013, 88, 90 f.; *Schuster*, CR 2014, 21, 27; Thüsing/*Thüsing*, Beschäftigtendatenschutz, § 3 Rn. 93.

361 *Deiters*, ZD 2012, 109, 110; Plath/*Stamer/Kuhnke*, DSGVO/BDSG, § 32 Rn. 100; *Scheben/Klos*, CCZ 2013, 88, 90 f.; *Schimmelpfennig/Wenning*, DB 2006, 2290, 2294; *Wybitul*, NJW 2014, 3605, 3607.

362 BT-Drs. 13/3609, S. 53.

363 Thüsing/*Thüsing*, Beschäftigtendatenschutz, § 3 Rn. 94; *Veit*, NZWiSt 2015, 334, 335.

364 Thüsing/*Thüsing*, Beschäftigtendatenschutz, § 3 Rn. 94; *Veit*, NZWiSt 2015, 334, 335.

365 Thüsing/*Thüsing*, Beschäftigtendatenschutz, § 3 Rn. 94; *Veit*, NZWiSt 2015, 334, 336.

zu halten und nicht zuletzt, um gesetzlichen Aufbewahrungspflichten Folge leisten zu können.[366] Während es der Beschäftigte durch den Verzicht privater Nutzung geschäftlicher Geräte und Accounts selbst in der Hand hat, seine Privatsphäre zu schützen, könnte der Arbeitgeber seine Interessen nur mit ganz erheblichem Aufwand wahren und wäre selbst dann – jedenfalls teilweise – noch auf die Mitwirkung der Beschäftigten angewiesen.[367]

Die teleologische Auslegung spricht somit ganz eindeutig für die Auffassung, die eine Anwendbarkeit des TKG ablehnt.[368]

ee) Ergebnis

Die Auslegung nach Wortlaut und Historie streitet demnach weder für die eine noch für die andere Ansicht, wohingegen Systematik und Telos des Gesetzes eindeutig zugunsten der Ansicht sprechen, die eine Anwendung des TKG auf Arbeitgeber, die ihren Beschäftigten die Privatnutzung von Telekommunikationsdiensten gestatten, ablehnen. Im Rahmen dieser Arbeit wird diese Ansicht daher im Folgenden – übereinstimmend mit der Rechtsprechung – zugrunde gelegt. Die Zulässigkeit der Kontrolle von E-Mails richtet sich somit – unabhängig von der Erlaubnis der Privatnutzung – allein nach datenschutzrechtlichen Vorschriften.

---

366 Thüsing/*Thüsing*, Beschäftigtendatenschutz, § 3 Rn. 94; *Veit*, NZWiSt 2015, 334, 336.
367 Vgl. Thüsing/*Thüsing*, Beschäftigtendatenschutz, § 3 Rn. 94.
368 *Schuster*, CR 2014, 21, 27; Thüsing/*Thüsing*, Beschäftigtendatenschutz, § 3 Rn. 94.

Teil 3: Überwachungsmöglichkeiten und deren Rechtmäßigkeit

Um die Frage der Rechtmäßigkeit bestimmter Überwachungsmaßnahmen beantworten zu können, sind zunächst die dahinterstehenden – oder auch dagegenstehenden – Interessen der Beteiligten und Betroffenen zu erläutern.

§ 6 Interessen des Arbeitgebers an der Überwachung

Zunächst sollen die Interessen und Rechte des Arbeitgebers dargelegt werden.

I. Wahrung der Grundrechte

Der Arbeitgeber möchte seine grundrechtlich geschützte unternehmerische Freiheit (Art. 16 GRCh) gewahrt wissen.[369]

Er kann sich auf sein wirtschaftliches Interesse an der Verhinderung finanzieller und organisatorischer Beeinträchtigungen berufen, die neben wirtschaftskriminellen Handlungen auch etwa durch die nicht gestattete private Nutzung von Telekommunikationsdiensten entstehen können. Dieses Interesse ist durch Art. 12 Abs. 1 GG, Art. 14 Abs. 1 GG und – subsidiär – Art. 2 Abs. 1 GG geschützt.[370] Wird die Beschäftigtenüberwachung eingeschränkt, so kann dies insbesondere die unternehmerische Entscheidungsfreiheit über die Ausgestaltung der betrieblichen Organisation, das Weisungsrecht des Arbeitgebers sowie den wirtschaftlichen und unternehmerischen Betätigungsrahmen insgesamt berühren und so in die durch Art. 12 Abs. 1 GG geschützte Berufsausübung eingreifen.[371]

III. Compliance

Nachfolgend wird untersucht, welche Haftungsrisiken den Arbeitgeber treffen. Die Beschränkung der Haftung wird in der Regel durch gesetzeskonformes Verhalten erreicht. Die Gesamtheit der Maßnahmen, die das rechtmäßige Verhalten eines Unternehmens, seiner Organe und Mitarbeiter im Hinblick auf alle

---

369 Münchener Hdb. ArbR/*Wybitul*, Band 1, § 96 Rn. 9; Thüsing/*Thüsing/Pötters*, Beschäftigtendatenschutz, § 11 Rn. 13.

370 MAH ArbR/*Dendorfer-Ditges*, § 35 Rn. 86 ff.; Thüsing/*Thüsing/Pötters*, Beschäftigtendatenschutz, § 11 Rn. 12.

371 BAG, Urt. v. 23.8.2018 – 2 AZR 133/18 = NZA 2018, 1329, 1332; MAH ArbR/*Dendorfer-Ditges*, § 35 Rn. 87; Oberthür/Seitz/*Panzer-Heemeier*, Betriebsvereinbarungen, B.V. Rn. 6 f.

gesetzlichen und unternehmenseigenen Gebote und Verbote gewährleisten soll, wird dabei im Allgemeinen als „Compliance“ bezeichnet.[372]

1. Definition

Compliance ist also die Pflicht zu gesetzeskonformen Verhalten von Unternehmen sowie zur Vermeidung von Gesetzesverstößen.[373] Übereinstimmend damit ist Compliance in dem von einem privaten Gremium erstellten und daher nicht bindenden[374] Deutschen Corporate Governance Kodex (DCGK)[375] Grundsatz 5 wie folgt gefasst: „Der Vorstand hat für die Einhaltung der gesetzlichen Bestimmungen und der unternehmensinternen Richtlinien zu sorgen und wirkt auf deren Beachtung im Unternehmen hin (Compliance).“

2. Datenschutzrechtliche Compliance

Mit der DS-GVO ist das Datenschutzrecht als weiteres Rechtsgebiet zu den klassischen Compliance-Rechtsgebieten wie Kartellrecht, Kapitalmarktrecht, Arbeitsrecht und Steuerrecht hinzugekommen.[376] Die Datenverarbeitung ist in ausnahmslos jedem Unternehmen allgegenwärtig und aufgrund der Sensibilität des Themas Datenschutz droht bei einem Verstoß gegen datenschutzrechtliche Vorschriften neben der Geltendmachung von Schadensersatzansprüchen und empfindlichen Bußgeldern zugleich ein enormer Reputationsschaden.[377]

---

372 *Fuhrmann*, NZG 2016, 881, 881; *Kammerer/Galahn*, AnwBl 2009, 77, 77; ähnlich *Kort*, NZG 2008, 81, 81; MAH ArbR/*Dendorfer-Ditges,* § 35 Rn. 4; *Passarge*, NZI 2009, 86, 86; Thüsing/*Thüsing*, Beschäftigtendatenschutz, § 2 Rn. 2.

373 MAH ArbR/*Dendorfer-Ditges,* § 35 Rn. 4; *Theile*, StV 2011, 381, 381; *de Wolf*, NZA 2010, 1206, 1207; *Wybitul*, BB 2009, 1582, 1582.

374 BT-Drs. 14/8769, S. 21; *Arnold/Geiger*, BB 2018, 2306, 2306; *Bergmoser/Theusinger/Gushurst*, BB 2008, 1, 5; Hölters/Weber/*Hölters/Hölters*, AktG, § 161 Rn. 3; KBWL/*Bachmann*, 2. Teil Rn. 94 f.; *Michalke*, StV 2011, 245, 249; *Moosmayer*, NJW 2012, 3013, 3013; MüKo/*Goette,* AktG, § 161 Rn. 22; *Preuß*, Kontrolle von E-Mails, S. 55; *Schaefer/Baumann*, NJW 2011, 3601, 3602; *Schmidt*, BB 2009, 1295, 1295; *von Werder/Talaulicar*, DB 2006, 849, 849.

375 Abrufbar unter https://www.dcgk.de//files/dcgk/usercontent/de/download/kodex/191216_Deutscher_Corporate_Governance_Kodex.pdf (zuletzt abgerufen am 04.08.2022).

376 *Moosmayer*, Compliance, § 4 Rn. 159 ff.; *Thode*, CR 2016, 714, 715.

377 *Thode*, CR 2016, 714, 715; *Wenzel/Wybitul,* ZD 2019, 290, 291; so zum Beispiel der Bußgeldbescheid des Hamburgischen Beauftragten für Datenschutz und Informationsfreiheit in Höhe von rund 35,3 Mio gegen die H&M Hennes & Mauritz Online Shop A.B. & Co. KG wegen der unzulässigen Überwachung mehrerer hundert

3. Rechtliche Bedeutung

Herausforderung bei der Durchführung von Compliance-Maßnahmen ist stets, dass diese selbst ebenfalls „compliant" sein müssen, d.h. die Rechte der betroffenen Beschäftigten müssen zu jeder Zeit gewahrt bleiben.[378] Insofern sind insbesondere auch die Vorschriften des Beschäftigtendatenschutzes zu beachten.[379] Da durch die Umsetzung von Compliance-Maßnahmen die Gefahr der Kollision mit datenschutz- und arbeitsrechtlichen Vorschriften besteht, sehen sich Arbeitgeber regelmäßig vor der herausfordernden Aufgabe, zwischen diesen rivalisierenden Pflichtenbindungen einen Mittelweg zu finden.[380]

4. Rechtsgrundlagen

Rechtsgrundlagen einer Compliance-Pflicht ergeben sich neben branchenspezifischen Vorschriften, wie etwa für Kredit- und Finanzdienstleistungsinstitute, aus dem Ordnungswidrigkeitenrecht und dem Gesellschaftsrecht.[381] So sieht Abs. 3 des § 130 Ordnungswidrigkeitengesetzes (OWiG) für Inhaber eines Betriebes oder Unternehmens eine Geldbuße vor, wenn dieser die sich aus dessen Abs. 1 ergebende Pflicht, Aufsichtsmaßnahmen zu ergreifen, die erforderlich sind, um in dem Betrieb oder Unternehmen Zuwiderhandlungen gegen Pflichten zu verhindern, die den Inhaber treffen und deren Verletzung mit Strafe oder Geldbuße bedroht ist, vorsätzlich oder fahrlässig verletzt und wenn eine solche Zuwiderhandlung begangen wird, die durch gehörige Aufsicht verhindert oder wesentlich erschwert worden wäre. Zu den erforderlichen Aufsichtsmaßnahmen gehören nach § 130 Abs. 1 Satz 2 OWiG auch die Bestellung, sorgfältige Auswahl und Überwachung von Aufsichtspersonen. Im Gesellschaftsrecht ergeben sich Compliance-Pflichten etwa aus §§ 93 Abs. 1, 91 Abs. 2 Aktiengesetz (AktG), in

---

Servicemitarbeiter, Pressemitteilung des Hamburgischen Beauftragten für Datenschutz und Informationssicherheit vom 01.10.2020, abrufbar unter https://datenschutz-hamburg.de/pressemitteilungen/2020/10/2020-10-01-h-m-verfahren (zuletzt abgerufen am 04.08.2022).

378 *von Hehn/Hartung*, DB 2006, 1909, 1913; MAH ArbR/*Dendorfer-Ditges*, § 35 Rn. 7; *Maschmann*, NZA-Beilage 2012, 50, 50; *Preuß*, Kontrolle von E-Mails, S. 57; Schulz/*Becker/Böhlke/Fladung*, Compliance-Management, 21. Kap. Rn. 150 ff.; *Wybitul*, CCZ 2016, 194, 194; *ders.* ZD 2016, 105, 105.

379 *Schulz*, BB 2019, 579, 583; *Stück*, CCZ 2018, 88, 88 ff.

380 Ähnlich *Steffen/Stöhr*, RdA 2017, 43, 43; Thüsing/*Thüsing*, Beschäftigtendatenschutz, § 2 Rn. 4.

381 MüKo/*Spindler*, AktG, § 91 Rn. 52 ff.; *Steffen/Stöhr*, RdA 2017, 43, 43 f.

welchen umfangreiche Aufsichtspflichten verankert sind.[382] § 91 Abs. 2 AktG statuiert eine Organisationspflicht, derzufolge der Vorstand geeignete Maßnahmen zu treffen, insbesondere ein Überwachungssystem einzurichten hat, damit den Fortbestand der Gesellschaft gefährdende Entwicklungen früh erkannt werden. Aus § 93 Abs. 1 AktG wird die Legalitätspflicht des Vorstands abgeleitet, aufgrund derer er die Sorgfalt eines ordentlichen und gewissenhaften Geschäftsleiters anzuwenden hat.[383] Diese Pflicht erschöpft sich jedoch nicht in der eigenen Rechtstreue der Vorstände, sondern beinhaltet die Obliegenheit, durch geeignete organisatorische Maßnahmen für ein rechtskonformes Verhalten der Untergebenen Sorge zu tragen.[384] Der Vorstand hat dieser Überwachungspflicht in der Weise Rechnung zur tragen, dass Pflichtverletzungen und Schädigungen Dritter weitestgehend vermieden werden.[385] Ähnlich wie § 93 Abs. 1 AktG formuliert § 43 Abs. 1 des Gesetzes betreffend die Gesellschaften mit beschränkter Haftung (GmbHG) ebenfalls das Erfordernis für die Geschäftsführer der Gesellschaft, in Angelegenheiten der Gesellschaft die Sorgfalt eines ordentlichen Kaufmanns anzuwenden.[386]

Unabhängig von der Inbezugnahme konkreter Gesellschaftsformen in den oben dargestellten Normen lässt sich aus diesen eine mit diesen Pflichten korrespondierende Obliegenheit auch für alle anderen Unternehmen ableiten, ausgenommen Kleinunternehmen und solchen ohne nennenswerten Umsatz bzw. Geschäftsvolumen.[387]

5. Abgrenzung zu „Internal Investigations"

Zu unterscheiden ist Compliance von „Internal Investigations". Unternehmensinterne Ermittlungen dienen unter anderem der Aufdeckung von

---

382 Koch/*Koch*, AktG, § 93 Rn. 6; *Kreßel*, NZG 2018, 841, 842; MüKo/*Spindler*, AktG, § 93 Rn. 114.

383 BGH, Urt. v. 27.8.2010 – II StR 111/09 = NJW 2010, 3458, 3460; BGH, Beschl. v. 13.9.2010 – I StR 220/09 = NJW 2011, 88, 92; *Eufinger*, RdA 2017, 223, 224; *Fleischer*, NJW 2009, 2337; FS-Goette/*Rieder*, S. 413, 416; MüKo/*Spindler*, AktG, § 93 Rn. 87.

384 BGH, Urt. v. 15.1.2013 – II ZR 90/11 = NJW 2013, 1958, 1960; *Arnold/Geiger*, BB 2018, 2306; *Fleischer*, NZG 2014, 321, 322 m.w.N; *Steffen/Stöhr*, RdA 2017, 43, 44.

385 *Eufinger*, BB 2016, 1973; *Fleischer*, AG 2003, 291, 294; MAH ArbR/*Dendorfer-Ditges*, § 35 Rn. 14.

386 *Altmeppen*, GmbHG, § 43 Rn. 3; *Kreßel*, NZG 2018, 841, 842; *Löschhorn/Fuhrmann*, NZG 2019, 161, 163; Noack/Servatius/Haas/*Beurskens*, GmbHG, § 43 Rn. 10; bezogen auf Compliance vgl. MüKo/*Fleischer*, GmbHG, § 43 Rn. 142 ff.

387 *Kreßel*, NZG 2018, 841, 843; *Steffen/Stöhr*, RdA 2017, 43, 44.

Compliance-Verstößen, sind zugleich aber als „repressive Facette" Teil der Compliance.[388] Während letztere hauptsächlich auf Prävention gerichtet ist, dienen „Internal Investigations" vorwiegend der Repression.[389] Präventive und repressive Wirkung können sich allerdings auch überschneiden. So ist die Sanktionierung von Verstößen, ebenso wie unternehmensinterne Untersuchungen, Teil effektiver Compliance[390], wohingegen interne Untersuchungen und die damit einhergehende Aufdeckungsgefahr auch abschreckende Wirkung entfalten können.[391]

6. Folgen einer Verletzung der Compliance-Pflichten

Die Verletzung der Compliance-Pflichten kann sowohl für die Gesellschaft als auch für die Unternehmensleitung schwerwiegende Folgen haben.[392] Die oft nicht vorhersehbaren faktischen Folgen können sich dabei häufig als noch gravierender als die rechtlichen Folgen herausstellen.[393]

a) Rechtliche Folgen der Pflichtverletzung

Zunächst sollen die rechtlichen Folgen einer Pflichtverletzung für Gesellschaft und Unternehmensleitung dargelegt werden.

aa) Folgen für die Gesellschaft

Neben Spezialtatbeständen wie § 81 des Gesetzes gegen Wettbewerbsbeschränkungen (GWB) ergibt sich die Haftung der Gesellschaft insbesondere aus § 30 OWiG, der den Verstoß gegen die Legalitätspflicht seitens der Geschäftsleitung mit einem Bußgeld von bis zu 10 Millionen Euro gegen die Gesellschaft

388 *Bittmann/Brockhaus/von Coelln/Heuking*, NZWiSt 2019, 1, 2; *Momsen*, ZIS 2011, 508, 511; *Preuß*, Kontrolle von E-Mails, S. 56.

389 *Behrens*, RIW 2009, 22, 22; Knierim/Rübenstahl/Tsambikakis/*Nestler*, Internal Investigations, Kap. 1 Rn. 35; *Preuß*, Kontrolle von E-Mails, S. 55; *Theile*, StV 2011, 381, 386; *Wybitul*, BB 2009, 1582, 1583.

390 *Preuß*, Kontrolle von E-Mails, S. 55; *Reichert*, ZIS 2011, 113, 114, 117 ff.

391 Momsen/Grützner/*Grützner*, Wirtschaftsstrafrecht, Kap. 4 Rn. 3; *Preuß*, Kontrolle von E-Mails, S. 55; *Reichert*, ZIS 2011, 113, 117.

392 Kremer/*Bachmann/Kremer*, DCGK, 3. Teil, G5 Rn. 36 ff.; Thüsing/*Thüsing*, Beschäftigtendatenschutz, § 2 Rn. 21.

393 Kremer/*Bachmann/Kremer*, DCGK, 3. Teil, G5 Rn. 22; Thüsing/*Thüsing*, Beschäftigtendatenschutz, § 2 Rn. 23.

bewehrt.[394] Über §§ 130, 9 OWiG haftet die Gesellschaft zudem für einen Verstoß der Unternehmensleitung gegen die Überwachungspflichten.[395] § 130 OWiG stellt damit selbst eine Ordnungswidrigkeit im Sinne des § 30 OWiG dar.[396] Darüber hinaus besteht die Gefahr der Geltendmachung von Schadensersatzansprüchen Dritter aus *culpa in contrahendo* oder Delikt.[397] Es drohen Vertragsstrafen und Unterlassungsansprüche von Wettbewerbern aus § 8 des Gesetzes gegen unlauteren Wettbewerb (UWG).[398] Im Falle der Verwirklichung von Steuerstraftatbeständen kann die Pflichtverletzung gegebenenfalls steuerliche Nachteile nach sich ziehen.[399] Bei Wirtschaftskriminalität droht zudem – je nach landesrechtlichen Vorschriften – die Aufnahme in ein bei einer Informationsstelle geführtes Register, was in der Regel den Ausschluss von der Vergabe von Aufträgen zur Folge hat.[400] Schließlich kommt die Anwendung auch ausländischer Vorschriften auf Gesellschaften mit Sitz in Deutschland in Betracht.[401]

bb) Folgen für die Unternehmensleitung

Auf die Geschäftsleitung sind zunächst die gesellschaftsrechtlichen Haftungsnormen der § 93 Abs. 2 AktG, § 43 Abs. 2 GmbHG anzuwenden, die im

---

394 KBWL/*Bachmann/Kremer*, DCGK, 3. Teil, G5 Rn. 38; MAH ArbR/*Dendorfer-Ditges*, § 35 Rn. 21; bezogen auf das Insolvenzrecht *Passarge*, NZI 2009, 86, 88; Thüsing/*Thüsing*, Beschäftigtendatenschutz, § 2 Rn. 25.

395 MAH ArbR/*Dendorfer-Ditges*, § 35 Rn. 21; Thüsing/*Thüsing*, Beschäftigtendatenschutz, § 2 Rn. 25.

396 MAH ArbR/*Dendorfer-Ditges*, § 35 Rn. 21; *Schaefer/Baumann*, NJW 2011, 3601, 3604; Thüsing/*Thüsing*, Beschäftigtendatenschutz, § 2 Rn. 25.

397 KBWL/*Bachmann/Kremer*, DCGK, 3. Teil, G5 Rn. 38; MAH ArbR/*Dendorfer-Ditges*, § 35 Rn. 18; Thüsing/*Thüsing*, Beschäftigtendatenschutz, § 2 Rn. 26.

398 MAH ArbR/*Dendorfer-Ditges*, § 35 Rn. 18; Thüsing/*Thüsing*, Beschäftigtendatenschutz, § 2 Rn. 28.

399 Thüsing/*Thüsing*, Beschäftigtendatenschutz, § 2 Rn. 28; Umnuß/*Kiesel*, Compliance Checklisten, Kap. 13 Rn. 6 ff.

400 Vgl. etwa § 3 des Gesetzes zur Verbesserung der Korruptionsbekämpfung und zur Errichtung und Führung eines Vergaberegisters in Nordrhein-Westfalen (Korruptionsbekämpfungsgesetz – KorruptionsbG); Thüsing/*Thüsing*, Beschäftigtendatenschutz, § 2 Rn. 27.

401 *Pörnbacher/Mark*, NZG 2010, 1372, 1375 mit einem Beispiel zum UK Bribery Act 2010; *Rübenstahl*, NZWiSt 2012, 401, 402 zum Foreign Corrupt Practices Act (FCPA) der USA; Thüsing/*Thüsing*, Beschäftigtendatenschutz, § 2 Rn. 25.

Innenverhältnis gegenüber der Gesellschaft gelten.[402] Diese gelten nicht nur für die Verletzung der Legalitätspflicht, sondern auch für solche der Überwachungs- und Sorgfaltspflichten.[403] Die Haftung erstreckt sich zudem auf gegen die Gesellschaft verhängte Bußgelder.[404] Bei Inanspruchnahme eines besonderen Vertrauens oder Vorsatz kommt eine Außenhaftung aus *culpa in contrahendo* nach §§ 280, 311 Abs. 3 BGB oder aus Delikt nach § 826 BGB in Betracht.[405] Neben der außerordentlichen Kündigung des Anstellungsvertrags und der Abberufung aus dem Amt[406] muss die Unternehmensleitung damit rechnen, auch selbst ein Bußgeld nach §§ 130, 9 OWiG auferlegt zu bekommen.[407]

b) Faktische Folgen

Insbesondere bei öffentlichem Bekanntwerden der Compliance-Verstöße droht Unternehmen ein enormer Reputationsschaden, der sich regelmäßig auch in einem verminderten Unternehmenswert und damit in der Bilanz wiederfinden wird.[408] Nicht zuletzt aufgrund der intensiven medialen Berichterstattung in Zusammenhang mit dem Inkrafttreten der DS-GVO sind die Verbraucher inzwischen wesentlich aufmerksamer und kritischer hinsichtlich der Rechte an ihre Person betreffenden Daten.[409] Unternehmen, die im Ruf stehen, es mit dem Datenschutz nicht so genau zu nehmen, sehen sich der Gefahr einer negativen Wahrnehmung bei (potentiellen) Kunden, Lieferanten und Mitarbeitern

---

402 Koch/*Koch*, AktG, § 93 Rn. 6; MAH ArbR/*Dendorfer-Ditges,* § 35 Rn. 19; Noack/Servatius/Haas/*Beurskens*, GmbHG, § 43 Rn. 1; *Schaefer/Baumann*, NJW 2011, 3601, 3604; Thüsing/*Thüsing*, Beschäftigtendatenschutz, § 2 Rn. 30.

403 *Fleischer*, BB 2008, 1070, 1072; MAH ArbR/*Dendorfer-Ditges,* § 35 Rn. 19; *Schaefer/Baumann*, NJW 2011, 3601, 3604; Thüsing/*Thüsing*, Beschäftigtendatenschutz, § 2 Rn. 30.

404 *Fleischer*, BB 2008, 1070, 1073; Koch/*Koch*, AktG, § 93 Rn. 88; MAH ArbR/*Dendorfer-Ditges,* § 35 Rn. 19. Noack/Servatius/Haas/*Beurskens*, GmbHG, § 43 Rn. 50.

405 KBWL/*Bachmann/Kremer*, DCGK, 3. Teil, G5 Rn. 39; MAH ArbR/*Dendorfer-Ditges,* § 35 Rn. 20; Thüsing/*Thüsing*, Beschäftigtendatenschutz, § 2 Rn. 31.

406 *Schaefer/Baumann*, NJW 2011, 3601, 3604; Thüsing/*Thüsing*, Beschäftigtendatenschutz, § 2 Rn. 32 f.

407 MAH ArbR/*Dendorfer-Ditges,* § 35 Rn. 21; Thüsing/*Thüsing*, Beschäftigtendatenschutz, § 2 Rn. 34.

408 *Siepelt/Pütz*, CCZ 2018, 78, 78; Thüsing/*Thüsing*, Beschäftigtendatenschutz, § 2 Rn. 33 m.w.N.

409 Schulz/*Becker/Böhlke/Fladung*, Compliance-Management, 11. Kap. Rn. 1.

ausgesetzt.[410] Negative Außenwirkungen bewirken darüber hinaus einen Abschreckungseffekt.[411] Lieferanten und Kunden gehen möglicherweise auf Abstand, woraus Marktanteilsverluste und Lieferengpässe resultieren können.[412] Erschwerend kommt hinzu, dass Wettbewerber negative Schlagzeilen nutzen können, um durch ein positives Unternehmensimage Vorteile im Wettbewerb zu erzielen.[413]

7. Ergebnis

Die lange Liste der möglichen Folgen einer Pflichtverletzung unterstreicht das gewichtige Interesse sowohl der Gesellschaft als auch der Unternehmensleitung an der Durchführung von Compliance-Maßnahmen. Unterstützt wird dieses noch durch die bußgeldmindernde Wirkung effektiver und auf Vermeidung von Compliance-Verstößen ausgelegter Compliance-Programme.[414] Die zum Teil schwerwiegenden Folgen verdeutlichen aber auch erneut, welch hohen Risiken Unternehmen und Unternehmensleitungen ausgesetzt sind, indem sie die ihnen aus Compliance-Gesichtspunkten obliegenden Überwachungen zwar einerseits durchführen müssen, andererseits diese Überwachungen aber wiederum selbst Compliance-Maßstäbe erfüllen müssen, um nicht etwa gegen Vorschriften zum Beschäftigtendatenschutz zu verstoßen.

IV. Erfüllung vertraglicher Pflichten

Die Einhaltung datenschutzrechtlicher Vorschriften ist nicht nur gesetzlich vorgeschrieben, sondern wird in der Regel auch vertraglich vereinbart. Ihre Nichteinhaltung wird nicht selten mit Vertragsstrafen sanktioniert. Insbesondere solche Unternehmen, die Auftragsverarbeiter im Sinne des Art. 28 DS-GVO sind, haben dem mit dem Verantwortlichen geschlossenen Auftragsverarbeitungsvertrag wegen Art. 28 Abs. 3 Satz 2 lit. c) DS-GVO eine Liste der zur Einhaltung der

---

410 Hauschka/Moosmayer/Lösler/*Schorn*, Corporate Compliance, § 13 Rn. 13 f.; Schulz/*Schulz*, Compliance-Management, 1. Kap. Rn. 6.

411 In diese Richtung auch KBWL/*Bachmann/Kremer*, DCGK, 3. Teil, G5 Rn. 22; *Seibt*, DB 2015, 171, 171 ff.; Thüsing/*Thüsing*, Beschäftigtendatenschutz, § 2 Rn. 36.

412 Hauschka/Moosmayer/Lösler/*Schorn*, Corporate Compliance, § 13 Rn. 8 ff.; Thüsing/*Thüsing*, Beschäftigtendatenschutz, § 2 Rn. 36.

413 Ähnlich Hauschka/Moosmayer/Lösler/*Schorn*, Corporate Compliance, § 13 Rn. 11; Thüsing/*Thüsing*, Beschäftigtendatenschutz, § 2 Rn. 36.

414 *Baur/Holle*, NZG 2018, 14, 16; *Ott/Lüneborg*, CCZ 2019, 71, 72 f.; *Schulz*, BB 2019, 579, 580; *Stück*, ArbRAktuell 2018, 31, 31; *Wiedmann/Greubel*, CCZ 2019, 88, 88.

datenschutzrechtlichen Vorgaben getroffenen technischen-organisatorischen Maßnahmen gemäß Art. 32 DS-GVO beizufügen. In diesen Listen ist regelmäßig anzugeben, ob und in welcher Form Zutritts- und Weitergabekontrollen durchgeführt werden.

V. Verhinderung der Schädigung des Unternehmens

1. Strafbare Handlungen

Schließlich hat das Unternehmen ein Interesse am Zugriff auf die betrieblichen IT-Systeme, um Straftaten der Mitarbeiter zu Lasten des Arbeitgebers zu verhindern, wie etwa die Weitergabe von Geschäftsgeheimnissen nach § 23 des Gesetzes zum Schutz von Geschäftsgeheimnissen (GeschGehG)[415] oder das Herunterladen strafrechtlich relevanter Inhalte, das zur Beschlagnahme der EDV-Systeme und damit zu einer erheblichen Beeinträchtigung der betrieblichen Geschäftsabläufe führen kann.[416]

2. Kosten

Durch eine exzessive private Nutzung des betrieblichen Internet-Zugangs droht zudem eine finanzielle Schädigung des Arbeitgebers.[417] Gerade die häufig privat genutzten Video-, Ton- oder Programmdateien, die als Freeware oder Shareware zur privaten Nutzung aus dem Internet abgerufen werden, führen zu einer Erhöhung der Gesamtdatenmenge, die als Kostenfaktor im Verhältnis zum Access Provider entsteht.[418]

---

415 Vgl. zur – inzwischen aufgehobenen – vergleichbaren Regelung des § 17 UWG: *Balke/Müller*, DB 1997, 326, 326; Hoeren/Sieber/Holznagel/*Eschner*, Multimedia-Recht, 48. EL, Teil 22 Rn. 10; *Raffler/Hellich*, NZA 1997, 862, 862; *Wybitul*, NJW 2014, 3605, 3606.

416 Hoeren/Sieber/Holznagel/*Eschner*, Multimedia-Recht, 48. EL, Teil 22 Rn. 11; *Tinnefeld*, MMR 2001, 797, 799.

417 *Dickmann*, NZA 2003, 1009, 1009; Hoeren/Sieber/Holznagel/*Eschner*, Multimedia-Recht, 48. EL, Teil 22 Rn. 7.

418 Hoeren/Sieber/Holznagel/*Eschner*, Multimedia-Recht, 48. EL, Teil 22 Rn. 7; ähnlich *Kramer*, NZA 2004, 457, 459.

3. Beeinträchtigung der Arbeitsleistung

Schließlich schadet der das Internet privat nutzende Arbeitnehmer seinem Arbeitgeber, indem er nicht mehr in vollem Umfang zur Erfüllung seiner arbeitsvertraglichen Pflichten zur Verfügung steht.[419]

419 Hoeren/Sieber/Holznagel/*Eschner*, Multimedia-Recht, 48. EL, Teil 22 Rn. 8; Thüsing/*Thüsing*, Beschäftigtendatenschutz, § 3 Rn. 69; *Waltermann*, NZA 2007, 529, 531.

§ 7 Rechte und Interessen der betroffenen Personen

I. Grundrechte

Von der Datenverarbeitung betroffene Personen sind sowohl durch europäische als auch durch nationale Grundrechte geschützt.

1. Europäische Grundrechte

Neben den in der GRCh verankerten Rechten gewährt auch die Europäische Menschenrechtskonvention (EMRK) Schutz vor einer unrechtmäßigen Verarbeitung personenbezogener Daten.

a) Rechte in der GRCh

Die betroffenen Personen möchten ihre Grundrechte gewahrt wissen. Bei Beschäftigten betrifft dies die Datenverarbeitung im Rahmen der Compliance-Maßnahmen des Arbeitgebers, bei Dritten den Schutz vor unrechtmäßiger Verarbeitung ihrer bei dem Verantwortlichen gespeicherten personenbezogenen Daten. Beide Gruppen betroffener Personen sind insofern durch die GRCh geschützt, welche das Recht auf den Schutz personenbezogener Daten in Art. 8 und in Art. 7 zudem die Privatsphäre garantiert.[420]

Art. 8 GRCh schützt als personenbezogenes Datum alle Informationen über eine zumindest identifizierbare natürliche Person.[421] Erfasst werden auch sachbezogene Daten, sofern sie einer identifizierbaren Person zuzuordnen sind.[422] Für den Schutz der Daten ist es zudem unerheblich, wie sie gespeichert werden und ob sie allgemein zugänglich sind.[423] Betroffen sein können die Intim- oder Privatsphäre, wobei letztere weit auszulegen ist und etwa auch personenbezogenene

---

420 *Jarass*, GRCh, Art. 7 Rn. 13, Art. 8 Rn. 7; Meyer/Hölscheidt/*Bernsdorff*, GRCh, Art. 7 Rn. 12, Art. 8 Rn. 20; Thüsing/*Thüsing/Pötters*, Beschäftigtendatenschutz, § 11 Rn. 11.

421 EuGH, Urt. v. 9.11.2010 – C-92, 93/09 (Schecke) = EuZW 2010, 939, 941; von der Groeben/Schwarze/Hatje/*Augsberg*, EU-Recht, Art. 8 GRCh Rn. 6; *Jarass*, GRCh, Art. 8 Rn. 6.

422 *Jarass*, GRCh, Art. 8 Rn. 6; Meyer/Hölscheidt/*Bernsdorff*, GRCh, Art. 8 Rn. 20.

423 *Frenz*, Hdb. Europarecht, Rn. 1375; *Jarass*, GRCh, Art. 8 Rn. 6.

Daten umfasst, die den Beruf betreffen.[424] Auf eine Einordnung als sensibles Datum kommt es gerade nicht an.[425]

Art. 7 GRCh soll durch die Achtung des Privatlebens die personale Selbstbestimmung und persönliche Entwicklung schützen sowie die Abschirmung der Persönlichkeit gegenüber der Umwelt und die personale Selbstdarstellung und Identität.[426] Es geht also um Aspekte des allgemeinen Persönlichkeitsrechts, auch soweit sie über die Privatsphäre hinausgehen.[427]

Der Schutz privater Daten stellt einen wichtigen Teil des Schutzes der Privatsphäre dar, sodass Art. 8 GRCh als eigenständiges Grundrecht und Sondervorschrift zu Art. 7 GRCh anzusehen ist.[428] Gleichwohl kommen in der Rechtsprechung des EuGH beide Grundrechte gemeinsam zur Anwendung und stehen in engem Zusammenhang.[429]

Zwar verpflichten Art. 7 und 8 GRCh unmittelbar nur die EU mit ihren Organen und Einrichtungen, sie entfalten aber ihre Wirkung im Verhältnis zu Privaten über eine grundrechtskonforme Auslegung zivilrechtlicher Normen.[430]

b) Rechte in der EMRK

Auch Art. 8 Abs. 1 der EMRK gewährt jeder Person unter anderem das Recht auf Achtung ihres Privatlebens und ihrer Korrespondenz.[431] Dazu zählt ebenfalls das Recht auf informationelle Selbstbestimmung und Schutz personenbezogener Daten, da das Privatleben durch Verarbeitung dieser Daten beeinträchtigt werden kann.[432] So zählt der Europäische Gerichtshof für Menschenrechte (EGMR)

---

424 EuGH, Urt. v. 20.5.2003 – C-465/00 (Österreichischer Rundfunk) = EuR 2004, 276, 285 f.; EuGH, Urt. v. 9.11.2010 – C-92, 93/09 (Schecke) = EuZW 2010, 939, 942; *Jarass*, GRCh, Art. 8 Rn. 7.

425 EuGH, Urt. 20.5.2003 – C-465/00 (Österreichischer Rundfunk) = EuR 2004, 276, 286; Meyer/Hölscheidt/*Bernsdorff*, GRCh, Art. 8 Rn. 20.

426 BeckOK/*Gersdorf*, InformationsR, Art. 7 GRCh Rn. 20 ff.; *Jarass*, GRCh, Art. 7 Rn. 3.

427 BeckOK/*Gersdorf*, InformationsR, Art. 7 GRCh Rn. 21; *Jarass*, GRCh, Art. 7 Rn. 3.

428 BeckOK/*Schneider*, DatenschutzR, Syst. B. Rn. 19; von der Groeben/Schwarze/Hatje/*Augsberg*, EU-Recht, Art. 8 GRCh Rn. 1; *Jarass*, GRCh, Art. 8 Rn. 4.

429 EuGH, Urt. v. 9.11.2010 – C-92, 93/09 (Schecke) = EuZW 2010, 939, 941; EuGH, Urt. v. 8.4.2014 – C-293/12 (Digital Rights) = NJW 2014, 2169, 2170.

430 BeckOK/*Gersdorf*, InformationsR, Art. 7 GRCh Rn. 11; *Jarass*, GRCh, Art. 8 Rn. 3.

431 BeckOK/Gersdorf, InformationsR, Art. 8 EMRK Rn. 17, 23; *Kramer*, NZA 2018, 637, 639.

432 EGMR, Urt. v. 26.3.1987 – 9248/81 (Leander/Schweden) = EGMR-E 3, 430, 445; BeckOK/*Gersdorf*, InformationsR, Art. 8 EMRK Rn. 29.

beispielsweise auch den privaten Nachrichtenaustausch im Internet am betrieblichen PC-Arbeitsplatz unter die Begriffe „Privatleben" und „Korrespondenz".[433] Selbst im Falle eines ausdrücklichen Verbots seitens des Arbeitgebers, das Internet zu privaten Zwecken zu benutzen, sieht der EGMR das private soziale Leben am Arbeitsplatz jedenfalls nicht auf Null reduziert.[434]

Verpfichtete sind die Konventionsstaaten.[435] Diese kommen ihrer Schutzpflicht nach Art. 8 EMRK nur nach, wenn sie Rechtsvorschriften schaffen, welche die Achtung des Privatlebens im Verhältnis zwischen Einzelpersonen unter Berücksichtigung der unterschiedlichen Interessen gewährleistet, die nach den Umständen geschützt werden müssen.[436]

2. Nationale Grundrechte

Daneben umfasst das allgemeine Persönlichkeitsrecht aus Art. 1 Abs. 1 GG i.V.m. Art. 2 Abs. 1 GG auf deutscher Regelungsebene die Gewährleistung und Absicherung der Persönlichkeitssphäre gegenüber jedem Dritten sowie das Recht auf informationelle Selbstbestimmung und damit das Recht des Betroffenen auf Schutz aller persönlichen Daten.[437] Das allgemeine Persönlichkeitsrecht trägt in seiner Ausprägung als Recht auf informationelle Selbstbestimmung Gefährdungen und Verletzungen der Persönlichkeit Rechnung, die sich für den Einzelnen aus informationsbezogenen Maßnahmen, insbesondere unter den Bedingungen moderner Datenverarbeitung, ergeben.[438] Es gibt dem Einzelnen die Befugnis,

---

433 EGMR, Urt. v. 16.12.1992 – 72/1991/324/394 (Niemietz/Deutschland) = NJW 1993, 718, 719; EGMR, Urt. v. 5.9.2017 – 61496/08 (Bărbulescu/Rumänien) = NZA 2017, 1443, 1444; *Kramer*, NZA 2018, 637, 639.

434 EGMR, Urt. v. 5.9.2017 – 61496/08 (Bărbulescu/Rumänien) = NZA 2017, 1443, 1444; *Kramer*, NZA 2018, 637, 639 f.

435 Vgl. Art. 1 EMRK; EuArbR/*Schubert*, Art. 1 EMRK Rn. 3; MüKo/*Gaede*, StPO, Art. 1 EMRK Rn. 18.

436 EGMR, Urt. v. 5.9.2017 – 61496/08 (Bărbulescu/Rumänien) = NZA 2017, 1443, 1444, 1445; EuArbR/*Schubert*, Art. 8 EMRK Rn. 19 m.w.N.

437 Grundlegend BVerfG, Urt. v. 15.12.1983 – 1 BvR 209/83 u.a. = NJW 1984, 419, 419 ff.; BeckOK/*Lang*, GG, Art. 2 Rn. 45 ff.; *Beckschulze/Henkel*, DB 2001, 1491, 1493; Dürig/Herzog/Scholz/*di Fabio*, GG, Art. 2 Rn. 173 ff.; MAH ArbR/*Dendorfer-Ditges*, § 35 Rn. 78 f.; *Venetis/Oberwetter*, NJW 2016, 1051, 1052.

438 BVerfG, Urt. v. 15.12.1983 – 1 BvR 209/83 u.a. = NJW 1984, 419, 421; BVerfG, Beschl. v. 12.4.2005 – 2 BvR 1027/02 = NJW 2005, 1917, 1918; BVerfG, Urt. v. 2.3.2006 – 2 BvR 2099/04 = NJW 2006, 976, 979; BVerfG, Beschl. v. 4.4.2006 – 1 BvR 518/02 = NJW 2006, 1939, 1940; BVerfG, Beschl. v. 13.6.2007 – 1 BvR 1550/03 u.a. = NJW 2007, 2464, 2465; Dürig/Herzog/Scholz/*di Fabio*, GG, Art. 2 Rn. 173.

grundsätzlich selbst über die Preisgabe und Verwendung seiner personenbezogenen Daten zu bestimmen.[439] Das Recht auf informationelle Selbstbestimmung ergänzt besonders geregelte Garantien der Privatheit, die ihm vorgehen, insbesondere das Post- und Fernmeldegeheimnis nach Art. 10 GG.[440] Dabei beschränkt sich der Schutzumfang des Rechts auf informationelle Selbstbestimmung nicht auf Informationen, die bereits ihrer Art nach sensibel sind und schon deshalb grundrechtlich geschützt werden.[441] Auch der Umgang mit personenbezogenen Daten, die für sich genommen nur geringen Informationsgehalt haben, kann, je nach Ziel der Verarbeitung und den bestehenden Verarbeitungs- und Verknüpfungsmöglichkeiten, grundrechtserhebliche Auswirkungen auf die Privatheit und Verhaltensfreiheit des Betroffenen haben, sodass es insofern unter den Bedingungen der elektronischen Datenverarbeitung kein schlechthin, also ungeachtet des Verwendungskontextes, belangloses personenbezogenes Datum mehr gibt.[442]

Zwar entfalten auch die nationalen Grundrechte keine unmittelbare Drittwirkung zwischen Privaten, jedoch üben sie mittelbar in ihren objektiven Gehalten eine abgeschwächte, mittelbare Einwirkung auf die Rechtsbeziehungen zwischen Privaten aus.[443]

II. Einhaltung datenschutzrechtlicher Vorschriften

Korrespondierend mit dem grundrechtlich gewährten Schutz haben die betroffenen Personen ein Interesse an der Einhaltung der sie ebenfalls schützenden datenschutzrechtlichen Vorschriften. Die einschlägigen Regelungswerke, die

---

439 BVerfG, Urt. v. 15.12.1983 – 1 BvR 209/83 u.a. = NJW 1984, 419, 422; BVerfG, Beschl. v. 11.6.1991 – 1 BvR 239/90 = NJW 1991, 2411, 2411 m.w.N.; BVerfG, Beschl. v. 13.6.2007 – 1 BvR 1550/03 u.a. = NJW 2007, 2464, 2465; BeckOK/*Lang*, GG, Art. 2 Rn. 45a; Maunz/Dürig/*di Fabio*, GG, Art. 2 Rn. 175.

440 BVerfG, Urt. v. 14.7.1999 – 1 BvR 2226/94, 2420/95 u. 2437/95 = NJW 2000, 55, 56; BVerfG, Beschl. v. 3.3.2004 – 1 BvF 3/92 = NJW 2004, 2213, 2215; BVerfG, Urt. v. 27.7.2005 – 1 BvR 668/04 = NJW 2005, 2603, 2604; BVerfG, Urt. v. 2.3.2006 – 2 BvR 2099/04 = NJW 2006, 976, 979; BVerfG, Beschl. v. 13.6.2007 – 1 BvR 1550/03 u.a. = NJW 2007, 2464, 2465.

441 BVerfG, Urt. v. 11.3.2008 – 1 BvR 2074/05, 1 BvR 1254/07 = NJW 2008, 1505, 1506.

442 BVerfG, Urt. v. 15.12.1983 – 1 BvR 209/83 u.a. = NJW 1984, 419, 422; BVerfG, Beschl. v. 13.6.2007 – 1 BvR 1550/03 u.a. = NJW 2007, 2464, 2466 m.w.N.; BVerfG, Urt. v. 11.3.2008 – 1 BvR 2074/05, 1 BvR 1254/07 = NJW 2008, 1505, 1506.

443 Dürig/Herzog/Scholz/*Herdegen*, GG, Art. 1 Abs. 3 Rn. 64; Münchener Hdb. ArbR/*Fischinger*, Band 1, § 7 Rn. 9 ff.

DS-GVO und das BDSG, verpflichten Unternehmen im Gegensatz zu den Regelungen des allgemeinen Persönlichkeitsrechts unmittelbar, da es als juristische Person über die Datenverarbeitung entscheidet und damit Verantwortlicher im Sinne des Art. 4 Nr. 7 DS-GVO ist. Dennoch ergibt sich der Umfang des Schutzes durch die DS-GVO letztlich aus den Grundrechten, insbesondere aus Art. 7 und 8 GRCh.[444] Nach Art. 1 Abs. 2 DS-GVO und Erwägungsgrund 2 zur DS-GVO sollen die Grundsätze und Vorschriften der DS-GVO gerade gewährleisten, dass die Grundrechte und insbesondere das Recht auf Schutz personenbezogener Daten gewahrt werden. In ihrer Eigenschaft als Arbeitnehmer werden natürliche Personen darüber hinaus insbesondere durch die Vorschriften des Beschäftigtendatenschutzes, Art. 88 DS-GVO und § 26 BDSG, geschützt. Die personenbezogenen Daten der betroffenen Personen dürfen demnach nur verarbeitet werden, sofern eine Rechtsgrundlage hierfür besteht.

III. Erfüllung vertraglicher Pflichten

Daneben steht zudem das Interesse betroffener Personen und Vertragspartner des Unternehmens an der Einhaltung von etwa in Auftragsverarbeitungsverträgen vertraglich übernommenen Pflichten zur rechtmäßigen Verarbeitung personenbezogener Daten und Einhaltung datenschutzrechtlicher Vorschriften.

Arbeitnehmer werden zudem durch die Fürsorgepflicht des Arbeitgebers aus §§ 611a, 241 Abs. 2 BGB geschützt, derzufolge letzterer den Schutz der Persönlichkeit des Arbeitnehmers zu berücksichtigen hat.[445] Der Arbeitgeber hat seine Rechte aus dem Arbeitsverhältnis also so auszuüben, wie dies unter Berücksichtigung der Belange des Betriebs und der Interessen der Arbeitnehmer nach Treu und Glauben billigerweise erforderlich ist.[446] Insbesondere muss er sicherstellen, dass alle seine Arbeitnehmer betreffenden personenbezogenen Daten vor unrechtmäßiger Verarbeitung ausreichend geschützt sind.[447] Im Vergleich zur allgemeinen Regelung des Schutzes der Arbeitnehmerpersönlichkeit in §§ 611a, 241 Abs. 2 BGB sind die Regelungen im BDSG und in der DS-GVO die spezielleren.[448]

---

444 BeckOK/*Schantz,* DatenschutzR, Art. 1 Rn. 2; Simitis/Hornung/Spiecker/*Hornung/Spiecker*, DS-GVO, Art. 1 Rn. 37.

445 BAG, Urt. v. 12.9.2006 – 9 AZR 271/06 = NZA 2007, 269, 271; BeckOK/*Hoffmann*, GewO, § 105 Rn. 182.

446 Küttner/*Kreitner*, Fürsorgepflicht, Rn. 3; MAH ArbR/*Dendorfer-Ditges,* § 35 Rn. 84.

447 BeckOK/*Hoffmann*, GewO, § 105 Rn. 186; *Loof*, CCZ 2021, 42, 45.

448 Münchener Hdb. ArbR/*Reichold*, Band 1, § 91 Rn. 9.

IV. Allgemeine Belange der Beschäftigten

Die Beschäftigten stehen der Überwachung naturgemäß kritisch gegenüber. Dies verdeutlicht auch eine Umfrage von *Hornung* und *Knieper*.[449] Danach hält zwar die Mehrheit der Arbeitnehmer Überwachungsmaßnahmen zum Zwecke der Zutrittskontrolle und zum Schutz sensibler Daten für legitim[450], zugleich stehen sie aber gerade solchen Überwachungsmethoden, die zur Sicherstellung der Einhaltung datenschutzrechtlicher Vorschriften relevant sind, namentlich der Videokontrolle und der Überwachung von E-Mails, besonders kritisch gegenüber.[451] Wichtig ist den Beschäftigten aber vor allem die Information über die Kontrollmaßnahmen, die sich über drei Viertel der Arbeitnehmer persönlich durch den Arbeitgeber wünschen.[452]

449 *Hornung/Knieper*, ZD 2014, 383, 383 ff.
450 *Hornung/Knieper*, ZD 2014, 383, 392.
451 *Hornung/Knieper*, ZD 2014, 383, 393.
452 *Hornung/Knieper*, ZD 2014, 383, 394.

§ 8 Datenschutzrechtliche Compliance durch Überwachung

Die Prüfung der Zulässigkeit der Mitarbeiterkontrollen zwecks Sicherstellung der Einhaltung datenschutzrechtlicher Vorschriften durch die Beschäftigten erfolgt beispielhaft anhand derjenigen technischen Überwachungsmöglichkeiten, die regelmäßig im Rahmen der technischen-organisatorischen Maßnahmen abgefragt werden, besonders verbreitet sind und zum Zweck der Überprüfung und Sicherstellung der Einhaltung datenschutzrechtlicher Vorschriften eingesetzt werden. Dies ist zum einen die Zutrittskontrolle mithilfe von Videoüberwachung und zum anderen die Kontrolle von E-Mails zwecks Weitergabekontrolle.

I. Zutrittskontrolle mittels Videoüberwachung

1. Darstellung der Methode

Die Videoüberwachung wird häufig als die einzige effektive Überwachungsmethode angesehen.[453] Früher teuer und in der Installation aufwändig[454], kommt interessierten Unternehmen nun die rasante technische Weiterentwicklung bei gleichzeitig immer geringeren Kosten zugute.

Im Rahmen der Sicherstellung datenschutzrechtlicher Compliance bietet sich der Einsatz von Videokameras insbesondere bei der Zutrittskontrolle an, um auf diese Weise sicherzustellen und zu überprüfen, dass zu Räumen mit personenbezogenen Daten nur solchen Personen Zutritt gewährt wird, die dazu berechtigt sind (z.B. Serverraum).[455] Auf diese Weise wird Unbefugten der Zutritt zu Datenverarbeitungsanlagen verwehrt, mit denen personenbezogene Daten verarbeitet werden.[456] Es muss nachvollziehbar sein, wer sich zu welchem Zeitpunkt in einem Raum, in dem eine solche Datenverarbeitungsanlage steht, aufgehalten

---

453 MAH ArbR/*Dendorfer-Ditges*, § 35 Rn. 185; *Röckl/Fahl*, NZA 1998, 1035, 1036.

454 MAH ArbR/*Dendorfer-Ditges*, § 35 Rn. 185; *Röckl/Fahl*, NZA 1998, 1035, 1036.

455 Auer-Reinsdorff/Conrad/*Conrad*, Handbuch IT- und Datenschutzrecht, § 34 Rn. 282; Taeger/Pohle/*Polenz*, ComputerR-Hdb., 135 Rn. 5.

456 Koreng/Lachenmann/*Witt*, DatenschutzR-FormHdb., E.II.2. Rn. 14; Taeger/Pohle/*Polenz*, ComputerR-Hdb., 135 Rn. 5.

hat.[457] Die Einrichtung einer Videoüberwachung bedarf zwingend der Zustimmung des Betriebsrats, § 87 Abs. 1 Nr. 6 BetrVG.[458]

2. Zulässigkeit der Zutrittskontrolle mittels Videoüberwachung

Für die Entscheidung über die Zulässigkeit der Zutrittskontrolle mittels Videoüberwachung ist zunächst die maßgebliche Rechtsgrundlage festzulegen.

a) Verarbeitung personenbezogener Daten

Bei der Durchführung von Videoüberwachung werden personenbezogene Daten verarbeitet, wenn natürliche Personen identifizierbar aufgenommen werden[459], was im Hinblick auf den Sinn und Zweck der Zutrittskontrolle, nur berechtigten Personen Zutritt zu gewähren und diesen zu dokumentieren, regelmäßig der Fall ist. Diese Methode unterliegt somit dem Anwendungsbereich des Datenschutzrechts und ist an dessen Maßstäben zu messen.

b) § 26 Abs. 1 Satz 1 BDSG vs. § 4 Abs. 1 BDSG

§ 4 BDSG regelt die Videoüberwachung im öffentlichen Raum. In der DS-GVO findet sich jedoch keine Öffnungsklausel, nach der § 4 BDSG im Arbeitsverhältnis Anwendung finden kann, denn § 4 BDSG bezieht sich nach seinem Wortlaut nicht ausdrücklich auf das Arbeitsverhältnis, so dass Art. 88 Abs. 1 DS-GVO als Öffnungsklausel ausscheidet.[460]

c) Anwendung des Maßstabs des Art. 9 Abs. 1 DS-GVO

Zur Entscheidung über die Rechtmäßigkeit der Videoüberwachung ist maßgeblich, ob es sich bei den dabei erhobenen Daten um besonders geschützte Daten des Art. 9 Abs. 1 DS-GVO handelt.

---

457 Koreng/Lachenmann/*Witt*, DatenschutzR-FormHdb., E.II.2. Rn. 14; vgl. dazu auch Taeger/Pohle/*Polenz*, Computerrechts-Hdb., 135 Rn. 5.

458 BAG, Beschl. v. 29.6.2004 – 1 ABR 21/03 = NZA 2004, 1278, 1279; BAG, Beschl. v. 26.8.2008 – 1 ABR 16/07 = NZA 2008, 1187, 1189; BAG, Beschl. v. 11.12.2012 – 1 ABR 78/11 = ZD 2013, 352, 353; *Greiner/Kalle*, RdA 2021, 76, 77.

459 EuGH, Urt. v. 11.12.2014 – C-212/13 (Ryneš) = NJW 2015, 463, 463; *Schneider/Schindler*, ZD 2018, 463, 464.

460 Dazu bereits oben unter Ziffer § 5 II 4; *Byers/Wenzel*, BB 2017, 2036, 2039.

aa) Biometrische Daten

Zu klären ist demnach, ob im Rahmen der Videoaufnahme biometrische Daten erfasst werden. Erwägungsgrund 51 stellt klar, dass nicht jedes Lichtbild unbedingt biometrische Daten erfasst.[461] Dies sei nur anzunehmen, wenn sie mit speziellen technischen Mitteln verarbeitet werden, die die eindeutige Identifizierung oder Authentifizierung einer natürlichen Person ermöglichen.[462] Danach sind über die für die Aufnahme notwendige Technik hinausgehende technische Mittel erforderlich, etwa eine Gesichtserkennungssoftware.[463] Mit Videoaufnahmen, die durch die Arbeitgeber zwecks Kontrolle der Einhaltung datenschutzrechtlicher Vorschriften gefertigt werden, werden damit – mangels spezieller technischer Mittel zur Identifizierung oder Authentifizierung – regelmäßig keine biometrischen Daten verarbeitet.[464]

bb) Gesundheitsdaten

Anders verhält es sich mit Gesundheitsdaten. Der Begriff ist weit zu verstehen und erstreckt sich auf körperliche Leistungsdaten und Zustände.[465] Aus Lichtbildern können Gesundheitsdaten hervorgehen, etwa wenn jemand eine Brille trägt[466] oder einen sichtlich verletzten Fuß hat[467]. Gleichermaßen können sich – etwa aufgrund der Hautfarbe – Hinweise auf rassische und ethnische Herkunft ergeben.[468] Mithin verarbeitet eine Videoaufnahme nicht zwangsläufig, aber doch potentiell Daten, die dem besonderen Schutz des Art. 9 DS-GVO unterliegen. Fraglich ist insofern, ob eine „zufällige" Erfassung der sensiblen Daten

461 EG 51 S. 3.

462 EG 51 S. 3.

463 *Jandt*, ZRP 2018, 16, 17; *Reuter*, ZD 2018, 564, 565; *Schneider/Schindler*, ZD 2018, 462, 468 f.

464 *Jandt*, ZRP 2018, 16, 17; *Reuter*, ZD 2018, 564, 565; *Schindler/Wentland*, ZD-Aktuell 2018, 06057; *Schneider/Schindler*, ZD 2018, 462, 468 f.

465 BeckOK/*Albers/Veit*, DatenschutzR, Art. 9 Rn. 45; Paal/Pauly/*Frenzel*, DS-GVO/BDSG, Art. 9 Rn. 15; Schantz/Wolff, Das neue Datenschutzrecht, Rn. 704.

466 Paal/Pauly/*Ernst*, DS-GVO/BDSG Art. 4 Rn. 109; Paal/Pauly/*Frenzel*, DS-GVO/BDSG, Art. 9 Rn. 15; so bislang *Art. 29-Datenschutzgruppe*, Annex zum Brief v. 5.2.2015 „Health data in apps and devices", abrufbar unter https://ec.europa.eu/justice/article-29/documentation/other-document/files/2015/20150205_letter_art29wp_ec_health_data_after_plenary_annex_en.pdf (zuletzt abgerufen am: 04.08.2022).

467 BeckOK/*Albers/Veit*, DatenschutzR, Art. 9 Rn. 34; *Reuter*, ZD 2018, 564, 565.

468 *Schindler/Wentland*, ZD-Aktuell 2018, 06057; *Schneider/Schindler*, ZD 2018, 463, 465.

von dem Tatbestand des Art. 9 Abs. 1 DS-GVO umfasst sein soll oder ob eine teleologische Reduktion vorzunehmen ist.

Während es nach einer Auffassung für die Anwendbarkeit des Art. 9 DS-GVO ausreichend ist, wenn die besonderen personenbezogenen Daten mittelbar erkennbar sind[469], ist nach anderer Ansicht eine teleologische Reduktion des Tatbestands dergestalt vorzunehmen, dass dieser nur anzuwenden ist, wenn eine Auswertungsabsicht des Verantwortlichen in Bezug auf die sensiblen Daten besteht, die Daten also gezielt erhoben werden.[470]

Nach Erwägungsgrund 51 Satz 1 verdienen personenbezogene Daten, die ihrem Wesen nach hinsichtlich der Grundrechte und Grundfreiheiten besonders sensibel sind, ein höheres Maß an Schutz, da im Zusammenhang mit ihrer Verarbeitung erhebliche Risiken für die Grundrechte und Grundfreiheiten auftreten können. Bei der hier gegenständlichen Überwachung bestehen aufgrund der fehlenden konkreten Auswertungsabsicht hinsichtlich der sensiblen Daten aber gerade keine erheblichen Risiken für die Grundrechte und Grundfreiheiten.[471] Gegen die Einschlägigkeit des Art. 9 DS-GVO für zufällige Verarbeitungen personenbezogener Daten spricht zudem die praktische Unmöglichkeit der Einhaltung der sich daraus ergebenden Anforderungen. Dies insbesondere vor dem Hintergrund, dass es sich bei Rasse, Ethnie oder auch Brille um äußerlich sichtbare Merkmale und dem Arbeitgeber in der Regel ohnehin bekannte Umstände handelt.

Ein Verzicht auf die teleologische Reduktion des Tatbestands würde dessen Anwendungsbereich bedenklich ausdehnen.[472] Es ist daher überzeugender, die

---

469 Wohl auch Ehmann/Selmayr/*Schiff*, DS-GVO, Art. 9 Rn. 6; Paal/Pauly/*Frenzel*, DS-GVO, Art. 9 Rn. 10, 15 (bezüglich Gesundheitsdaten und Rasse bei Lichtbildern); *Reuter*, ZD 2018, 564.

470 BeckOK/*Albers/Veit*, DatenschutzR, Art. 9 Rn. 28, 45 „Gesundheitsbezogenheit"; Gola/*Schulz*, DS-GVO, Art. 9 Rn. 13; *Schindler/Wentland*, ZD-Aktuell 2018, 06057; *Schneider/Schindler*, ZD 2018, 463, 467; *Schwenke*, NJW 2018, 823, 826; Stellungnahme des *ULD Schleswig-Holstein* zur Anpassung des Schleswig-Holsteinischen Landesrechts an die DS-GVO und an die JI-RL vom 24.1.2018, abrufbar unter https://www.datenschutzzentrum.de/uploads/ldsg/20180124_ULD-Stellungnahme_Artikelgesetz-Umsetzung-DSGVO.pdf (zuletzt abgerufen am 04.08.2022).

471 *Schindler/Wentland*, ZD-Aktuell 2018, 06057; *Schneider/Schindler*, ZD 2018, 462, 467; ähnlich Stellungnahme des *ULD Schleswig-Holstein* zur Anpassung des Schleswig-Holsteinischen Landesrechts an die DS-GVO und an die JI-RL vom 24.1.2018, abrufbar unter https://www.datenschutzzentrum.de/uploads/ldsg/20180124_ULD-Stellungnahme_Artikelgesetz-Umsetzung-DSGVO.pdf (zuletzt abgerufen am 04.08.2022).

472 Gola/*Schulz*, DS-GVO, Art. 9 Rn. 14; *Schindler/Wentland*, ZD-Aktuell 2018, 06057.

zufällige Erfassung personenbezogener Daten nicht unter Art. 9 Abs. 1 DS-GVO zu fassen. Die Zulässigkeit der Videokontrolle der Beschäftigten ist mithin allein anhand der Voraussetzungen des § 26 Abs. 1 Satz 1 BDSG zu beurteilen.

d) § 26 Abs. 1 Satz 1 BDSG[473]

aa) Reichweite des § 26 Abs. 1 Satz 1 BDSG

Die im Rahmen dieser Arbeit zu bewertenden Kontrollmaßnahmen erfolgen zu dem Zweck der Sicherstellung und Kontrolle der Einhaltung datenschutzrechtlicher Vorschriften und somit präventiv. Vorbeugende Kontrollen, die nicht auf einem konkreten Anfangsverdacht bezüglich einer Straftat gemäß § 26 Abs. 1 Satz 2 BDSG basieren oder auf Maßnahmen zum Zwecke der Aufdeckung von

---

473 An der Heranziehung des § 26 Abs. 1 Satz 1 BDSG als Rechtsgrundlage für die präventive Kontrolle von Beschäftigten ändert sich nach diesseitiger Ansicht nichts durch das Urteil des EuGH vom 30.3.2023 – C-34/21. Nach hiesiger Auffassung unterscheidet sich § 26 Abs. 1 Satz 1 BDSG ausreichend von den allgemeinen Erlaubnistatbeständen des Art. 6 Abs. 1 Satz 1 DS-GVO und erschöpft sich nicht in Wiederholungen des Verordnungswortlauts. Nach Art. 6 Abs. 1 Satz 1 lit. b) DS-GVO muss die Verarbeitung der Daten für vorvertragliche Maßnahmen erforderlich sein. Diese Maßnahmen müssen auf Anfrage der betroffenen Person erfolgen. Gerade eine solche Einschränkung sieht § 26 Abs. 1 Satz 1 BDSG aber nicht vor. Denn danach dürfen personenbezogene Daten verarbeitet werden, wenn dies für die Begründung eines Beschäftigungsverhältnisses erforderlich ist. Nach dieser Formulierung dürfte der Arbeitgeber also auch eigeninitiativ auf potenzielle Beschäftigte zugehen. Darüber hinaus unterscheidet sich § 26 Abs. 1 Satz 1 BDSG inhaltlich auch von Art. 6 Abs. 1 Satz 1 lit. c) DS-GVO. Dieser erlaubt die Verarbeitung, sofern sie zur Erfüllung einer rechtlichen Verpflichtung erforderlich ist. Dagegen gestattet der nationale Gesetzgeber die Verarbeitung, sofern diese zur Ausübung oder Erfüllung der sich aus einem Gesetz oder einem Tarifvertrag, einer Betriebs- oder Dienstvereinbarung (Kollektivvereinbarung) ergebenden Pflichten – aber eben auch – Rechte der Interessenvertretung der Beschäftigten erforderlich ist. Hinzu kommt, dass EG 8 ohnehin Wiederholungen von Teilen der Verordnung im nationalen Recht gestattet. Schließlich stellt die nach § 26 Abs. 1 Satz 1 BDSG vorzunehmende und durch langjährige höchstrichterlicher Rechtsprechung konkretisierte Erforderlichkeitsabwägung eine geeignete und besondere Maßnahme im Sinne des Art. 88 Abs. 2 DS-GVO dar. Selbst aber, wenn man § 26 Abs. 1 Satz 1 BDSG für unionsrechtswidrig hielte, so könnte für präventive Überwahrungsmaßnahmen jedenfalls auf die allgemeinen Erlaubnistatbestände des Art. 6 Abs. 1 Satz 1 DS-GVO zurückgegriffen werden. Überzeugend erscheint es, Art. 6 Abs. 1 Satz 1 lit. f) DS-GVO als Rechtsgrundlage heranzuziehen, der im Ergebnis ähnliche Voraussetzungen wie § 26 Abs. 1 Satz 1 BDSG statuiert.

Pflichtverletzungen beruhen, können sich auf § 26 Abs. 1 Satz 1 BDSG als Rechtsgrundlage stützen, wonach personenbezogene Daten von Beschäftigten für Zwecke des Beschäftigungsverhältnisses verarbeitet werden dürfen, wenn dies für die Durchführung des Beschäftigungsverhältnisses erforderlich ist.[474] Seine Anwendbarkeit wird durch § 26 Abs. 1 Satz 2 BDSG nicht gesperrt.[475] Denn die in § 26 Abs. 1 Satz 2 BDSG enthaltene Sonderregelung für die Verarbeitung personenbezogener Daten zur Aufdeckung von Straftaten entfaltet keine spezialgesetzliche Sperrwirkung für Maßnahmen, die Pflichtverletzungen unterhalb der Strafbarkeitsschwelle betreffen.[476] Umfasst sind insbesondere nach abstrakten Kriterien durchgeführte und keinen Arbeitnehmer besonders unter Verdacht stellende offene Überwachungsmaßnahmen, die der Verhinderung von Pflichtverletzungen dienen sollen.[477] Derartige vorbeugende Maßnahmen können sich bereits bei Vorliegen einer nur abstrakten Gefahr als verhältnismäßig erweisen, sofern von ihnen kein psychischer Anpassungsdruck ausgeht, der die Betroffenen bei objektiver Betrachtung in ihrer Freiheit, ihr Handeln aus eigener Selbstbestimmung zu planen und zu gestalten, wesentlich hemmt.[478]

bb) Zwecke des Beschäftigungsverhältnisses

Die Überprüfung der Einhaltung datenschutzrechtlicher Vorschriften dient den Zwecken der Durchführung des Beschäftigungsverhältnisses.

Der Zweck der Datenverarbeitung muss das Beschäftigungsverhältnis betreffen. Es muss sich also um Rechte oder Pflichten aus dem Beschäftigungsverhältnis handeln.[479] Das ist jedenfalls dann der Fall, wenn ein Zusammenhang mit der Erfüllung der vom Arbeitnehmer geschuldeten vertraglichen Leistung,

---

474 Kühling/Buchner/*Maschmann*, DS-GVO/BDSG, § 26 Rn. 58; Plath/*Stamer*/*Kuhnke*, DSGVO/BDSG, § 26 Rn. 136; *Stück*, ArbRAktuell 2019, 216, 217.

475 Siehe dazu oben ausführlich unter Ziffer § 5 II 3.

476 Vgl. zu § 32 Abs. 1 Satz 2 BDSG a.F. BAG, Urt. v. 29.6.2017 – 2 AZR 597/16 = NJW 2017, 2853, 2855; *Stück*, ArbRAktuell 2019, 216, 217.

477 Vgl. noch zu § 32 Abs. 1 Satz 1 BDSG a.F. BAG, Urt. v. 27.7.2017 – 2 AZR 681/16 = NZA 2017, 1327, 1330; und ausführlich *Kreß*, Criminal Compliance und Datenschutz im Konzern, S. 161 ff.; Kühling/Buchner/*Maschmann*, DS-GVO/BDSG, § 26 Rn. 58; Plath/*Stamer*/*Kuhnke*, DSGVO/BDSG, § 26 Rn. 136; *Stück*, ArbRAktuell 2019, 216, 217.

478 BAG, Beschl. v. 25.4.2017 – 1 ABR 46/15 = NZA 2017, 1205, 1209.

479 Ähnlich bereits zur alten Rechtslage: BAG, Urt. v. 29.6.2017 – 2 AZR 597/16 = NZA 2017, 1179, 1183; vgl. auch ErfK/*Franzen*, § 26 BDSG Rn. 6 f.; Gola/*Pötters*, DS-GVO, Art. 88 Rn. 47.

seiner sonstigen Pflichtenbindung, Neben- und Rücksichtnahmepflichten (§ 241 Abs. 2 Bürgerliches Gesetzbuch (BGB)) oder mit der Pflichtenbindung des Arbeitgebers besteht.[480] Für die Erfassung auch von vertraglichen Nebenpflichten spricht der Inhalt des gegenüber § 26 Abs. 1 Satz 1 BDSG spezielleren § 26 Abs. 1 Satz 2 BDSG, der die Datenverarbeitung zur Aufklärung von Straftaten, also zur Aufklärung von Nebenpflichtverletzungen, gestattet.[481] Zudem besteht ein berechtigtes Interesse des Arbeitgebers, das Unternehmen und die Mitarbeiter vor Nebenpflichtverletzungen einzelner Arbeitnehmer zu schützen.[482] Von der Durchführung des Arbeitsverhältnisses umfasst sind somit auch die Kontrollen, ob der Arbeitnehmer seinen Pflichten vollumfänglich nachkommt.[483]

Die Einhaltung der datenschutzrechtlichen Vorschriften ist eine vertragliche Nebenpflicht des Arbeitnehmers, die er gegenüber dem Arbeitgeber schuldet. Auch ist der Arbeitgeber gesetzlich und vertraglich zur Einhaltung dieser Vorschriften verpflichtet. Daraus ergibt sich auch, dass ein Rückgriff auf die allgemeinen Erlaubnistatbestände des Art. 6 Abs. 1 Satz 1 DS-GVO nicht möglich ist, um die Überwachungsmaßnahme zu rechtfertigen, weil dessen Anwendung für Sachverhalte, die der Durchführung des Beschäftigungsverhältnisses dienen, nicht in Betracht kommt.[484]

cc) Erforderlichkeit

Um rechtmäßig zu sein, müsste die Überwachungsmaßnahme darüber hinaus auch erforderlich, d.h. für die Erreichung des verfolgten Zwecks geeignet und erforderlich im engeren Sinne sein.

---

480 Vgl. zu § 32 Abs. 1 BDSG a.F.: BAG, Urt. v. 29.6.2017 – 2 AZR 597/16 = NZA 2017, 1179, 1183; ähnlich auch Ehman/Selmayr/*Selk*, DS-GVO, Art. 88 Rn. 51 f.; Gola/*Pötters*, DS-GVO, Art. 88 Rn. 47; *Rudkowski*, NZA 2019, 72, 73; anders dagegen *Joussen*, NZA 2010, 254, 258 (noch zu § 32 Abs. 1 Satz 1 BDSG a.F.), der nur Hauptleistungspflichten erfasst sieht.

481 Für ein weites Verständnis Ehmann/Selmayr/*Selk*, DS-GVO, Art. 88 Rn. 51 ff.; *Rudkowski*, NZA 2019, 72, 73.

482 Vgl. dahingehend auch Kramer/*Bongers*, IT-ArbR, B Rn. 863; *Rudkowski*, NZA 2019, 72, 73.

483 Zum inhaltsgleichen § 32 Abs. 1 BDSG a.F.: BAG, Urt. v. 27.7.2017 – 2 AZR 681/16 = NZA 2017, 1327, 1329; Gola/Schomerus/*Schomerus*, BDSG, 12. Aufl., § 32 Rn. 16; *Grimm*, JM 2016, 17, 19; *Rudkowski*, NZA 2019, 72, 73.

484 Vgl. dazu bereits oben Ziffer § 5 II 5.

(1) Geeignetheit

Die Videoüberwachung ist geeignet, die Einhaltung der datenschutzrechtlichen Vorschriften durch die Beschäftigten tatsächlich zu fördern, indem sie eine Kontrolle und Dokumentation des Zutritts zu Räumen ermöglicht, in denen Datenverarbeitungsanlagen betrieben werden[485] und so unbefugtem Zutritt vorbeugen kann.

(2) Kein milderes, gleich geeignetes Mittel

Es ist kein anderes und die Persönlichkeitsrechte der betroffenen Beschäftigten weniger einschränkendes Mittel vorhanden, das für die Zutrittskontrolle in gleicher Weise geeignet wäre.

Anstelle der technischen Überwachung zum Zwecke der Zutrittskontrolle käme der Einsatz von Wachpersonal in Betracht. Dieses hätte den Vorteil, dass unbefugter Zutritt unmittelbar detektiert und nicht erst bei Auswertung der Kameraaufnahmen auffallen würde. Menschen haben jedoch kein den Kameras vergleichbares Aufmerksamkeitspotenzial und Erinnerungsvermögen. Sie sind daher nicht in gleicher Weise wie Videokameras geeignet, den Zutritt nur berechtigter Personen zu Räumen mit Datenverarbeitungsanlagen zu überwachen und etwaige Verstöße zu protokollieren.

Als Alternative zum Einsatz von Videoüberwachung kämen in Betracht die kritischen Räume mit Sicherungen zu versehen, die den Zutritt nur bei Nutzung einer Chipkarte oder der Eingabe eines Codes gewährt. Zwar können solche Berechtigungen nur an ausgewählte Personen vergeben werden, dennoch ist die Weitergabe oder deren Verlust an unberechtigte Dritte ein nicht zu vernachlässigendes Risiko. Hinzu kommt, dass diese Systeme zwar den Zugriff durch den jeweiligen Code bzw. Chip dokumentieren, nicht aber, wer diesen eingegeben bzw. eingeführt hat. Derartige Systeme sind daher ebenfalls nicht in gleicher Weise wie Videoanlagen geeignet, den Zutritt nur berechtigter Personen zu kritischen Räumlichkeiten zu überwachen.

(3) Angemessenheit

Die auf der nächsten Stufe zu prüfende Angemessenheit, d.h. Verhältnismäßigkeit im engeren Sinne, ist von der konkreten Ausgestaltung der Überwachung abhängig und kann deshalb nur anhand des jeweiligen Einzelfalls unter

485 BAG, Beschl. v. 26.8.2008 – 1 ABR 16/07 = NZA 2008, 1187, 1189; *Kramer*, NZA 2018, 637, 639.

Anwendung der folgenden von der Rechtsprechung entwickelten allgemeinen Abwägungskriterien vorgenommen werden.

(a) Abwägungskriterien der Rechtsprechung

Jede Art der Überwachung stellt einen Eingriff in das allgemeine Persönlichkeitsrecht der betroffenen Beschäftigten dar. Deren Recht auf informationelle Selbstbestimmung wird jedoch nicht schrankenlos gewährleistet.[486] Als eine sich innerhalb der sozialen Gemeinschaft entfaltende, auf Kommunikation angewiesene Persönlichkeit wird dem Einzelnen keine absolute, uneinschränkbare Herrschaft über seine Daten gewährt.[487] Informationen stellen – auch soweit sie personenbezogen sind – ein Abbild sozialer Realität dar, das nicht ausschließlich dem Betroffenen allein zugeordnet werden kann.[488] Das BVerfG hat in seiner Rechtsprechung mehrfach die Entscheidung des Grundgesetzes bezüglich der Spannung „Individuum – Gemeinschaft" im Sinne der Gemeinschaftsbezogenheit und Gemeinschaftsgebundenheit hervorgehoben.[489] Bestehen überwiegende Allgemeininteressen, hat der Einzelne demnach die Einschränkung seines allgemeinen Persönlichkeitsrechts hinzunehmen.[490]

In der Rechtsprechung sind bezüglich der Interessenabwägung hinsichtlich des Eingriffs in das allgemeine Persönlichkeitsrecht insbesondere die folgenden Kriterien als relevant anerkannt[491]:

---

486 BVerfG, Urt. v. 20.7.1954 – 1 BvR 459, 484, 548, 555, 623, 651, 748, 783, 801/52, 5, 9/53, 96, 114/54 = NJW 1954, 1235, 1235; BVerfG, Urt. v. 15.12.1983 – 1 BvR 209/83 u.a. = NJW 1984, 419, 422.

487 BVerfG, Beschl. v. 15.1.1970 – 1 BvR 13/68 = NJW 1970, 555, 555; BVerfG, Urt. v. 15.12.1983 – 1 BvR 209/83 u.a. = NJW 1984, 419, 422.

488 BVerfG, Urt. v. 15.12.1983 – 1 BvR 209/83 u.a. = NJW 1984, 419, 422.

489 BVerfG, Urt. v. 20.7.1954 – 1 BvR 459, 484, 548, 555, 623, 651, 748, 783, 801/52, 5, 9/53, 96, 114/54 = NJW 1954, 1235, 1235; BVerfG, Beschl. v. 12.11.1958 – 2 BvL 4/56, 26/56, 40/56, 1/57, 7/57 = VerwRspr 1959, 769, 785; BVerfG, Urt. v. 18.7.1972 – 1 BvL 32/70 und 25/71 = NJW 1972, 1561, 1565; BVerfG, Beschl. v. 13.1.1981 – 1 BvR 116/77 = NJW 1981, 1431, 1432; BVerfG, Urt. v. 15.12.1983 – 1 BvR 209/83 u.a. = NJW 1984, 419, 422.

490 BVerfG, Urt. v. 15.12.1983 – 1 BvR 209/83 u.a. = NJW 1984, 419, 422.

491 Vgl. dazu auch den Überblick bei *Thüsing/Schmidt*, DB 2017, 2608, 2609 ff.

(aa) Streubreite des Eingriffs

Zentrales Kriterium für die Bewertung der Angemessenheit einer Überwachungsmaßnahme ist die Anzahl der von ihr betroffenen Personen.[492]

(bb) Anlassbezogenheit

Einfluss auf die Abwägung nimmt auch der Umstand, ob die Betroffenen bekannt sind und Anlass für die Überwachung gegeben haben.[493] Ein erheblicher Eingriff in die Grundrechte der Betroffenen liegt bei Maßnahmen vor, die eine Vielzahl von Personen erfassen, gegen die kein Verdacht vorliegt.[494] Arbeitnehmer, die während ihrer Arbeitszeit anlasslos permanent überwacht werden oder zumindest jederzeit damit rechnen müssen, werden einem Anpassungs- und Überwachungsdruck ausgesetzt, der sie an einer selbstbestimmten Handlungsweise hindert.[495] Einigkeit besteht daher bislang darin, dass eine präventive lückenlose Überwachung sämtlicher Arbeitnehmer unverhältnismäßig ist.[496]

---

492 BVerfG, Urt. v. 14.7.1999 – 1 BvR 2226/94, 2420/95 u. 2437/95 = NJW 2000, 55, 61; BVerfG, Beschl. v. 4.4.2006 – 1 BvR 518/02 = NJW 2006, 1939, 1945; BVerfG, Urt. v. 11.3.2008 – 1 BvR 2074/05, 1 BvR 1254/07 = NJW 2008, 1505, 1506; BAG, Beschl. v. 29.6.2004 – 1 ABR 21/03 = NJW 2005, 313, 318; BAG, Beschl. v. 14.12.2004 – 1 ABR 34/03 = NJOZ 2005, 2708, 2711; BAG, Beschl. v. 26.8.2008 – 1 ABR 16/07 = NZA 2008, 1187, 1190; Knierim/Rübenstahl/Tsambikakis/*Wybitul*, Internal Investigations, Kap. 11 Rn. 73; *Kreß*, Criminal Compliance und Datenschutz im Konzern, S. 216; Momsen/Grützner/*Grützner*, Wirtschaftsstrafrecht, Kap. 4 Rn. 333; *Thüsing/Schmidt*, DB 2017, 2608, 2609.

493 BAG, Beschl. v. 29.6.2004 – 1 ABR 21/03 = NJW 2005, 313, 315; BAG, Beschl. v. 14.12.2004 – 1 ABR 34/03 = NJOZ 2005, 2708, 2711; BAG, Beschl. v. 26.8.2008 – 1 ABR 16/07 = NZA 2008, 1187, 1190; *Thüsing/Schmidt*, DB 2017, 2608, 2609.

494 BVerfG, Beschl. v. 4.4.2006 – 1 BvR 518/02 = NJW 2006, 1939, 1944; BVerfG, Urt. v. 11.3.2008 – 1 BvR 2074/05, 1 BvR 1254/07 = NJW 2008, 1505, 1507, 1515; BAG, Beschl. v. 29.6.2004 – 1 ABR 21/03 = NJW 2005, 313, 318; *Kreß*, Criminal Compliance und Datenschutz im Konzern, S. 216.

495 BVerfG, Urt. v. 11.3.2008 – 1 BvR 2074/05, 1 BvR 1254/07 = NJW 2008, 1505, 1508; BAG, Urt. v. 27.3.2003 – 2 AZR 51/02 = NJW 2003, 3436, 3437; BAG, Beschl. v. 29.6.2004 – 1 ABR 21/03 = NJW 2005, 313, 315, 318; BAG, Beschl. v. 14.12.2004 – 1 ABR 34/03 = NJOZ 2005, 2708, 2712; BAG, Beschl. v. 26.8.2008 – 1 ABR 16/07 = NZA 2008, 1187, 1189; *Kreß*, Criminal Compliance und Datenschutz im Konzern, S. 216; *Schrader/Mahler*, NZA-RR 2016, 57, 60; Landesbeauftragter für den Datenschutz Baden-Württemberg, 30. Tätigkeitsbericht 2010/2011, S. 153.

496 Vgl. zu § 32 Abs. 1 Satz 1 BDSG a.F.: *Kreß*, Criminal Compliance und Datenschutz im Konzern, S. 216; *Taeger/Rose*, BB 2016, 819, 826; Landesbeauftragter für den Datenschutz Baden-Württemberg, 30. Tätigkeitsbericht 2010/2011, S. 153.

(cc) Ort der Überwachung

Entscheidend ist weiter die Örtlichkeit der Überwachung, ob sie also etwa in Privat- oder Geschäftsräumen, öffentlich oder nicht öffentlich erfolgt.[497]

(dd) Dauer der Überwachung

Anerkannt als abwägungsrelevantes Kriterium ist zudem die Dauer der Überwachung.[498] Das BAG hat das Verbot einer Dauer-/Totalüberwachung mehrfach betont.[499] Das allgemeine Persönlichkeitsrecht verbietet es, die Beschäftigten durch eine Totalüberwachung zum Objekt einer Datenerhebung herabzuwürdigen, die dementsprechend als unzulässig angesehen wird.[500] Selbst bei Einverständnis des Betriebsrats mit einer solchen Überwachung geht das BAG von der datenschutzrechtlichen Unzulässigkeit der Überwachung aus.[501] Zulässig hingegen können stichprobenartige Kontrollen sein.[502]

(ee) Art der Überwachung

Maßgeblich ist darüber hinaus, welche Technik zur Überwachung eingesetzt wird.[503] So bedarf das im allgemeinen Persönlichkeitsrecht enthaltene Recht auf informationelle Selbstbestimmung etwa bei der automatischen Datenverarbeitung des besonderen Schutzes.[504] Insofern ist das Grundrecht besonders

---

497 BAG, Beschl. v. 29.6.2004 – 1 ABR 21/03 = NJW 2005, 313, 315; BAG, Beschl. v. 14.12.2004 – 1 ABR 34/03 = NJOZ 2005, 2708, 2711 f.; *Thüsing/Schmidt*, DB 2017, 2608, 2609.

498 BAG, Urt. v. 27.3.2003 – 2 AZR 51/02 = NJW 2003, 3436, 3438; BAG, Beschl. v. 29.6.2004 – 1 ABR 21/03 = NJW 2005, 313, 315 m.w.N.; BAG, Beschl. v. 14.12.2004 – 1 ABR 34/03 = NJOZ 2005, 2708, 2712, 2716; BAG, Beschl. v. 26.8.2008 – 1 ABR 16/07 = NZA 2008, 1187, 1190; *Kreß*, Criminal Compliance und Datenschutz im Konzern, S. 217; Momsen/Grützner/*Grützner*, Wirtschaftsstrafrecht, Kap. 4 Rn. 333; *Thüsing/Schmidt*, DB 2017, 2608, 2610.

499 BAG, Urt. v. 7.10.1987 – 5 AZR 116/86 = NZA 1988, 92, 92; BAG, Urt. v. 27.3.2003 – 2 AZR 51/02 = NJW 2003, 3436, 3437; *Kort*, NZA 2018, 1097, 1100.

500 So auch *Grützner/Jakob*, Compliance von A–Z, Technische Überwachung; *Rudkowski*, NZA 2019, 72, 74.

501 BAG, Beschl. v. 25.4.2017 – 1 ABR 46/15 = NZA 2017, 1205, 1210 f.

502 BAG, Urt. v. 27.7.2017 – 2 AZR 681/16 = NZA 2017, 1327, 1330 f.

503 BAG, Beschl. v. 29.6.2004 – 1 ABR 21/03 = NJW 2005, 313, 315; *Thüsing/Schmidt*, DB 2017, 2608, 2610.

504 BVerfG, Urt. v. 15.12.1983 – 1 BvR 209/83 u.a. = NJW 1984, 419, 421; BAG, Beschl. v. 29.6.2004 – 1 ABR 21/03 = NJW 2005, 313, 315.

gefährdet, weil mit dieser Technik Informationen über bestimmte Personen grundsätzlich unbegrenzt speicherbar und jederzeit abrufbar sind und mit anderen Datensammlungen zu einem Persönlichkeitsbild zusammengefügt werden können, ohne dass der Betroffene dessen Richtigkeit und Verwendung zureichend kontrollieren kann.[505]

(ff) Inhalt/Persönlichkeitsrelevanz

Relevant für die Entscheidung über die Angemessenheit der Datenverarbeitung ist neben der Frage, welche persönlichkeitsbezogenen Informationen erfasst werden, auch, ob mit anonymisierten oder pseudonymisierten Daten gearbeitet wird, da diese Art der Verarbeitung eine geringere Eingriffsintensität aufweist.[506]

(gg) Nachteilige Folgen

Drohen dem Betroffenen weitere Nachteile aus der Maßnahme oder werden sie von ihm nicht ohne Grund befürchtet, ist dies ebenfalls in die Abwägung einzubeziehen.[507]

(hh) Heimlichkeit

Eine erhöhte Eingriffsintensität wird bei heimlichen Kontrollen angenommen.[508] Dies ergibt sich aus der durch die Heimlichkeit begründeten faktischen

---

505 BVerfG, Urt. v. 15.12.1983 – 1 BvR 209/83 u.a. = NJW 1984, 419, 421; BAG, Beschl. v. 29.6.2004 – 1 ABR 21/03 = NJW 2005, 313, 315.

506 BVerfG, Urt. v. 14.7.1999 – 1 BvR 2226/94, 2420/95 u. 2437/95 = NJW 2000, 55, 61; BVerfG, Beschl. v. 4.4.2006 – 1 BvR 518/02 = NJW 2006, 1939, 1942; BAG, Beschl. v. 29.6.2004 – 1 ABR 21/03 = NJW 2005, 313, 315; BAG, Beschl. v. 14.12.2004 – 1 ABR 34/03 = NJOZ 2005, 2708, 2711; BAG, Beschl. v. 26.8.2008 – 1 ABR 16/07 = NZA 2008, 1187, 1190; Knierim/Rübenstahl/Tsambikakis/*Wybitul*, Internal Investigations, Kap. 11 Rn. 73; *Kreß*, Criminal Compliance und Datenschutz im Konzern, S. 217.

507 BVerfG, Urt. v. 14.7.1999 – 1 BvR 2226/94, 2420/95 u. 2437/95 = NJW 2000, 55, 61; BVerfG, Urt. v. 3.3.2004 – 1 BvR 2378/98 u. 1 BvR 1084/99 = NJW 2004, 999, 1012; BVerfG, Beschl. v. 4.4.2006 – 1 BvR 518/02 = NJW 2006, 1939, 1942; BVerfG, Beschl. v. 13.6.2007 – 1 BvR 1550/03 u.a. = NJW 2007, 2464, 2469; BVerfG, Urt. v. 11.3.2008 – 1 BvR 2074/05, 1 BvR 1254/07 = NJW 2008, 1505, 1508; BAG, Beschl. v. 14.12.2004 – 1 ABR 34/03 = NJOZ 2005, 2708, 2712; BAG, Beschl. v. 26.8.2008 – 1 ABR 16/07 = NZA 2008, 1187, 1190; *Thüsing/Schmidt*, DB 2017, 2608, 2610.

508 BVerfG, Beschl. v. 4.4.2006 – 1 BvR 518/02 = NJW 2006, 1939, 1944; BVerfG, Beschl. v. 13.6.2007 – 1 BvR 1550/03 u.a. = NJW 2007, 2464, 2469 f.; BVerfG, Urt. v. 11.3.2008 – 1 BvR 2074/05, 1 BvR 1254/07 = NJW 2008, 1505, 1508; *Thüsing/Schmidt*, DB 2017, 2608, 2610.

Hinderung des Betroffenen, vor der Durchführung der belastenden Überwachung gerichtlichen Rechtsschutz zu suchen sowie der möglichen Erschwernis nachträglichen Rechtschutzes.[509] Heimliche Mitarbeiterkontrollen sind daher nur in engen Ausnahmefällen zulässig.[510] Zusammengefasst sind verdeckte Überwachungsmaßnahmen zulässig, wenn der konkrete (Anfangs)Verdacht[511] einer Straftat oder schwerwiegenden Pflichtverletzung besteht, keine milderen Mittel zur Aufklärung des Verdachts zur Verfügung stehen oder ergebnislos ausgeschöpft wurden und die Maßnahme nicht unverhältnismäßig ist.[512]

(ii) Einbeziehung Dritter

Positiv zugunsten des Arbeitgebers wirkt sich die Beteiligung des Datenschutzbeauftragten an der Maßnahme aus.[513] Dieser kann aufgrund seiner datenschutzrechtlichen Expertise und als neutrale Instanz die Rechtmäßigkeit der Maßnahme kritisch prüfen und bewerten. Nicht als Abmilderung, sondern vielmehr als Erschwerung des Eingriffs wird die Beteiligung des Betriebsrats gewertet, weil diese den Kreis der involvierten Personen erweitert.[514]

---

509 BVerfG, Beschl. v. 13.6.2007 – 1 BvR 1550/03 u.a. = NJW 2007, 2464, 2469 f.; BVerfG, Urt. v. 11.3.2008 – 1 BvR 2074/05, 1 BvR 1254/07 = NJW 2008, 1505, 1508; BAG, Beschl. v. 26.8.2008 – 1 ABR 16/07 = NZA 2008, 1187, 1190; *Thüsing/Schmidt*, DB 2017, 2608, 2610.

510 Wohl auch *Byers*, NZA 2017, 1086, 1089; *Fuhltrott*, GWR 2018, 388, 389; *Gola*, BB 2017, 1462, 1466 f.; Kühling/Buchner/*Maschmann*, DS-GVO/BDSG, § 26 Rn. 46, der eine heimliche Überwachung unter Geltung der DS-GVO aufgrund der sich durch das Transparenzgebot ergebenden Informationspflichten für gänzlich unzulässig hält (Rn. 22); Plath/*Stamer/Kuhnke*, DSGVO/BDSG, § 26 Rn. 127; *Thüsing/Rombey*, NZA 2018, 1105, 1110.

511 BAG, Urt. v. 20.10.2016 – 2 AZR 395/15 = NJW 2017, 1193, 1195; BAG, Urt. v. 27.7.2017 – 2 AZR 681/16 = NZA 2017, 1327, 1330.

512 BAG, Urt. v. 21.6.2012 – 2 AZR 153/11 = NZA 2012, 1025, 1028; *Eufinger*, DB 2017, 1266, 1268; *Koch*, ZFA 2018, 109, 118.

513 LAG Rheinland-Pfalz, Urt. v. 25.11.2014 – 8 Sa 363/14 = ZD 2015, 488, 491; *Kreß*, Criminal Compliance und Datenschutz im Konzern, S. 182, die einen positiven Einfluss auf die Abwägung aber nur bei aktiver Beteiligung und nicht bei bloßer Teilnahme annimmt; Landesbeauftragter für den Datenschutz Baden-Württemberg, 30. Tätigkeitsbericht 2010/2011, S. 148.

514 BAG, Urt. v. 20.6.2013 – 2 AZR 546/12 = NZA 2014, 143, 148; *Kreß*, Criminal Compliance und Datenschutz im Konzern, S. 183; kritisch auch der Landesbeauftragte für den Datenschutz Baden-Württemberg, 30. Tätigkeitsbericht 2010/2011, S. 148.

(jj) Weitere Verwertung

Maßgeblich ist zudem, wie die Daten nach ihrer Erhebung weiter verwertet werden.[515] So trägt es zur Angemessenheit der Maßnahme bei, wenn das Unternehmen ein Löschkonzept für die erhobenen personenbezogenen Daten vorhält.[516]

(kk) Kernbereichsbezug

Eine besonders schwere Beeinträchtigung des Persönlichkeitsrechts liegt schließlich bei der Betroffenheit der Rechtsposition im Kernbereich vor.[517] Der Kernbereich der Grundrechte ist absolut und nicht abwägungsfähig.[518] Der Schutz vor Eingriffen gilt auch gegenüber Privaten, sodass sowohl Allgemeininteressen als auch Grundrechte Dritter nachrangig sind.[519]

(b) Abwägungskriterien der Literatur

Neben den in der Rechtsprechung entwickelten Abwägungskriterien werden auch von der Literatur mögliche Kriterien zur Bewertung der Angemessenheit der Maßnahme vorgeschlagen. Vereinzelt wird angeregt, den Verantwortungsgrad der betroffenen Person in die Abwägung einzubeziehen.[520] Zwar stellt sich bei Führungskräften der Eingriff nicht weniger intensiv dar, ihre Interessen haben aber eher zurückzustehen als die eines einfachen Angestellten.[521] Begründet wird dies mit der zu erwartenden erhöhten Rufschädigung bei

---

515 BVerfG, Beschl. v. 4.4.2006 – 1 BvR 518/02 = NJW 2006, 1939, 1945; BVerfG, Urt. v. 11.3.2008 – 1 BvR 2074/05, 1 BvR 1254/07 = NJW 2008, 1505, 1507; *Kreß*, Criminal Compliance und Datenschutz im Konzern, S. 183.

516 BAG, Beschl. v. 26.8.2008 – 1 ABR 16/07 = NZA 2008, 1187, 1191; *Kreß*, Criminal Compliance und Datenschutz im Konzern, S. 183.

517 BVerfG, Urt. v. 27.2.2008 – 1 BvR 370/07, 1 BvR 595/07 = NJW 2008, 822, 833; BAG, Beschl. v. 26.8.2008 – 1 ABR 16/07 = NZA 2008, 1187, 1189; *Thüsing/Schmidt*, DB 2017, 2608, 2610.

518 BVerfG, Beschl. v. 31.1.1973 – 2 BvR 454/71 = NJW 1973, 891, 892; BVerfG, Beschl. v. 13.6.2007 – 1 BvR 1783/05 = NJW 2008, 39, 42; BAG, Beschl. v. 26.8.2008 – 1 ABR 16/07 = NZA 2008, 1187, 1189; *Thüsing/Schmidt*, DB 2017, 2608, 2610.

519 BVerfG, Urt. v. 3.3.2004 – 1 BvR 2378/98 u. 1 BvR 1084/99 = NJW 2004, 999, 1002; BVerfG, Urt. v. 27.2.2008 – 1 BvR 370/07, 1 BvR 595/07 = NJW 2008, 822, 833; *Thüsing/Schmidt*, DB 2017, 2608, 2610.

520 *Kreß*, Criminal Compliance und Datenschutz im Konzern, S. 181; *Veit*, NZWiSt 2015, 334, 340.

521 *Kreß*, Criminal Compliance und Datenschutz im Konzern, S. 181; *Veit*, NZWiSt 2015, 334, 340.

Öffentlichwerden der Pflichtverletzung einer Person mit Vorbildfunktion sowie mit erhöhten Loyalitätspflichten im Sinne des § 241 Abs. 2 BGB.[522]

(c) Gesetzliche Vorgaben

Im Rahmen der Kontrollen ist nach § 26 Abs. 5 BDSG weiter die Einhaltung der allgemeinen Grundsätze nach Art. 5 DS-GVO zu beachten.[523] Wichtig im Hinblick auf die Verarbeitung der personenbezogenen Beschäftigtendaten sind insbesondere der Grundsatz der Datenminimierung, der Transparenz und der Zweckbindung.

(d) Subsumtion

Die Kontrolle des Zutritts mittels Videoanlagen wird in der Regel – je nach Größe und Einrichtung des Unternehmens – eine Vielzahl der Beschäftigten erfassen. Sie erfolgt anlasslos, kann örtlich jedoch gegebenenfalls auf wenige relevante Räumlichkeiten oder gar deren Eingangsbereich beschränkt werden. Stichprobenartige Kontrollen werden insofern allerdings meist nicht ausreichen, um dauerhaft das Betreten des kritischen Raumes nur durch Berechtigte sicherzustellen. Sie bergen die Gefahr, dass die Risikobereitschaft solcher Personen, die willens sind einen Datenschutzverstoß zu begehen, auch dahingehend besteht, sich auf die überwiegende Wahrscheinlichkeit zu verlassen, dass die Videoanlage zum Zeitpunkt ihres unberechtigten Zutritts gerade nicht in Betrieb ist. Derartige Maßnahmen haben daher nicht die gleiche präventive Wirkung wie eine dauerhafte Inbetriebnahme der Videoanlage. Hingegen wäre in die Abwägung auch die Möglichkeit, sich der Überwachung zu entziehen, einzubeziehen. So wird die Angemessenheit einer Maßnahme unterschiedlich zu beurteilen sein, wenn in einem Fall lediglich die Lobby und abgelegene Örtlichkeiten überwacht werden, in deren Bereich sich die Beschäftigten nur wenige Minuten täglich aufhalten, in einem anderen Unternehmen die kritischen Räume hingegen an prominenter Stelle liegen und deshalb auch eigentlich unkritische Arbeitsplätze von Beschäftigten von der Überwachung erfasst werden. In ersterem Fall würde die – dennoch dauerhafte Überwachung – ungleich weniger in das allgemeine Persönlichkeitsrecht der Arbeitnehmer eingreifen als in letzterem, weil sich der Überwachungs- und Anpassungsdruck auf einen nur geringen und den Beschäftigten hinsichtlich der zeitlichen Lage bekannten Teil ihrer Arbeitszeit

---

522 Vgl. dahingehend auch BeckOGK/*Maties*, BGB, § 611a Rn. 887; Jauernig/*Mansel*, BGB, § 611 Rn. 23; *Kreß*, Criminal Compliance und Datenschutz im Konzern, S. 181.

523 Vgl. dazu bereits oben Ziffer § 3 I; *Thüsing/Rombey*, NZA 2018, 1105, 1109.

beschränkt.[524] In Bezug auf die Art der Überwachung wirkt die Nutzung von Videoanlagen als technisches Mittel als die Eingriffsintensität stärkend. Auch können die erfassten Daten weder sinnvoll pseudonymisiert noch anonymisiert werden, da ansonsten der Sinn und Zweck der Überwachung als Zutrittskontrolle verloren ginge. Nachteilige Folgen könnten sich allenfalls entfalten, wenn die präventive Wirkung der Überwachungsmaßnahme nicht eingetreten ist. Wird ein datenschutzrechtlicher Verstoß begangen und werden aufgrund dieses Verstoßes die Aufnahmen ausgewertet und der Schuldige identifiziert, so kann dies die Kündigung des Betroffenen nach sich ziehen. Zum Zwecke der Zutrittskontrolle bedarf es lediglich der weniger einschneidenden offenen Überwachung. Sollte ein Datenschutzverstoß bekannt werden und Anlass zur Sichtung der Aufnahmen geben, so kann der Datenschutzbeauftragte einbezogen werden. In absolut geschützten Kernbereichen wie etwa Toiletten, Sanitärbereichen und Umkleidekabinen[525] befinden sich keine Datenverarbeitungsanlagen, sodass diese Räumlichkeiten nicht der Überwachung zu datenschutzrechtlichen Zwecken bedürfen. Die Beschäftigten können über die Verarbeitung umfassend informiert und die Verarbeitung auf das nötige Maß beschränkt werden.

dd) Ergebnis

Eine abschließende Aussage zur Rechtmäßigkeit der Videoüberwachung von Beschäftigten zwecks Zutrittskontrolle zum Schutz personenbezogener Daten Dritter lässt sich anhand dieser abstrakten Subsumtion nicht treffen. Erst recht kann keine pauschale Aussage dahingehend getroffen werden, dass die offene, präventive Überwachung immer rechtmäßig ist. Die Zulässigkeit der Maßnahme kann nur anhand des konkreten Einzelfalls geprüft werden.

Das BAG hielt etwa eine verdeckte Videoüberwachung zwecks Zutrittskontrolle bei Vorliegen eines konkreten Anfangsverdachts für rechtmäßig.[526] Die Beklagte hatte bei Inventuren Fehlbestände von Ersatzteilen verzeichnet und machte die Differenzen betriebsöffentlich. Zugleich untersagte sie – mit Ausnahme von zwei Lageristen – allen Mitarbeitern für die Zukunft den Zutritt zum Lager und verbot ihnen, Teile aus den Regalen zu nehmen. Nachdem auch anschließende Gespräche mit den Lagermitarbeitern keinen Aufschluss über die Fehlbestände gebracht hatten, ließ die Beklagte eine Videokamera installieren,

524 Vgl. BAG, Beschl. v. 26.8.2008 – 1 ABR 16/07 = NZA 2008, 1187, 1193 zur repressiven Videoüberwachung in öffentlich zugänglichen Räumen.

525 BT-Drs. 15/2466, S. 5; Kühling/Buchner/*Maschmann*, DS-GVO/BDSG, § 26 Rn. 43.

526 BAG, Urt. v. 20.10.2016 – 2 AZR 395/15 = NZA 2017, 443.

mittels derer die Vorgänge im Ersatzteillager fortan aufgezeichnet wurden. Nach Ansicht des BAG war nicht ersichtlich, dass andere Mittel zur Aufklärung des Verdachts und zur Eingrenzung des verdächtigen Personenkreises zur Verfügung gestanden hätten, die weniger stark in das Persönlichkeitsrecht des Klägers eingegriffen hätten und mittels derer der Zweck der Überwachung mit vergleichbarer Erfolgsaussicht hätte erreicht werden können. Gegen die überwachten Beschäftigten habe ein Anfangsverdacht bestanden und die Überwachung habe allein das Lager und damit den räumlichen Bereich, auf den sich der Verdacht bezog, betroffen.

Hingegen war die offene Videoüberwachung von Beschäftigten in einem Verteilungszentrum, in welchem es zum Verlust von Sendungen kam, nach Ansicht des BAG nicht von einer Rechtsgrundlage gedeckt.[527] Der Beklagten war auf Grundlage des angefochtenen Einigungsstellenspruchs faktisch eine Aufnahmezeit von 60 Stunden pro Woche gestattet. Das BAG sah die Arbeitnehmer deshalb während der gesamten Dauer ihrer Tätigkeit im Verteilungszentrum der Aufzeichnung ihres Verhaltens ausgesetzt, welches sodann rekonstruiert und kontrolliert werden konnte. Dadurch entstünde bewusst oder unbewusst ein Druck, sich möglichst unauffällig zu benehmen, um nicht später in irgendeiner Weise Gesprächsobjekt zu werden und Vorhaltungen ausgesetzt zu sein. Eine solche Überwachung sei allenfalls gegenüber dem für das Verschwinden der Sendungen Verantwortlichen zulässig, nicht hingegen gegenüber den ganz überwiegend „unschuldigen" Teilen der Belegschaft. Es liege keine die Videoüberwachung rechtfertigende besondere Gefahrenlage vor. Denn es sei nicht auszuschließen, dass die Verluste nicht innerhalb des Verteilungszentrums, sondern auf den Wegen in und aus dem Verteilungszentrum eingetreten seien.

Es gibt unzählige Ausgestaltungsmöglichkeiten und jede einzelne muss – unter Berücksichtigung der betrieblichen Spezifika – gesondert bewertet werden. Die daraus resultierende Einzelfallrechtsprechung macht Unternehmen eine Orientierung schwer, da eine Übertragung auf ihren eigenen Betrieb aufgrund der Diversität meist nicht oder jedenfalls nicht vollumfänglich möglich ist. Was ein Unternehmen nachvollziehbar und begründet als angemessene Maßnahme und vor allem zur Einhaltung der gesetzlichen und vertraglichen Pflichten als absolut notwendige Überwachung ansieht, kann nach Einschätzung des Gerichts ein gänzlich unangemessener Eingriff in das allgemeine Persönlichkeitsrecht der betroffenen Beschäftigten darstellen.

---

527 BAG, Beschl. v. 29.6.2004 – 1 ABR 21/03 = NJW 2005, 313.

II. Inhaltliche Kontrolle ausgehender E-Mails

1. Darstellung der Methode

E-Mails sind der meistgenutzte Internetdienst.[528] Die Kommunikation via E-Mail hat auch im Berufsalltag einen festen Platz eingenommen und ist nicht mehr wegzudenken.[529] Die Sichtung der E-Mails bildet im Hinblick auf die Indizien für Straftaten und sonstige Regelverstöße eine der wertvollsten Erkenntnisquellen, weil sie selbst Mittel der Begehung sein können.[530] Gerade im Hinblick auf die Weitergabekontrolle stellt die Auswertung der elektronischen Kommunikation ebenfalls eine wichtige Erkenntnisquelle dar.

Mittels Weitergabekontrolle sollen zum einen die Daten beim Akt der Übermittlung geschützt werden, zum anderen dient sie der internen Kontrolle darüber, wem zu welchem Zweck überhaupt Daten übermittelt werden dürfen.[531] Die Kontrolle der Ausgangsmails betrifft letzteren Zweck, soll also die Prüfung der Empfangsberechtigung, mithin die Feststellung, ob der Empfänger die notwendigen Berechtigungen zum Weiterverarbeiten der Daten besitzt, ermöglichen.[532]

Die geschäftliche Kommunikation erfolgt inzwischen weit überwiegend per E-Mail.[533] Ihre Inhalte geben daher wichtige Anhaltspunkte und einen nahezu umfassenden Gesamtüberblick zur Einhaltung der datenschutzrechtlichen Vorschriften in der Kommunikation mit Dritten. Anhand der ausgehenden E-Mails kann leicht überprüft werden, ob seitens des Unternehmens zu schützende personenbezogene Daten unrechtmäßig an Dritte herausgegeben werden. Dabei kann es sich sowohl um vorsätzliche als auch fahrlässige Verstöße handeln.

---

528 So schon *Hanau/Hoeren*, Private Internetnutzung durch Arbeitnehmer, S. 7; *Hobert*, Datenschutz und Datensicherheit, S. 38; *Mayer*, NJW 1996, 1782, 1784; *Preuß*, Kontrolle von E-Mails, S. 73; *Vetter*, Gesetzeslücken bei der Internetkriminalität, S. 20.

529 *Altenburg/von Reinersdorff/Leister*, MMR 2005, 135, 135; *Ernst*, NZA 2002, 585, 585; *Preuß*, Kontrolle von E-Mails, S. 74; *Pröpper/Römermann*, MMR 2008, 514, 514; Thüsing/*Thüsing/Traut*, Beschäftigtendatenschutz, § 9 Rn. 1; *Weißnicht*, MMR 2003, 448, 448.

530 *Preuß*, Kontrolle von E-Mails, S. 74; Thüsing/*Thüsing/Traut*, Beschäftigtendatenschutz, § 9 Rn. 4; *Wybitul*, NJW 2014, 3605, 3606.

531 Auer-Reinsdorff/Conrad/*Conrad*, Handbuch IT- und Datenschutzrecht, § 33 Rn. 186; BeckOK/*Karg*, DatenschutzR, 21. Edition, Anlage Rn. 24; *Schmidl*, NJW 2010, 476, 478.

532 BeckOK/*Karg*, DatenschutzR, 21. Edition, Anlage Rn. 24.

533 Thüsing/*Thüsing/Traut*, Beschäftigtendatenschutz, § 9 Rn. 1; *Schuster*, ZIS 2010, 68 Fn. 3; *Wybitul*, NJW 2014, 3605, 3605.

Gleich aus welcher Intention, die unberechtigte Mitteilung geschützter Daten per E-Mail ist ein ganz erheblicher und weitreichender Verstoß gegen datenschutzrechtliche Vorschriften. Zum einen hat der Absender keinen Einfluss auf den Schutz des E-Mail-Postfachs des Empfängers. Schützt dieser sein Postfach etwa nur mit einem unzureichenden Passwort, so ist dessen Inhalt leicht weiteren Personen zugänglich. Zum anderen lassen sich E-Mails an eine Vielzahl von – ebenfalls unberechtigten – Personen weiterleiten und zwar ohne zeitlichen oder monetären Aufwand. Die Vorbeugung der Weitergabe personenbezogener Daten auf diesem Weg ist daher ein wichtiger Bestandteil datenschutzrechtlicher Compliance.

2. Zulässigkeit der E-Mail-Kontrolle

Nach hier vertretener Auffassung ist das TKG auch bei erlaubter oder geduldeter Privatnutzung des E-Mail-Kontos nicht vorrangig gegenüber dem Datenschutz anzuwenden.[534] Die Rechtmäßigkeit der präventiven Kontrolle der E-Mail-Kommunikation zwecks Sicherstellung der Einhaltung datenschutzrechtlicher Vorschriften ist demnach – ebenso wie die Videoüberwachung – an den Voraussetzungen des § 26 Abs. 1 Satz 1 BDSG zu messen.

a) Verarbeitung personenbezogener Daten

Bei der Kontrolle von E-Mails werden personenbezogene Daten verarbeitet, insbesondere Name und E-Mail-Adresse der an der Kommunikation beteiligten Personen sowie gegebenenfalls Adresse, Telefonnummer und Arbeitgeber.

b) Zwecke des Beschäftigungsverhältnisses

Die Überprüfung der Einhaltung datenschutzrechtlicher Vorschriften dient den Zwecken der Durchführung des Beschäftigungsverhältnisses. Insoweit kann vollumfänglich auf die Ausführungen zur Videoüberwachung verwiesen werden.[535]

c) Erforderlichkeit

Um rechtmäßig zu sein, müsste die Überwachungsmaßnahme darüber hinaus auch erforderlich, mithin für die Erreichung des verfolgten Zwecks geeignet und erforderlich im engeren Sinne sein.

---

534 Vgl. oben Ziffer § 5 VII 4 und 5.

535 Unter Ziffer § 8 I 2 d) bb).

aa) Geeignetheit

Geeignet ist eine Maßnahme, wenn sie den erstrebten Zweck überhaupt verwirklichen kann oder zu dessen Verwirklichung beiträgt.[536] Die Kontrolle von E-Mails kann meines Erachtens in zweifacher Hinsicht dazu beitragen, die Einhaltung der datenschutzrechtlichen Vorschriften durch die Beschäftigten tatsächlich zu fördern. Zum einen besteht die Möglichkeit, dass Beschäftigte, die vorsätzlich datenschutzrechtliche Vorschriften missachten, aus Angst vor Konsequenzen davon abgehalten werden oder eine Wiederholung durch die vorherige Aufdeckung der Missstände unterbunden wird. Zum anderen werden Beschäftigte, die in Bezug auf die datenschutzrechtliche Zulässigkeit ihrer Kommunikation unsicher sind, dazu angehalten, diese Unklarheiten vor Versendung der betreffenden E-Mail auszuräumen. Insgesamt kann die Kontrolle von E-Mails daher für mehr Achtsamkeit bei der Weitergabe personenbezogener Daten durch Beschäftigte via E-Mail sorgen und deren unberechtigte Übermittlung an Dritte via E-Mail im besten Fall gänzlich verhindern.

bb) Kein milderes, gleich geeignetes Mittel

Zwar kämen zur Vermeidung der Übermittlung personenbezogener Daten an Unberechtigte auch die Sensibilisierung der Mitarbeiter mittels Schulungen und die Einführung unternehmensinterner Richtlinien in Betracht. Derartige Maßnahmen sind jedoch nicht in gleicher Weise wirksam wie die Kontrolle der ausgehenden E-Mails. Beschäftigte werden den Inhalt und die Absendung einer elektronischen Nachricht in aller Regel eher überdenken, wenn sie um die Sichtung der E-Mail wissen oder mit dieser jedenfalls rechnen müssen, als wenn sie lediglich die Unrechtmäßigkeit ihrer Handlung kennen oder aus Nachlässigkeit nicht kennen, aber nicht damit rechnen müssen, dass diese entdeckt wird. Schulungen und Richtlinien sollten durchaus ergänzend, keinesfalls aber ersetzend eingeführt werden.

Eine weitere Möglichkeit stellt der Einsatz eines Data Loss Prevention (DLP) Systems dar. DLP bezeichnet Softwarelösungen, mit deren Hilfe ungewollter Datenabfluss im Unternehmen verhindert und kontrolliert werden kann.[537] Durch deren Einsatz soll neben dem gezielten Datendiebstahl durch Arbeitnehmer auch das unbewusste Abhandenkommen von Daten, etwa durch

---

536 Auernhammer/*Forst*, DS-GVO/BDSG, § 26 Rn. 64; *Brink/Wytibul*, ZD 2014, 225, 228; *Robrahn/Bremert*, ZD 2018, 291, 292.

537 Auer-Reinsdorff/Conrad/*Conrad*, Handbuch IT- und Datenschutzrecht, § 34 Fn. 293; *Schlegel*, MMR 2020, 3, 3; *ders.*, ZD 2020, 243, 243.

versehentliche Versendung an einen falschen Empfänger, möglichst unterbunden werden.[538] Zu den Kernfunktionalitäten von DLP-Lösungen gehören linguistische Analysefunktionalitäten, die es ermöglichen, bestimmte Inhalte und deren autorisierte Verarbeitungs- und Nutzungsmöglichkeit (z.B. Speicherung, Ausdruck, Weitergabe) zu erkennen, zu kontrollieren und gegebenenfalls zu blockieren.[539] DLP protokolliert und filtert jedoch nicht auf Basis von Stichproben, sondern ist in der Regel auf die fortlaufende Überwachung des gesamten Netzwerkverkehrs („Screening") ausgelegt.[540] Während sich die Kontrolle von E-Mails in den meisten Unternehmen aufgrund der Datenflut auf Stichproben beschränken müsste, würde bei Einsatz von DLP sämtlicher elektronischer Nachrichten-Verkehr untersucht. Insofern stellt sich der Einsatz nicht unbedingt als milder dar, für die Unternehmen hingegen möglicherweise sogar als besser geeignet, da mit deren Einsatz die Kontrolle zeitsparender und umfänglicher ist. Ob eine der beiden Methoden milder ist, lässt sich jedoch nur anhand der konkreten Einstellungen der genutzten DLP-Lösung im Vergleich zu der alternativen Handhabung der E-Mail-Kontrolle entscheiden. Denn die Auswertungen von DLP-Protokollen können – je nach Konfiguration – Aufschluss über das Nutzerverhalten des Beschäftigten geben und sind somit auch zur Leistungs- und Verhaltenskontrolle geeignet.[541] Gegebenenfalls können sich die Maßnahmen auch ergänzen, indem bei der Software eine Einstellung dahingehend erfolgt, auffällige E-Mails zur Prüfung an einen Vorgesetzten zu versenden.[542]

Nach meiner Auffassung ist kein anderes gleich geeignetes und die Persönlichkeitsrechte der betroffenen Beschäftigten zugleich weniger einschränkendes Mittel ersichtlich, das für die Kontrolle der datenschutzkonformen Übertragung von Daten sowie der Verhinderung unrechtmäßiger Übermittlung personenbezogener Daten via E-Mail durch Beschäftigte in gleicher Weise geeignet wäre.

---

538 Auer-Reinsdorff/Conrad/*Conrad*, Handbuch IT- und Datenschutzrecht, § 34 Fn. 293; *Schlegel*, MMR 2020, 3, 3; *ders.*, ZD 2020, 243, 243.

539 Auer-Reinsdorff/Conrad/*Conrad*, Handbuch IT- und Datenschutzrecht, § 34 Fn. 293; *Schlegel*, ZD 2020, 243, 243; *Conrad*, CR 2011, 797, 799.

540 Auer-Reinsdorff/Conrad/*Conrad*, Handbuch IT- und Datenschutzrecht, § 34 Fn. 260; *Schlegel*, ZD 2020, 243, 243.

541 *Conrad*, CR 2011, 797, 801; *Schlegel*, ZD 2020, 243, 247.

542 Ähnlich *Schlegel*, ZD 2020, 243, 243; so etwa das Angebot von Virtru, abrufbar unter https://www.virtru.com/blog/dlp-security/ (zuletzt abgerufen am: 04.08.2022).

cc) Angemessenheit

Die Angemessenheit ist unter Zugrundelegung der von der Rechtsprechung entwickelten allgemeinen Abwägungskriterien zu beurteilen.[543]

Die Streubreite der E-Mail-Kontrolle ist in aller Regel breit und betrifft viele, wenn nicht alle Beschäftigte. Bezüglich des gegenständlichen Zwecks erfolgt sie anlasslos und ortsunabhängig, sie kann aber auf die Sichtung von Ausgangsmails beschränkt werden. Wegen der zeitlichen Intensität werden Stichproben in der Regel genügen. Anders als bei der Zutrittskontrolle soll nicht hauptsächlich der Pflichtverstoß von schon zur Begehung entschlossenen Mitarbeitern verhindert werden, sondern vielmehr eine Sensibilisierung geschaffen werden, um auch versehentlichen Verstößen künftig keinen Vorschub zu leisten. Dauerhafte Kontrollen werden im Allgemeinen als unzulässig angesehen.[544] Die Artikel-29-Datenschutzgruppe brachte in ihrem WP 249 hingegen zum Ausdruck, der Einsatz von DLP-Systemen – die in aller Regel fortlaufend überwachen[545] – könne durchaus angemessen sein, sofern deren Funktionsweise gegenüber den Arbeitnehmern transparent vermittelt und Warnhinweise vor dem Versenden der Nachricht vorgesehen würden.[546] Allerdings betrifft diese Stellungnahme Art. 6 Abs. 1 lit. f) DS-GVO und nicht die im Beschäftigtendatenschutz vorgehende Regelung des § 26 Abs. 1 Satz 1 BDSG, die als nationale Vorschrift schutzerhöhend ausgestaltet sein darf.[547] Der Vorschrift ist das Verbot der Dauerüberwachung jedoch nicht direkt zu entnehmen. Vielmehr handelt es sich um von der Rechtsprechung entwickelte Angemessenheitskriterien, deren weitere Entwicklung im Hinblick auf die seitens der Artikel-29-Datenschutzgruppe geäußerte Ansicht abzuwarten bleibt. Eine pseudonymisierte oder anonymisierte Verarbeitung wäre – jedenfalls hinsichtlich der Beschäftigtendaten – allenfalls bei Anwendung einer technischen Lösung denkbar. Ohne eine solche werden die Daten in Klarform verarbeitet. Weder haben die Beschäftigten – vorbehaltlich eines vorsätzlichen massiven Verstoßes – über die Kontrolle hinausgehende Nachteile zu befürchten, noch muss die Maßnahme heimlich

---

543 Vgl. dazu oben Ziffer § 8 I 2 d) cc) (3) (a).

544 ErfK/*Franzen*, § 26 BDSG Rn. 22; ähnlich *Hanau/Hoeren*, Private Internetnutzung durch Arbeitnehmer, S. 53; MAH ArbR/*Dendorfer-Ditges*, § 35 Rn. 216; *Mengel*, BB 2004, 1445, 1449 zur Telefonnutzung; Plath/*Stamer*/*Kuhnke*, DSGVO/BDSG, § 26 Rn. 84; Thüsing/*Thüsing*/*Traut*, Beschäftigtendatenschutz, § 9 Rn. 69.

545 Vgl. oben Ziffer § 8 II 2 c) bb).

546 *Artikel-29-Datenschutzgruppe*, WP 249 v. 8.6.2017, S. 15.

547 Vgl. oben Ziffer § 4 I 3.

erfolgen. Die Auswertung kann durch den Datenschutzbeauftragten vorgenommen werden, wobei die weitere Verwertung auf das notwendige Maß reduziert werden kann. Kernbereiche werden in aller Regel nicht berührt werden. Schließlich könnte dem Grundsatz der Transparenz durch umfassende Information der Beschäftigten Rechnung getragen werden.

Bezüglich der Kontrolle der versendeten E-Mails ist im Rahmen der Verhältnismäßigkeitsprüfung zudem zu berücksichtigen, ob die Privatnutzung verboten ist. Denn soweit die private Nutzung des betrieblichen E-Mail-Kontos ausdrücklich untersagt ist, wäre die Berufung des Arbeitnehmers auf sein Recht auf informationelle Selbstbestimmung treuwidrig.[548] Die grundrechtlich geschützte Privatsphäre des Beschäftigten ist nicht berührt, der Arbeitgeber darf in diesem Fall davon ausgehen, dass es sich bei den im Dienst-Account vorhandenen Nachrichten ausschließlich um dienstliche Korrespondenz handelt.[549] Möchte der Absender die Einsichtnahme vermeiden, kann er dies mit der Kennzeichnung der Nachricht in der Betreffzeile als „Vertraulich/Persönlich“ sowie deren Verschlüsselung erreichen.[550] Ist die Privatnutzung hingegen erlaubt, bleibt dem Arbeitnehmer die Berufung auf sein Recht auf informationelle Selbstbestimmung unbenommen.[551]

In den Fällen, in denen eine private Nutzung des betrieblichen E-Mail-Kontos ausdrücklich untersagt ist, ist der E-Mail-Verkehr schließlich mit der herkömmlichen Geschäftspost vergleichbar[552] – bezüglich welcher zugunsten des Unternehmens ein umfassendes Einsichtsrecht angenommen wird[553] – und nicht mit

548 Plath/*Stamer/Kuhnke*, DSGVO/BDSG, § 26 Rn. 84; in diese Richtung auch *Wybitul*, NJW 2014, 3605, 3611, bei dem eine Abwägung in diesem Fall grundsätzlich zugunsten des Arbeitgebers gehen soll.

549 Plath/*Stamer/Kuhnke*, DSGVO/BDSG, § 26 Rn. 84; a.A. wohl *Schlegel*, ZD 2020, 243, 246.

550 Kühling/Buchner/*Maschmann*, DS-GVO/BDSG, § 26 Rn. 49; *Maschmann*, NZA-Beilage 2018, 115, 122; ähnlich *Schlegel*, ZD 2020, 243, 246.

551 Wohl auch Plath/*Stamer/Kuhnke*, DSGVO/BDSG, § 26 Rn. 84; *Wybitul*, NJW 2014, 3605, 3607.

552 Ganz h.M.: *Altenburg/von Reinersdorff/Leister*, MMR 2005, 135, 136; *Balsmeier/Weißnicht*, K&R 2005, 537, 539; *Beckschulze*, DB 2003, 2777, 2779; *Bernhardt/Bartel*, AuA 2008, 150, 152; *Dann/Gastell*, NJW 2008, 2945, 2947; *Hilber/Frik*, RdA 2002, 89, 95; *Jofer/Wegerich*, K&R 2002, 235, 237; *Klengel/Mückenberger*, CCZ 2009, 81, 83; *Kliemt*, AuA 2001, 532, 535; Plath/*Stamer/Kuhnke*, DSGVO/BDSG, § 26 Rn. 84; *Preuß*, Kontrolle von E-Mails, S. 374; *Scherp/Stief*, BKR 2009, 404, 407; *Wellhörner/Byers*, BB 2009, 2310, 2311; *Wolf/Mulert*, BB 2008, 442, 443.

553 LAG Hamm, Urt. v. 19.2.2003 – 14 Sa 1972/02 = NZA-RR 2003, 346, 347; *Ernst*, NZA 2002, 585, 588; MAH ArbR/*Dendorfer-Ditges*, § 35 Rn. 100; *Preuß*, Kontrolle von

einem Telefonat, in dessen Rahmen in das Persönlichkeitsrecht des Arbeitnehmers aufgrund der Flüchtigkeit des gesprochenen Wortes in höherem Maße eingegriffen würde.[554]

d) Ergebnis

Auch bei der E-Mail-Kontrolle zwecks Weitergabekontrolle lässt sich die Rechtmäßigkeit der Überwachung nicht abstrakt beurteilen. Die Prüfung muss anhand des konkreten Einzelfalls erfolgen. In der Praxis besteht eine über das Ergebnis der ohnehin schon schwer vorhersagbaren Interessenabwägung hinausgehende Unsicherheit. Noch immer wird von Behörden und Rechtsprechung zum Teil die Anwendbarkeit des Fernmeldegeheimnisses vertreten. In diesem Fall wären die Vorschriften des TKG vorrangig und dem Arbeitgeber wäre bei erlaubter und – nach zum Teil vertretener Ansicht – auch bei geduldeter Privatnutzung der Zugriff auf die elektronischen Nachrichten gänzlich verwehrt, ohne dass insofern eine Interessenabwägung erfolgen würde.[555]

III. Fazit

1. Rechtsunsicherheit als Folge der Einzelfallprüfung

Nach alledem zeigt sich die erhebliche Rechtsunsicherheit, denen die Unternehmen ausgeliefert sind. Durch die Erhöhung der Bußgelder mit Geltung der DS-GVO sowie aufgrund der zur DS-GVO fehlenden Rechtsprechung ist diese noch weiter gestiegen. Insbesondere die sich hinsichtlich der datenschutzrechtlichen Compliance ergebende Kollision nicht nur zwischen Grundrechten des Unternehmens und dessen Beschäftigten, sondern zugleich der den Beschäftigtengrundrechten gleichstehenden Interessen von Kunden hat noch keinerlei Beachtung gefunden, obwohl der wohl überwiegende Teil der Unternehmen ihre Compliance-Maßnahmen aufgrund der DS-GVO nochmals verschärft haben oder dies jedenfalls getan haben sollten. Den Unternehmen fehlen verlässliche Richtlinien für die Ausgestaltung ihrer Kontrollen. Sie sehen sich einer Fülle von Einzelfallrechtsprechung ausgesetzt, deren Inhalte zunächst analysiert und sodann in die Praxis umgesetzt werden müssen. Dies ist eine für die

---

E-Mails, S. 374; *Thüsing*, Arbeitnehmerdatenschutz, Rn. 322; *Vogel/Glas*, DB 2009, 1747, 1752.

554 *Ernst*, NZA 2002, 585, 588; *Preuß*, Kontrolle von E-Mails, S. 376 m.w.N. in Fußnote 277 (S. 374).

555 *Byers*, SPA 2016, 173, 174; *de Wolf*, NZA 2010, 1206, 1208.

überwiegende Zahl von Unternehmen kaum zu bewältigende Aufgabe. Im Hinblick auf die im Folgenden unter Ziffer § 9 im einzelnen dargestellten Konsequenzen von Verstößen gegen die Vorschriften der DS-GVO ist dies eine den Unternehmen nicht länger zumutbare Situation.

2. Einfluss der DS-GVO auf die Rechtmäßigkeit der Überwachung

Vor diesem Hintergrund ist fraglich, welchen Einfluss die DS-GVO auf die von der Rechtsprechung entwickelten Abwägungskriterien haben wird – oder jedenfalls haben sollte. Schon bislang wurde dem Spannungsfeld zwischen Compliance und Datenschutz sowohl in Rechtsprechung als auch in der Literatur kaum Aufmerksamkeit gewidmet. Dies erstaunt insbesondere im Hinblick auf die enorme Praxisrelevanz dieses Themengebietes, der damit verbundenen Fragestellungen und der beachtlichen Risiken. Viele Unternehmen haben sich mit Inkrafttreten der DS-GVO erstmals ernsthaft mit dem Problemfeld Datenschutz befasst. In diesem Zuge wurden viele Datenschutz- und Überwachungsmaßnahmen eingeführt, deren Rechtmäßigkeit erst nach und nach von Gerichten beurteilt werden wird. Der Einfluss der DS-GVO auf die Rechtsprechung sowie auf die von ihr entwickelten Abwägungskriterien, die sich – soweit ersichtlich – ausschließlich auf die „traditionellen“ Compliance-Gebiete und Leistungskontrollen bezogen, wird daher erst in einigen Jahren absehbar sein.

a) Berücksichtigung der Drittinteressen

aa) Drittinteressen als Abwägungskriterium

Die in der Rechtsprechung entwickelten Kriterien sind jedenfalls im Rahmen ihrer Anwendung für die Beurteilung einer auf die Einhaltung datenschutzrechtlicher Vorschriften ausgerichteten Überwachung einseitig und unzureichend.

In der Rechtsprechung fanden bislang die Compliance-Pflichten des Arbeitgebers im Rahmen der Abwägung keine Berücksichtigung. Darüber hinaus lassen die Abwägungskriterien einen weiteren für Kontrollen zur Einhaltung der Vorschriften des Datenschutzes ganz entscheidenden Umstand völlig unberücksichtigt, nämlich das Interesse derjenigen, deren Daten durch die Kontrolle geschützt werden sollen. Diesen Personen steht ebenso wie den Beschäftigten ein Recht auf informationelle Selbstbestimmung zu. Ihre Daten bedürfen in gleicher Weise des Schutzes wie die der Beschäftigten. Insbesondere bedarf es der Verhinderung des Zugriffs unberechtigter Personen. Die Interessen der Kunden, Lieferanten und sonstigen Dritten sind daher in die Abwägung bezüglich der

Angemessenheit der Maßnahme einzubeziehen. Es muss genau ein solches Maß an Kontrolle der Beschäftigten zugelassen werden, wie es zum sicheren Schutz der personenbezogenen Daten Dritter erforderlich ist und zwar unter Berücksichtigung der Beschäftigtenrechte.

bb) Anhaltspunkte in der DS-GVO

§ 26 Abs. 1 BDSG nennt die Interessen Dritter nicht ausdrücklich. In der Gesetzesbegründung heißt es zunächst im Rahmen der Erforderlichkeitsprüfung seien die widerstreitenden Grundrechtspositionen zur Herstellung praktischer Konkordanz abzuwägen[556], was also auch die Interessen der Kunden und Lieferanten einschließen könnte. Namentlich als widerstreitende Positionen, die in Ausgleich zu bringen sind, werden im Anschluss aber lediglich die Interessen des Arbeitgebers an der Datenverarbeitung und das Persönlichkeitsrecht des Beschäftigten genannt.[557] Allerdings stellt das Interesse der Kunden oder Lieferanten am Schutz der sie betreffenden personenbezogenen Daten gleichsam ein Interesse des Arbeitgebers dar, der diesen gegenüber durch Gesetz oder vertragliche Vereinbarung zum Datenschutz verpflichtet ist. Für die Einbeziehung Dritter in die Interessenabwägung spricht außerdem insbesondere Erwägungsgrund 47, dem im Rahmen der Erforderlichkeitsprüfung Beachtung zu schenken ist. Danach kann die Rechtmäßigkeit der Verarbeitung durch die berechtigten Interessen nicht nur des Verantwortlichen, sondern auch eines Dritten begründet sein.

Zwar nicht in § 26 Abs. 1 Satz 1 BDSG, wohl aber in Art. 6 Abs. 1 Satz 1 lit. f) DS-GVO werden Drittinteressen als mögliches berechtigtes Interesse für die Verarbeitung personenbezogener Daten genannt. Dieses durch die DS-GVO gewährleistete Schutzniveau für Dritte darf durch nationale Regelungen nicht unterschritten werden. Finden deren Rechte also im Rahmen des außerhalb des Beschäftigtenkontextes anwendbaren Art. 6 Abs. 1 Satz 1 lit. f) DS-GVO Beachtung, so muss dies auch in der Beurteilung der Angemessenheit der Maßnahme auf Basis des § 26 Abs. 1 Satz 1 BDSG gelten.

Auch in der Öffnungsklausel des Art. 88 Abs. 1 DS-GVO werden Drittinteressen ausdrücklich erwähnt. So erlaubt Art. 88 Abs. 1 DS-GVO den Mitgliedstaaten den Erlass spezifischerer Rechtsvorschriften zur Gewährleistung des Schutzes der Rechte und Freiheiten hinsichtlich der Verarbeitung personenbezogener Beschäftigtendaten im Beschäftigungskontext, insbesondere für Zwecke des Schutzes des Eigentums der Kunden. Zwar existiert „Dateneigentum"

---

556 BT-Drs. 18/11325, 97.
557 BT-Drs. 18/11325, 97.

nicht[558], gleichwohl haben personenbezogene Daten in der heutigen Zeit einen nicht zu verachtenden wirtschaftlichen Wert, der mindestens in gleicher Weise wie sachliches Eigentum schützenswert ist.

b) Ergebnis

Nach alledem müssen Drittinteressen künftig zwingend in die Abwägung zur Beurteilung der Rechtmäßigkeit der Überwachung eingestellt werden. Dabei sind die Daten der Dritten umso schutzwürdiger je sensibler sie sind. Besonders sensible Daten im Sinne des Art. 9 Abs. 1 DS-GVO sollten daher intensivere Kontrollen der Beschäftigten ermöglichen. Schließlich sind die Risiken für Unternehmen für den Fall von Datenschutzverstößen durch die Geltung der DS-GVO und die mit ihr eingeführten hohen Bußgelder und Sanktionen ganz erheblich gestiegen, sodass insofern deren erhöhtes Interesse an der Sicherstellung der zugrundeliegenden datenschutzrechtlichen Vorschriften bei der Erforderlichkeitsprüfung Berücksichtigung finden sollte.

Die Beachtung dieser Drittinteressen im Rahmen der Interessenabwägung könnte künftig zu einer großzügigeren Rechtsprechung vor allem bei offenen, präventiven Überwachungsmaßnahmen führen.

558 Vgl. dazu etwa *Determann*, ZD 2018, 503, 503 ff.; *Fezer*, MMR 2017, 3, 3 ff.; *Hoeren*, MMR 2019, 5, 5 ff.

Teil 4: Folgen von Verstößen gegen die DS-GVO und Bewertung der Lösungsmöglichkeiten

§ 9 Folgen von Verstößen gegen die DS-GVO

Neben den dargestellten Haftungsfolgen bei Pflichtverletzungen im Rahmen der Compliance[559], die sowohl bei der unrechtmäßigen Verarbeitung personenbezogener Daten Dritter als auch bei der rechtswidrigen Überwachung der Beschäftigten gelten, drohen im Falle der Verletzung datenschutzrechtlicher Vorschriften weitere spezifische datenschutzrechtliche Sanktionen sowie zivilrechtliche Ansprüche der Betroffenen.

I. Folgen der Verletzung des Schutzes personenbezogener Daten gegenüber Dritten

Bei der Darstellung der Folgen von Verstößen gegen datenschutzrechtliche Vorschriften treten zwei der gravierendsten Neuerungen der DS-GVO zutage, nämlich zum einen die massive Erhöhung der Bußgelder und zum anderen die Einführung eines ausdrücklich normierten immateriellen Schadensersatzanspruchs. Flankiert werden diese Rechtsfolgen von weiteren individuellen zivilrechtlichen Ansprüchen des jeweiligen Betroffenen.

1. DS-GVO

a) Bußgeld

aa) Bußgeldrahmen

Während das BDSG Bußgelder nach § 43 Abs. 1 und 2 BDSG lediglich bis zu einer Höhe von EUR 50.000,00 vorsieht und auch diese nur für Auskunfts- und Informationspflichtverletzungen von Stellen, die geschäftsmäßig personenbezogene Daten, die zur Bewertung der Kreditwürdigkeit von Verbrauchern genutzt werden dürfen, verarbeiten, regelt die DS-GVO deutlich weitgehendere Bußgeldtatbestände. Nach Art. 83 Abs. 5 lit. a) DS-GVO werden bei Verstößen gegen die Grundsätze für die Verarbeitung gemäß Art. 6 DS-GVO Geldbußen von bis zu EUR 20 Mio. oder im Fall eines Unternehmens bis zu 4 % seines gesamten weltweit erzielten Jahresumsatzes des vorangegangenen Geschäftsjahrs verhängt, je nachdem, welcher der Beträge höher ist.

559 Oben unter Ziffer § 6 II 6.

bb) Bemessung der Bußgeldhöhe

Die Höhe des Bußgeldes muss nach Art. 83 Abs. 1 DS-GVO in jedem Einzelfall wirksam, verhältnismäßig und abschreckend sein. Diese sogenannte Mindesttrias soll dafür sorgen, dass Bußgelder sowohl der General- als auch der Spezialprävention dienen.[560] Bei der Entscheidung über die Höhe des Bußgeldes ist zudem die wirtschaftliche Stärke eines Unternehmens zu berücksichtigen, um abschreckende Signalwirkung zu erzielen.[561] Damit eng verbunden ist auch die Wirksamkeit der Geldbuße, die nicht im rechtlichen Sinne, sondern vielmehr im Sinne der Effektivität zu verstehen ist.[562] Zuletzt soll das Kriterium der Verhältnismäßigkeit begrenzend sowohl hinsichtlich des „ob" der Geldbuße als auch hinsichtlich deren Höhe wirken.[563]

Bei der Bemessung der konkreten Höhe der Geldbuße sind die in Art. 83 Abs. 2 Satz 2 DS-GVO gelisteten Einzelkriterien zu berücksichtigen. Maßgeblich sind danach Art, Schwere und Dauer des Verstoßes unter Berücksichtigung der Art, des Umfangs oder des Zwecks der betreffenden Verarbeitung sowie der Zahl der von der Verarbeitung betroffenen Personen und des Ausmaßes des von ihnen erlittenen Schadens (lit. a)). In die Bemessung einzubeziehen ist weiter die Vorsätzlichkeit oder Fahrlässigkeit des Verstoßes (lit. b)) sowie jegliche von dem Verantwortlichen oder dem Auftragsverarbeiter getroffenen Maßnahmen zur Minderung des den betroffenen Personen entstandenen Schadens (lit. c)). Zudem ist der Grad der Verantwortung des Verantwortlichen, unter Berücksichtigung der getroffenen Maßnahmen zur Minderung des den betroffenen Personen entstandenen Schadens maßgeblich (lit. d)). Weitere Faktoren für die Entscheidung über die Höhe des Bußgeldes sind etwaige einschlägige frühere Verstöße des Verantwortlichen (lit. e)), der Umfang der Zusammenarbeit mit der Aufsichtsbehörde, um dem Verstoß abzuhelfen und seine möglichen nachteiligen Auswirkungen zu mindern (lit. f)), die Kategorien personenbezogener Daten, die von dem Verstoß betroffen sind (lit. g)) und die Art und Weise, wie der Verstoß der Aufsichtsbehörde bekannt wurde, insbesondere ob und

---

560 Ehmann/Selmayr/*Nemitz*, DS-GVO, Art. 83 Rn. 7; Paal/Pauly/*Frenzel*, DS-GVO/BDSG, Art. 83 Rn. 7; Simitis/Hornung/Spiecker/*Boehm*, DS-GVO, Art. 83 Rn. 18 f.

561 BeckOK/*Holländer*, DatenschutzR, Art. 83 Rn. 22; Spindler/Schuster/*Eckhardt*, Elektron. Medien, Art. 83 DS-GVO Rn. 17.

562 Ehmann/Selmayr/*Nemitz*, DS-GVO, Art. 83 Rn. 7; Spindler/Schuster/*Eckhardt*, Elektron. Medien, Art. 83 DS-GVO Rn. 15.

563 BeckOK/*Holländer*, DatenschutzR, Art. 83 Rn. 23; Simitis/Hornung/Spiecker/*Boehm*, DS-GVO, Art. 83 Rn. 21.

gegebenenfalls in welchem Umfang der Verantwortliche oder der Auftragsverarbeiter den Verstoß mitgeteilt hat (lit. h)). Darüber hinaus ist entscheidend, ob früher gegen den Verantwortlichen in Bezug auf denselben Gegenstand angeordnete Maßnahmen (lit. i)) sowie etwaige genehmigte Verhaltensregeln oder genehmigte Zertifizierungsverfahren eingehalten wurden (lit. j)). Schließlich sind jedwede anderen erschwerenden oder mildernden Umstände im jeweiligen Fall, wie unmittelbar oder mittelbar durch den Verstoß erlangte finanzielle Vorteile oder vermiedene Verluste in die Abwägung einzubeziehen (lit. k)).

b) Schadensersatz

Nach Art. 82 Abs. 1 DS-GVO steht jeder Person, der wegen eines Verstoßes gegen die DS-GVO ein materieller oder immaterieller Schaden entstanden ist, Anspruch auf Schadensersatz gegen den Verantwortlichen zu. Besondere Bedeutung erlangt dieser Anspruch, weil im Falle eines Verstoßes oftmals eine Vielzahl von Personen betroffen sind, sodass die Geltendmachung von Schadensersatzansprüchen der Geschädigten von erheblicher wirtschaftlicher Bedeutung für das Unternehmen sein kann.[564] Die DS-GVO sieht keine Bagatellgrenze und keine Haftungsbeschränkung vor.[565]

aa) Bemessung des immateriellen Schadensersatzes

Für den immateriellen Schadensersatz können die im Rahmen von § 253 BGB entwickelten Grundsätze herangezogen werden.[566] Zudem dienen die in Art. 83 Abs. 2 Satz 2 DS-GVO gelisteten Kriterien als Orientierung für die Bemessung der Höhe.[567] Der Begriff des Schadens ist nach Erwägungsgrund 146 zur DS-GVO im Lichte der Rechtsprechung des EuGH auszulegen[568] und zielt auf die

564 Münchener Hdb. ArbR/*Wybitul*, Band 1, § 96 Rn. 277; *Wybitul*, NJW 2019, 3265, 3265.

565 BVerfG, Beschl. v. 14.1.2021 – 1 BvR 2853/19 = NJW 2021, 1005, 1007 f.; *Dickmann*, r+s 2018, 345, 348.

566 Wohl auch BVerfG, Beschl. v. 14.1.2021 – 1 BvR 2853/19 = NJW 2021, 1005, 1006, welches darauf hinweist, dass Details und der genaue Umfang des Anspruchs noch unklar sind, aber ebenfalls von einem „Geldentschädigungsanspruch" spricht; LG Frankfurt a. M., Urt. v. 20.12.2018 – 2/5 O 151/18 = NZI 2019, 342, 344; BeckOK/*Quaas*, DatenschutzR, Art. 82 Rn. 31; Thüsing/*Thüsing/Pötters*, Beschäftigendatenschutz, § 21 Rn. 21.

567 BeckOK/*Quaas*, DatenschutzR, Art. 82 Rn. 31; Paal/Pauly/*Frenzel*, DS-GVO/BDSG, Art. 82 Rn. 12a.

568 EG 146 S. 3.

Erfüllung der Ziele der Verordnung – auch durch die abschreckende Wirkung der Schadensersatzhöhen.[569] Damit soll Art. 82 Abs. 1 der Prävention dienen,[570] ohne dabei jedoch einen Strafschadensersatz einzuführen.[571]

Deutsche Gerichte waren bei der Festsetzung der Schadenshöhe bei immateriellen Schäden in der Vergangenheit traditionell restriktiv.[572] Sie bewerteten bisher Art, Schwere, Umfang und Folgen der Rechtsverletzung, wobei ein Anspruch erst bei einem schwerwiegenden Eingriff in das allgemeine Persönlichkeitsrecht zugebilligt wurde.[573] Eine derartige Einschränkung, wonach Schadensersatz erst ab einer gewissen Eingriffsintensität zu gewähren ist, sieht Art. 82 Abs. 1 DS-GVO aber gerade nicht vor.[574] Die restriktive Handhabung nationaler Gerichte dürfte sich deshalb und auch im Hinblick auf die Pflicht der Mitgliedsstaaten zur effektiven Durchsetzung des EU-Rechts nach Art. 4 Abs. 3 Vertrag über die Europäische Union (EUV) künftig ändern.[575]

bb) Beweislast

Die Beweislast für die rechtswidrige Datenverarbeitung trägt grundsätzlich die betroffene Person.[576] Mangels Einblick des Betroffenen in die Datenverarbeitungsvorgänge des Verantwortlichen gestaltet sich die effektive Durchsetzung

---

569 EuGH, Urt. v. 17.12.2015 – C-407/14 (Arjona Camacho/Securitas Seguridad España) = EuZW 2016, 183, 183; Paal/Pauly/*Frenzel*, DS-GVO/BDSG, Art. 82 Rn. 10; Spindler/Schuster/*Eckhardt*, Elektron. Medien, Art. 82 DS-GVO Rn. 8; Thüsing/*Thüsing/Pötters*, Beschäftigtendatenschutz, § 21 Rn. 22; *Wybitul*, NJW 2019, 3265, 3266; *Wybitul/Haß/Albrecht*, NJW 2018, 113, 115; *Wybitul/Neu/Strauch*, ZD 2018, 202, 206.

570 *Korch*, NJW 2021, 978, 979; Simitis/Hornung/Spiecker/*Boehm*, DS-GVO, Art. 82 Rn. 26.

571 *Kremer/Conrady/Penners*, ZD 2021, 128, 131; *Wybitul/Neu/Strauch*, ZD 2018, 202, 206.

572 *Venetis/Oberwetter*, NJW 2016, 1051, 1055; *Wybitul/Haß/Albrecht*, NJW 2018, 113, 115.

573 So etwa BAG, Urt. v. 24.9.2009 – 8 AZR 636/08 = NJW 2010, 554, 557; OLG Köln, Urt. v. 19.1.2010 – 24 U 51/09 = NJW 2010, 1676, 1677.

574 EuArbR/*Franzen*, Art. 82 DS-GVO Rn. 21; Thüsing/*Thüsing/Pötters*, Beschäftigtendatenschutz, § 21 Rn. 20; *Wybitul/Neu/Strauch*, ZD 2018, 202, 206.

575 *Schantz/Wolff*, Das neue Datenschutzrecht, Rn. 1254; ähnlich Thüsing/*Thüsing/Pötters*, Beschäftigtendatenschutz, § 21 Rn. 23; *Wybitul/Brink/Albrecht*, NZA 2018, 285, 286; *Wybitul/Haß/Albrecht*, NJW 2018, 113, 115.

576 Kühling/Buchner/*Bergt*, DS-GVO/BDSG, Art. 82 Rn. 46; Thüsing/*Thüsing/Pötters*, Beschäftigtendatenschutz, § 21 Rn. 13.

des Anspruchs in der Praxis jedoch schwierig.[577] Um dieser Schwierigkeit zu begegnen, wird deshalb unter Verweis auf das Rechenschaftsprinzip des Art. 5 Abs. 2 DS-GVO i.V.m. Art. 24 Abs. 1 DS-GVO, wonach der Verantwortliche nachweisen können muss, dass er die Vorgaben der DS-GVO und anderer einschlägiger Datenschutzgesetze einhält, sowie auf Erwägungsgrund 146 S. 6, wonach die betroffene Person einen vollständigen und wirksamen Schadensersatz erhalten soll, entweder eine Beweislastumkehr zugunsten des Betroffenen[578] oder zumindest eine gesteigerte Mitwirkungspflicht des Verantwortlichen[579] angenommen.[580]

Der Anspruchsgegner wird nach Art. 82 Abs. 3 DS-GVO von der Haftung befreit, wenn er nachweist, dass er in keinerlei Hinsicht für den Umstand, durch den der Schaden eingetreten ist, verantwortlich ist. Ein solcher Nachweis wird nur als erbracht angesehen werden können, wenn der Verantwortliche die Erfüllung sämtlicher Sorgfaltsanforderungen ohne den Vorwurf der geringsten Fahrlässigkeit nachweist.[581] Ein solcher Nachweis wird in der Praxis nur selten und allenfalls bei umfassender Dokumentation sämtlicher getroffener Maßnahmen gelingen.[582]

c) Löschung

Der Betroffene hat im Falle der unrechtmäßigen Verarbeitung seiner personenbezogenen Daten gegen den Verantwortlichen einen Anspruch auf deren Löschung gemäß Art. 17 Abs. 1 lit. d) DS-GVO.[583]

---

577 Auf den Effektivitätsgrundsatz hinweisend in diesem Zusammenhang SJTK/*Schwartmann/Keppeler/Jaquemain*, DS-GVO, Art. 82 Rn. 28; Thüsing/*Thüsing/Pötters*, Beschäftigtendatenschutz, § 21 Rn. 13.

578 Kühling/Buchner/*Bergt*, DS-GVO/BDSG, Art. 82 Rn. 46; Plath/*Becker*, DSGVO/BDSG, Art. 82 Rn. 5; in diese Richtung auch *Wybitul/Haß/Albrecht* NJW 2018, 113, 116.

579 Für eine Beweislastverteilung nach Verantwortungssphären Ehmann/Selmayr/*Nemitz*, DS-GVO, Art. 82 Rn. 21; Gola/*Gola/Piltz*, DS-GVO, Art. 82 Rn. 15.

580 Thüsing/*Thüsing/Pötters*, Beschäftigtendatenschutz, § 21 Rn. 13; gegen eine umfassende Beweislastumkehr *Wybitul/Neu/Strauch* ZD 2018, 202, 203.

581 Ähnlich Ehmann/Selmayr/*Nemitz*, DS-GVO, Art. 82 Rn. 19, der eine „Verschuldensquote von 0 Prozent" fordert; Kühling/Buchner/*Bergt*, DS-GVO/BDSG, Art. 82 Rn. 54; Thüsing/*Thüsing/Pötters*, Beschäftigtendatenschutz, § 21 Rn. 13.

582 Ähnlich BeckOK/*Quaas*, DatenschutzR, Art. 82 Rn. 19; Thüsing/*Thüsing/Pötters*, Beschäftigtendatenschutz, § 21 Rn. 14.

583 Ehmann/Selmayr/*Kamann/Braun*, DS-GVO, Art. 17 Rn. 27; Spindler/Schuster/*Spindler/Dalby*, Eletron. Medien, Art. 6 DS-GVO Rn. 32.

2. Nationales Zivilrecht

Neben den sich direkt aus dem europäischen Datenschutzrecht ergebenden Ansprüchen stehen nationale Anspruchsgrundlagen.[584]

a) (Vor)vertragliche Ansprüche

So kommen (vor)vertragliche Schadensersatzansprüche nach §§ 280 Abs. 1 Satz 1, 241 Abs. 2, 311 Abs. 2 BGB in Betracht. [585] Wegen der rechtswidrigen Datenverarbeitung kann somit Schadensersatz neben der Leistung verlangt werden.[586] Das Vertretenmüssen des Arbeitgebers wird nach § 280 Abs. 1 Satz 2 BGB widerleglich vermutet. Immaterielle Schäden aufgrund rechtswidriger Datenverarbeitung sind nach § 253 Abs. 2 BGB ersatzfähig.[587] Hiervon ist jedoch eine Verletzung des allgemeinen Persönlichkeitsrechts nicht erfasst.[588] Der praktische Anwendungsbereich ist deshalb als eher gering zu erachten. Ein Anspruch kommt etwa in Betracht, wenn der Betroffene durch eine rechtswidrige Datenverarbeitung, wie etwa eine Datenveröffentlichung, derart psychisch belastet wird, dass es zu einer Gesundheitsschädigung kommt.[589] Voraussetzung ist also immer, dass es zu einer Gesundheitsschädigung kommt, die adäquat kausal auf der rechtswidrigen Datenverarbeitung beruht.[590]

b) Deliktische Ansprüche

Verletzungen des allgemeinen Persönlichkeitsrechts werden nur von dem deliktischen Anspruch nach § 823 Abs. 1 BGB erfasst.[591] Neben einem Anspruch auf Geldentschädigung können sich aus §§ 1004 Abs. 1 analog, 823 Abs. 1 BGB i.V.m. Art. 2 Abs. 1, Art. 1 Abs. 1 GG auch Unterlassungs- und Beseitigungsansprüche

---

584 Vgl. EG 146 S. 4.

585 BeckOK/*Quaas*, DatenschutzR, Art. 82 Rn. 8; Paal/Pauly/*Ernst*, DS-GVO/BDSG, Art. 82 Rn. 20; Thüsing/*Thüsing/Pötters*, Beschäftigtendatenschutz, § 21 Rn. 24.

586 *Niedermeier/Schröcker*, RDV 2002, 217, 219; Thüsing/*Thüsing/Pötters*, Beschäftigtendatenschutz, § 21 Rn. 24.

587 Thüsing/*Thüsing/Pötters*, Beschäftigendatenschutz, § 21 Rn. 24.

588 BeckOGK/*Brand*, BGB, § 253 Rn. 39; MüKo/*Oekter*, BGB, § 253 Rn. 27.

589 Thüsing/*Thüsing/Pötters*, Beschäftigtendatenschutz, § 21 Rn. 24.

590 Vgl. Jauernig/*Teichmann*, BGB, § 253 Rn. 4, § 249 Rn. 24; MüKo/*Oetker*, BGB, § 253 Rn. 22.

591 BeckOK/*Quaas*, DatenschutzR, Art. 82 Rn. 8; *Jaeger*, AuA 2001, 402, 404; MAH ArbR/*Dendorfer-Ditges*, § 35 Rn. 228 f.; Thüsing/*Thüsing/Pötters*, Beschäftigtendatenschutz, § 21 Rn. 26 f.

ergeben.[592] Allerdings fehlt es im Deliktsrecht an einer dem Art. 82 Abs. 3 DS-GVO oder § 280 Abs. 1 Satz 2 BGB vergleichbaren Regel zur Beweislastumkehr, sodass die praktische Bedeutung des Anspruchs – jedenfalls hinsichtlich des Geldentschädigungsanspruchs – durch Art. 82 Abs. 1 DS-GVO zurückgedrängt wird.[593]

In Betracht kommen zudem weitere deliktische Ansprüche nach § 823 Abs. 2 BGB in Verbindung mit der jeweils verletzten Norm der DS-GVO.[594] Die pauschale Schutznormqualität der DS-GVO wird zwar uneinheitlich bewertet, weil die Normen zum Teil abstrakten Ordnungscharakter haben, der den Betroffenen nur mittelbar Schutz bietet.[595] Die hier in Frage stehenden Verstöße richten sich jedoch gegen Vorschriften der DS-GVO, die betroffene Personen unmittelbar schützen und dürften daher auch unter Vertretern der insofern kritischen Ansicht als Schutzgesetz angesehen werden.[596]

Schließlich kommen je nach Sachverhalt auch §§ 824, 826 BGB als Anspruchsgrundlagen in Betracht, deren Anwendungsbereich aber sehr gering sein dürfte.[597]

---

592 BeckOK/*Quaas,* DatenschutzR, Art. 82 Rn. 9; Paal/Pauly/*Ernst*, DS-GVO/BDSG, Art. 82 Rn. 20; Thüsing/*Thüsing/Pötters*, Beschäftigtendatenschutz, § 21 Rn. 25 ff.

593 Thüsing/*Thüsing/Pötters*, Beschäftigtendatenschutz, § 21 Rn. 26; ähnlich *Wybitul/Haß/Albrecht* NJW 2018, 113, 118; Bedenken hinsichtlich der praktischen Anwendbarkeit äußernd hingegen Ehmann/Selmayr/*Nemitz,* DS-GVO, Art. 82 Rn. 2.

594 BeckOK/*Quaas,* DatenschutzR, Art. 82 Rn. 8; Paal/Pauly/*Ernst*, DS-GVO/BDSG, Art. 82 Rn. 20; an der pauschalen Schutznormqualität zweifelnd Thüsing/*Thüsing/Pötters*, Beschäftigtendatenschutz, § 21 Rn. 28.

595 Für pauschale Schutznormqualität: Gola/*Gola/Piltz*, DS-GVO, Art. 82 Rn. 26 mit Verweis auf den Schutzzweck der DS-GVO (Art. 1 Abs. 1 DS-GVO); einschränkend *Wybitul/Haß/Albrecht*, NJW 2018, 113 Fn. 3, die die in der DS-GVO normierten Anforderungen – ebenfalls unter Verweis auf Art. 1 Abs. 1 DS-GVO – „weitestgehend" als Schutzgesetze beurteilen; gegen eine pauschale Schutznormqualität: BeckOGK/*Spindler*, BGB, § 823 Rn. 331; Thüsing/*Thüsing/Pötters*, Beschäftigtendatenschutz, § 21 Rn. 28 mit Verweis auf den teilweise nur abstrakten Ordnungscharakter, der lediglich mittelbaren Schutz biete.

596 So jedenfalls zu Art. 6 DS-GVO BeckOGK/*Spindler*, BGB, § 823 Rn. 332.

597 BeckOK/*Quaas,* DatenschutzR, Art. 82 Rn. 8; Paal/Pauly/*Ernst*, DS-GVO/BDSG, Art. 82 Rn. 20; Thüsing/*Thüsing/Pötters*, Beschäftigtendatenschutz, § 21 Rn. 29.

II. Folgen unrechtmäßiger Überwachung der Beschäftigten

Die sich aus einer unrechtmäßigen Überwachung ergebenden Ansprüche der Beschäftigten gegenüber dem Verantwortlichen überschneiden sich zum Teil mit denen der Betroffenen unrechtmäßiger Datenverarbeitung, gehen jedoch noch darüber hinaus.

1. DS-GVO

Art. 83 Abs. 5 lit. d) DS-GVO bewehrt einen Verstoß gegen Rechtsvorschriften der Mitgliedstaaten, die im Rahmen des Art. 88 Abs. 1 DS-GVO erlassen wurden, mit Geldbuße von bis zu EUR 20 Mio. oder im Fall eines Unternehmens bis zu 4 % seines gesamten weltweit erzielten Jahresumsatzes des vorangegangenen Geschäftsjahres. Beschäftigten stehen in gleichem Maße wie Dritten materielle und immaterielle Schadensersatzansprüche gemäß Art. 82 Abs. 1 DS-GVO[598] sowie ein Anspruch auf Löschung der unrechtmäßig verarbeiteten Daten nach Art. 17 Abs. 1 lit. d) DS-GVO zu.[599]

2. Nationales Zivilrecht

a) Arbeitsvertraglich

Wegen der Verletzung des Persönlichkeitsrechts kommt ein sich aus dem Arbeitsvertrag ergebender Unterlassungsanspruch gemäß §§ 611a, 241 in Betracht.[600] Daneben kann dem Beschäftigten ein Zurückbehaltungsrecht an seiner Arbeitsleistung zustehen, wenn er persönlichkeitsrechts- oder ehrverletzenden Arbeitsbedingungen ausgesetzt ist.[601] Sind die vom Arbeitgeber eingeführten Überwachungsmaßnahmen unzumutbar und berechtigen den Arbeitnehmer deshalb zur Ausübung seines Leistungsverweigerungsrechts,

598 Auch insofern waren die deutschen Gerichte bislang bei der Höhe des immateriellen Schadensersatzes zurückhaltend: die Entschädigung für Datenschutzverstöße lag in der Regel zwischen EUR 1.000 bis 7.000: BAG, Urt. v. 19.2.2015 – 8 AZR 1007/13 = NJW 2015, 2749, 2749 (EUR 1.000 für Observation eines arbeitsunfähig erkrankten Arbeitnehmers mittels Detektiv); LAG Hessen, Urt. v. 25.10.2010 – 7 Sa 1586/09 = MMR 2011, 346, 347 (EUR 7.000 für die unzulässige Überwachung am Arbeitsplatz); *Wybitul/Haß/Albrecht*, NJW 2018, 113, 115.

599 Vgl. dazu oben Ziffer § 9 I 1 b) und c).

600 Noch zu § 611 BGB *Venetis/Oberwetter*, NJW 2016, 1051, 1055.

601 *Grimm/Schiefer*, RdA 2009, 329, 343; MAH ArbR/*Dendorfer-Ditges*, § 35 Rn. 233; *Venetis/Oberwetter*, NJW 2016, 1051, 1055.

kommt der Arbeitgeber mit der Arbeitsleistung in Verzug, sodass der Vergütungsanspruch des Arbeitnehmers nach § 615 BGB bestehen bleibt.[602]

In der Praxis kaum relevant, grundsätzlich aber gegeben, ist das Recht des Arbeitnehmers, den Arbeitgeber abzumahnen und bei fortdauernder Vertragsverletzung das Arbeitsverhältnis fristlos zu kündigen.[603]

b) Allgemein zivilrechtlich

aa) Materiell

Hinsichtlich der sich aus dem nationalen Recht ergebenden zivilrechtlichen Ansprüche kann für die Beschäftigten vollumfänglich auf die Ausführungen zu entsprechenden Ansprüchen Dritter verwiesen werden.[604]

bb) Prozessual

In prozessualer Hinsicht kommen Verwertungsverbote für solche Beweismittel in Betracht, die rechtswidrig erlangt wurden. Viel diskutiert ist die Frage eines Verwertungsverbotes für aufgrund rechtswidriger Überwachungsmaßnahmen erlangter Beweismittel.[605]

(1) Beweisverwertungsverbot

(a) Gesetzliche Grundlage

Verwertungsverbote sind weder in der Zivilprozessordnung (ZPO) noch im Arbeitsgerichtsgesetz (ArbGG) vorgesehen.[606] Stattdessen gebieten der Anspruch auf rechtliches Gehör gemäß Art. 103 Abs. 1 GG sowie der Grundsatz der freien Beweiswürdigung nach § 286 ZPO grundsätzlich die Berücksichtigung des von den Parteien vorgebrachten Sachvortrags nebst der von ihnen angebotenen Beweismittel.[607] Für die Annahme eines Verwertungsverbotes bedarf es

---

602 *Grimm/Schiefer*, RdA 2009, 329, 343; MAH ArbR/*Dendorfer-Ditges,* § 35 Rn. 233; *Venetis/Oberwetter*, NJW 2016, 1051, 1055.

603 MAH ArbR/*Dendorfer-Ditges,* § 35 Rn. 234; *Venetis/Oberwetter*, NJW 2016, 1051, 1055.

604 Oben unter Ziffer § 9 I 2.

605 *Maschmann*, NZA-Beilage 2012, 50, 57; Plath/*Stamer*/*Kuhnke*, DSGVO/BDSG, § 26 Rn. 138.

606 BAG, Urt. v. 28.3.2019 – 8 AZR 421/17 = NZA 2019, 1212, 1215; *Fuhltrott/Schröder*, NZA 2017, 278, 281.

607 BVerfG, Beschl. v. 9.10. 2002 – 1 BvR 1611/96, 1 BvR 805/98 = NJW 2002, 3619, 3624; ArbG Düsseldorf, Urt. v. 14.12.2018 – 14 Ca 5613/18 = BeckRS 2018, 45618.

deshalb einer besonderen Legitimation und gesetzlichen Grundlage.[608] Diese Voraussetzungen werden als erfüllt angesehen, weil das Gericht den Parteien in Ausübung staatlicher Hoheitsgewalt gegenüber tritt und es deshalb nach Art. 1 Abs. 3 GG bei der Urteilsfindung an die dafür maßgeblichen Grundrechte gebunden und zu einer rechtsstaatlichen Verfahrensgestaltung verpflichtet ist.[609]

Geben Anhaltspunkte dazu Anlass und hat die betreffende Partei nicht wirksam darauf verzichtet, die etwaige Verletzung ihres allgemeinen Persönlichkeitsrechts geltend zu machen[610], obliegt es deshalb dem Arbeitsgericht zu prüfen, ob ein Verwertungsverbot wegen einer grundrechtlich geschützten Position einer Partei zwingend geboten ist.[611]

(b) Voraussetzungen

Ein „verfassungsrechtliches Verwertungsverbot" setzt in der Regel eine Persönlichkeitsrechtsverletzung bereits durch die Informations- oder Beweisbeschaffung voraus, die nicht durch überwiegende Belange des Arbeitgebers gerechtfertigt war.[612] „Einfache" Verstöße gegen das Datenschutzrecht werden für die Begründung eines Verwertungsverbotes hingegen in der Regel nicht ausreichen.[613] Der Schutzzweck des bei der Gewinnung verletzten Grundrechts muss der Verwertung entgegenstehen, die selbst wiederum einen Grundrechtsverstoß darstellen müsste.[614] Ein solcher Grundrechtsverstoß liegt vor, wenn das

---

608 BVerfG, Beschl. v. 9.10.2002 – 1 BvR 1611/96 = NJW 2002, 3619, 3624; ArbG Düsseldorf, Urt. v. 14.12.2018 – 14 Ca 5613/18 = BeckRS 2018, 45618; *Baade/Hagen*, BB 2021, 1588, 1589.

609 BVerfG, Urt. v. 13.2.2007 – 1 BvR 421/05 = NJW 2007, 753, 758; ArbG Düsseldorf, Urt. v. 14.12.2018 – 14 Ca 5613/18 = BeckRS 2018, 45618.

610 BAG, Urt. v. 22.9.2016 – 2 AZR 848/15 = NZA 2017, 112, 113; BAG, Urt. v. 20.10.2016 – 2 AZR/15 = NZA 2017, 443, 445; BAG, Urt. v. 23.8.2018 – 2 AZR 133/18 = NZA 2018, 1329, 1331.

611 BAG, Urt. v. 23.8.2018 – 2 AZR 133/18 = NZA 1329, 1330; BAG, Urt. v. 28.3.2019 – 8 AZR 421/17 = NZA 2019, 1212, 1215.

612 BAG, Urt. v. 28.3.2019 – 8 AZR 421/17 = NZA 2019, 1212, 1215.

613 *Chandna-Hoppe*, NZA 2018, 614, 618 f.; *Köhler/Schürgers*, BB 2018, 1013, 1013; Kort, ZD 2016, 555, 559; *ders.*, NZA 2018, 1098, 1104; *ders.*, RdA 2018, 24, 33; *Stück*, CCZ 2018, 88, 91.

614 BAG, Urt. v. 13.12.2007 – 2 AZR 537/06 = NZA 2008, 1008, 1010; BAG, Urt. v. 22.9.2016 – 2 AZR 848/15 = NZA 2017, 112, 114; BAG, Urt. v. 20.10.2016 – 2 AZR 395/15 = NJW 2017, 1193, 1194; BAG, Urt. v. 23.8.2018 – 2 AZR 133/18 = NZA 2018, 1329, 1330; BAG, Urt. v. 28.3.2019 – 8 AZR 421/17 = NZA 2019, 1212, 1215; *Erfurth*, NJOZ 2009, 2914, 2922; *Grimm/Schiefer*, RdA 2009, 329, 339; *Kratz/Gubbels*, NZA

Gericht durch die Verwertung ohne Rechtfertigung in eine verfassungsrechtlich geschützte Position des Arbeitnehmers eingriffe, indem es die Persönlichkeitsrechtsverletzung perpetuierte.[615] Ist dies der Fall und wird infolgedessen ein Beweisverwertungsverbot angenommen, steht dem Arbeitgeber kein Beweismittel für das kündigungsrelevante Verhalten des Arbeitnehmers zur Verfügung.

(c) Ausnahme

Eine Ausnahme von diesem Grundsatz soll gelten, wenn sich der Arbeitgeber in einer notwehrähnlichen Situation befindet.[616] Danach ist die Verwertung der unter Verletzung der Persönlichkeitsrechte des Arbeitnehmers erlangten Beweismittel zulässig, wenn der Arbeitgeber ein gesteigertes Interesse an der Durchsetzung seiner Rechte hat und die Verletzung des allgemeinen Persönlichkeitsrechts des Arbeitnehmers nicht erheblich war.[617]

(2) Sachvortragsverwertungsverbot

Von dem Beweisverwertungsverbot, welches die Frage betrifft, ob angebotene Beweise zu streitigen Angaben erhoben werden dürfen,[618] ist das Sachvortragsverwertungsverbot zu unterscheiden. Letzteres hat zur Folge, dass unstreitiger Tatsachenvortrag im Prozess nicht verwertet werden darf.[619] Die Rechtsprechung spricht gleichwohl meist ohne Differenzierung pauschal von Verwertungsverboten.[620]

2009, 652, 656; Plath/*Stamer*/*Kuhnke*, DSGVO/BDSG, § 26 Rn. 138; Thüsing/*Thüsing*/*Pötters*, Beschäftigtendatenschutz, § 21 Rn. 31.

615 BAG, Urt. v. 28.3.2019 – 8 AZR 421/17 = NZA 2019, 1212, 1215; kritisch *Betz*, RdA 2018, 100, 108 f.

616 Angedeutet in BAG, Urt. v. 13.12.2007 – 2 AZR 537/06 = NZA 2008, 1008, 1012; *Dzida/Grau*, NZA 2010, 1201, 1203; Plath/*Stamer*/*Kuhnke*, DSGVO/BDSG, § 26 Rn. 141.

617 BAG, Urt. v. 27.7.2017 – 2 AZR 681/16 = NZA 2017, 1327; 1332; *Bergwitz*, NZA 2012, 353, 354; *Dzida/Grau*, NZA 2010, 1201, 1203; *Fuhltrott*, GWR 2017, 448, 449; *ders.*, NZA 2017, 1308, 1310; Plath/*Stamer*/*Kuhnke*, DSGVO, § 26 BDSG Rn. 141.

618 *Fuhlrott*, NZA 2017, 1308, 1311; *Fuhltrott/Oltmanns*, NZA 2018, 413, 413; Kramer/*Tiedemann*, IT-ArbR, B. Rn. 547.

619 *Baade/Hagen*, BB 2021, 1588, 1590; *Fuhltrott/Oltmanns*, NZA 2018, 413, 413; Kramer/*Tiedemann*, IT-ArbR, B. Rn. 551; Plath/*Stamer*/*Kuhnke*, DSGVO/BDSG, § 26 Rn. 142.

620 Vgl. etwa LAG Hessen, Urt. v. 21.9.2018 – 10 Sa 601/18 = NZA 2019, 130; ArbG Düsseldorf, Urt. v. 14.12.2018 – 14 Ca 5613/18 = BeckRS 2018, 45618; *Baade/Hagen*, BB 2021, 1588, 1590.

Der Schutzzweck der bei der Informationsgewinnung verletzten Norm kann auch die Nichtberücksichtigung unstreitigen Vortrags gebieten.[621] Dies ist der Fall, wenn es dem Schutzzweck zuwiderliefe, selbst den inhaltlichen Gehalt eines Beweismittels in Form von Sachvortrag zur Entscheidungsgrundlage zu machen.[622] Da der Arbeitnehmer nach § 138 Abs. 1 ZPO zur Wahrheit verpflichtet ist und deshalb einen Sachvortrag, der auf rechtswidrig erlangten Informationen beruht, nicht bestreiten darf,[623] ist die Frage des Bestehens eines Sachvortragsverwertungsverbotes bedeutsamer als die des Bestehens eines Beweisverwertungsverbotes.[624]

Nach Ansicht des BAG kommt ein solches Sachvortragsverwertungsverbot aus Gründen der Generalprävention in Betracht, wenn die verletzte Schutznorm in den betreffenden Fällen ohne ein prozessuales Verwertungsverbot leerliefe.[625] Dies ist der Fall, wenn durch die Verwertung des Sachvortrags in die verfassungsrechtlich geschützte Grundposition einer Partei eingegriffen werden würde, da der Richter den Parteien in Ausübung staatlicher Hoheitsgewalt gegenübertritt und daher nach Art. 1 Abs. 3 GG an die Grundrechte gebunden ist.[626] Damit wendet das BAG dem Grunde nach den Prüfungsmaßstab an, den es auch bei Beweisverwertungsverboten anlegt.[627] Daher wird es darauf ankommen, ob Eingriffe in verfassungsrechtlich geschützte Positionen des Arbeitnehmers, etwa sein allgemeines Persönlichkeitsrecht, durch Verwertung des Sachvortrags

---

621 BAG, Urt. v. 13.12.2007 – 2 AZR 537/06 = NJW 2008, 2732 = NZA 2008, 1008, 1011; BAG, Urt. v. 16.12.2010 – 2 AZR 485/08 = NZA 2011, 571, 573; BAG, Urt. v. 22.9.2016 – 2 AZR 848/15 = NZA 2017, 112, 114.

622 BAG, Urt. v. 22.9.2016 – 2 AZR 848/15 = NZA 2017, 112, 114; *Baade/Hagen*, BB 2021, 1588, 1590.

623 *Maschmann*, NZA-Beilage 2012, 50, 57; Plath/*Stamer/Kuhnke*, DSGVO/BDSG, § 26 Rn. 142.

624 In diese Richtung auch *Dyck/Ittner*, NJW 2021, 1633, 1633; Plath/*Stamer/Kuhnke*, DSGVO/BDSG, § 26 Rn. 142.

625 BAG, Urt. v. 16.12.2010 – 2 AZR 485/08 = NZA 2011, 571, 573 f.; BAG, Urt. v. 20.10.2016 – 2 AZR 395/15 = NJW 2017, 1193, 1194; BAG, Urt. v. 27.7.2017 – 2 AZR 681/16 = NZA 2017, 1327, 1328 f.; BAG, Urt. v. 23.8.2018 – 2 AZR 133/18 = NZA 2018, 1329, 1330; BAG, Urt. v. 28.3.2019 – 8 AZR 421/17 = NZA 2019, 1212, 1215; Plath/*Stamer/Kuhnke*, DSGVO/BDSG, § 26 Rn. 142a; *Reitz*, NZA 2017, 273, 277.

626 BAG, Urt. v. 13.12.2007 – 2 AZR 537/06 = NZA 2008, 1008, 1010; BAG, Urt. v. 16.12.2010 – 2 AZR 485/08 = NZA 2011, 571, 573.

627 Vgl. etwa BAG, Urt. v. 27.7.2017 – 2 AZR 681/16 = NZA 2017, 1327, 1328 f.; BAG, Urt. v. 23.8.2018 – 2 AZR 133/18 = NZA 2018, 1329, 1330; *Bergwitz*, NZA 2012, 353, 359; Dyck/Ittner, NJW 2021, 1633, 1636.

gerechtfertigt sind, weil überwiegende schutzwürdige Interessen des Arbeitgebers bestehen.[628] Um die Dispositionsmaxime weiterhin zu gewährleisten, wird ein Sachvortragsverwertungsverbot jedoch nur in engen Grenzen in Betracht kommen, sodass der wahre Sachverhalt zumeist aufgeklärt werden kann.[629]

628 BAG, Urt. v. 16.12.2010 – 2 AZR 485/08 = NZA 2011, 571, 574 f.; LAG Hamm, Urt. v. 10.7.2012 – 14 SA 1711/10 = CCZ 2013, 115, 116; LAG Rheinland-Pfalz, Urt. v. 25.11.2014 – 8 Sa 363/14 = ZD 2015, 488, 491.

629 *Dyck/Ittner*, NJW 2021, 1633, 1637; Plath/*Stamer/Kuhnke*, DSGVO/BDSG, § 26 Rn. 142b.

§ 10 Lösungsmöglichkeiten

I. Tatsächliche Maßnahmen

Unabhängig von der Ausgestaltung einer etwaigen Einwilligungserklärung oder Kollektivvereinbarung, auf deren Grundlage die personenbezogenen Daten im Rahmen der Überwachungsmaßnahme erhoben und gegebenenfalls weiter verarbeitet werden, können Arbeitgeber eine Reihe tatsächlicher Maßnahmen treffen, um den Eingriff in das Persönlichkeitsrecht der Arbeitnehmer so gering wie möglich zu gestalten und auf diese Weise eine gute Ausgangslage schaffen, die im Rahmen der Abwägung ein Ergebnis zu ihren Gunsten fördert.

1. Tatsächliche Maßnahmen für jedwede Überwachungsmethode

Grundlegend für jede Art der Überwachung sollte die Beachtung der in Art. 5 Abs. 1 DS-GVO statuierten Grundsätze sein. Bedeutung erlangt dabei insbesondere der Grundsatz der Transparenz nach Art. 5 Abs. 1 lit. a) DS-GVO. Gerade bei der für die Überprüfung der Einhaltung datenschutzrechtlicher Vorgaben ausreichenden offenen Überwachung ist der Grundsatz der Transparenz ein relativ leicht umzusetzender Baustein für eine rechtmäßige Kontrolle der Beschäftigten. Neben der Erfüllung gesetzlicher Voraussetzungen verhilft die klare, zutreffende und erläuternde Information über die konkrete Ausgestaltung der Überwachung zu deren Akzeptanz und Verständnis bei den Arbeitnehmern.

Jedes Unternehmen sollte darüber hinaus eine kritische Analyse durchführen, in welchen Bereichen eine erhöhte Gefahr für Verstöße gegen die DS-GVO durch Mitarbeiter besteht. In diesen Bereichen sollten die Beschäftigten besonders geschult und sensibilisiert werden.[630] Schulungen und unternehmensinterne Richtlinien zum Umgang mit personenbezogenen Daten unterstreichen den präventiven Charakter der Kontrolle und sind geeignet, die Akzeptanz der Überwachung bei den Beschäftigten zu steigern, weil sie sich der Bedeutung der Materie bewusst werden. Auf Grundlage der Analyse sollten ergänzend sodann Kontrollen entwickelt und eingerichtet werden, die eine Verletzung des Schutzes personenbezogener Daten Dritter möglichst verhindern, jedenfalls aber aufdecken. Jeder entdeckte Datenschutzverstoß sollte daraufhin erneut auf seinen Ursprung hin untersucht werden und die Schulungen sowie die entwickelten

---

630 *Bussmann*, CCZ 2016, 50, 55; *Jung*, ZD 2018, 208, 210.

Überwachungsmaßnahmen gegebenenfalls neu bewertet und entsprechend angepasst werden. Über diese Zwecke sind die Beschäftigten zu informieren (Art. 5 Abs. 1 lit. b) DS-GVO (Zweckbindung)). Die Technik ist derart zu gestalten (Art. 25 DS-GVO (Technikgestaltung)), dass die Daten soweit möglich zu anonymisieren oder zu pseudonymisieren (Art. 5 Abs. 1 lit. c) DS-GVO (Datenminimierung)) und zu löschen sind, sobald sie für die festgelegten Zwecke nicht mehr erforderlich sind (Art. 5 Abs. 1 lit. e) DS-GVO (Zweckbindung)). Zu jeder Zeit sind angemessene technische und organisatorische Maßnahmen (Art. 32 DS-GVO) zu treffen, die die in diesem Zusammenhang erhobenen Beschäftigtendaten vor unrechtmäßiger und versehentlicher Verarbeitung schützen (Art. 5 Abs. 1 lit. f) DS-GVO (Integrität und Vertraulichkeit und Technikgestaltung)). All diese Abläufe sind sorgfältig zu dokumentieren (Art. 5 Abs. 2 DS-GVO (Rechenschaftspflicht)). Schließlich sollten Mechanismen entwickelt werden, die Anpassungsbedarf des Systems detektieren und die Maßnahmen regelmäßigen Prüfungen und gegebenenfalls Anpassungen unterziehen. Arbeitgeber sollten die in der Rechtsprechung entwickelten Abwägungskriterien in weitest möglichem Umfang beachten.[631]

2. Tatsächliche Maßnahmen bei der Videoüberwachung

Die transparente Gestaltung der Überwachung und die entsprechende Information der Betroffenen sind bei der Videoüberwachung von überragender Bedeutung. Maßgeblich für die Rechtmäßigkeit der Verarbeitung ist die vernünftige Erwartung der betroffenen Person. Ein Beschäftigter wird in aller Regel aber nicht davon ausgehen, von seinem Arbeitgeber via Kamera überwacht zu werden[632], sodass hierüber unbedingt aufzuklären ist. Um die Schwere des Eingriffs zu reduzieren, bietet es sich etwa an, sensible Daten in einzelnen abgelegenen Räumen zu sammeln und den Zutritt zu diesen zu beschränken. Die Überwachung des Zutritts zu diesen Räumen durch eine Kamera mit festem Aufnahmewinkel[633] würde auf diese Weise nur wenige Mitarbeiter betreffen und – im Rahmen von Zutrittskontrollen – auch diese nur in einem sehr kurzen

631 Vgl. dazu oben ausführlich unter Ziffer § 8 I 2 d) cc) (3) (a).

632 So ausdrücklich der Europäische Datenschutzausschuss (früher Art. 29-Gruppe) in Guidelines 3/2019 on processing of personal data through video devices Ziffer 36, abrufbar unter https://edpb.europa.eu/sites/edpb/files/files/file1/edpb_guidelines_201903_video_devices_en.pdf (zuletzt abgerufen am 04.08.2022).

633 *Stück*, CCZ 2018, 88, 90 unter Bezugnahme auf BAG, Urt. v. 20.10.2016 – 2 AZR 395/15 = NZA 2017 2017, 443, 447.

Zeitfenster. Darüber hinaus sollte die Kamera nicht über eine Audiofunktion verfügen. Vor allem eine offene Überwachung, deren Ergebnisse in Anwesenheit des Datenschutzbeauftragten – möglichst anlassbezogen – ausgewertet werden und für deren Daten ein angemessenes Löschkonzept eingesetzt wird, trägt zur Rechtmäßigkeit der Überwachung bei. Genügt eine nur anlassbezogene Auswertung der Aufnahmen nicht, so sollte bei der anlasslosen unmittelbaren Sichtung die Löschung nicht relevanten Materials vorgenommen werden.[634]

Je nach finanzieller Umsetzbarkeit und konkreter Ausgestaltung bietet sich gegebenenfalls auch der Einsatz von Software an. Für die Videoüberwachung kommt z.B. der Einsatz des Black-Box-Verfahrens in Betracht.[635] Die Besonderheit des Black-Box-Verfahrens besteht in der Aufnahme auf einem verschlüsselten Datenspeicher, der nach einem definierten Zeitraum wieder gelöscht wird, anstelle der Übertragung auf einen Monitor oder der langfristigen Speicherung für eine potentielle Auswertung.[636] Der Einsatz eines Ringspeichers sorgt für die Überschreibung der Daten im jeweils vorgegebenen Intervall.[637] Die Löschroutine wird bei diesem Verfahren nur ausgesetzt und die Aufnahmen gesichtet, wenn ein relevanter Vorfall bekannt geworden ist.[638] Vorteil dieser Methode ist sicherlich der minimalinvasive Eingriff in das Persönlichkeitsrecht der Betroffenen, weil die Aufnahmen im Normalfall unbesehen bleiben. Gleichwohl kommt es auf die konkreten Gegebenheiten des einzelnen Unternehmens an, ob dessen Einsatz erfolgversprechend und zweckdienlich ist. Denn auf diese Weise bleiben möglicherweise Datenschutzverstöße – *in concreto* der unberechtigte Zutritt – unbemerkt, wenn er nicht auf andere Weise bekannt wird.

3. Tatsächliche Maßnahmen bei der inhaltlichen Kontrolle ausgehender E-Mails

Zunächst sollte die Privatnutzung des betrieblichen E-Mail-Accounts verboten und Verstöße hiergegen geahndet werden. Auf diese Weise steht dem Arbeitgeber unumstritten ein umfassendes Einsichtsrecht zu.[639]

---

634 Kritisch wohl *Meyer-Michaelis*, DB 2018, 2821, 2821.

635 Zu dessen Anwendung im öffentlichen Raum vgl. *Grages/Plath*, CR 2017, 791, 791 ff.; *Lachenmann*, ZD 2017, 407, 409.

636 *Grages/Plath*, CR 2017, 791, 791; *Taeger*, ZD 2013, 571, 574 f.

637 *Grages/Plath*, CR 2017, 791, 791; *Lachenmann*, ZD 2017, 407, 409.

638 *Grages/Plath*, CR 2017, 791, 792; *Taeger*, ZD 2013, 571, 574 f.

639 Vgl. dazu ausführlich oben Ziffer § 5 VII 3.

Ist die private Nutzung nicht ausdrücklich verboten, sollten zumindest konkrete Vorgaben zur Behandlung privater E-Mails gemacht werden, etwa der Vermerk als „privat" in der Betreffzeile oder das Speichern in einem als „privat" gekennzeichneten separaten Ordner sowie das Vorgeben einer Löschfrist.[640] Auf diese Weise kann die Möglichkeit der Kontrolle dienstlicher E-Mails bewahrt werden, selbst unter Zugrundlegung der Ansicht, die von der Anwendbarkeit des TKG ausgeht. Allerdings bedarf diese Maßnahme der Mitwirkung der Beschäftigten sowie der zutreffenden Kennzeichnung der E-Mails. Ihr ist deshalb ein nicht zu verachtendes Missbrauchs- und Umgehungspotential immanent.

Anders als bei der Zutrittskontrolle mittels Videoüberwachung werden stichprobenartige Prüfungen zur Kontrolle der Einhaltung datenschutzrechtlicher Vorschriften in der Regel ausreichen. Die Entwicklung des Konzepts zur Kontrolle der Ausgangsmails sollte unter Beteiligung von Betriebsrat und dem Datenschutzbeauftragten erfolgen.[641] Dabei bietet es sich an, als möglichst mildes Mittel eine Software einzusetzen, um die Kenntnisnahme des konkreten Inhalts durch Menschen zu vermeiden und stattdessen eine Software lediglich nach möglichen Datenschutzverstößen – gleich ob absichtliche oder unabsichtliche – suchen zu lassen (Date Loss Prevention Tool (DLP)).[642] Die Software muss aber ihrerseits so ausgestaltet sein, dass der Eingriff in das Persönlichkeitsrecht der Betroffenen so gering wie möglich ist. Um diesem Anspruch zu genügen kann etwa dem Vorschlag der Artikel 29-Gruppe gefolgt werden, wonach die Software vor der Übermittlung der E-Mail einen Warnhinweis an den Absender herausgibt, wenn die Software in der E-Mail einen möglichen Datenschutzverstoß detektiert hat.[643] Darüber hinaus sollten die Funktionsweise der Software und

---

640 *Fülbier/Splittgerber*, NJW 2012, 1995, 2000; *Mengel*, NZA 2017, 1494, 1496.

641 *Behling*, BB 2018, 52, 55; *Salvenmoser/Hauschka*, NJW 2010, 331, 335; Datenschutzkonferenz (DSK), Orientierungshilfe der Datenschutzaufsichtsbehörden zur datenschutzgerechten Nutzung von E-Mail und anderen Internetdiensten am Arbeitsplatz, Januar 2016, abrufbar unter: https://www.baden-wuerttemberg.datenschutz.de/wp-content/uploads/2016/02/OH_E-Mail_Internet_Arbeitsplatz.pdf, Ziff. 9.2 S. 17 f. (zuletzt abgerufen am 04.08.2022).

642 Vgl. dazu Auer-Reinsdorff/*Conrad/Treger*, Handbuch IT- und Datenschutzrecht, § 34 Rn. 293; *de Wolf*, NZA 2010, 1206, 1211.

643 Datenschutzkonferenz (DSK), Orientierungshilfe der Datenschutzaufsichtsbehörden zur datenschutzgerechten Nutzung von E-Mail und anderen Internetdiensten am Arbeitsplatz, Januar 2016, abrufbar unter: https://www.baden-wuerttemberg.datenschutz.de/wp-content/uploads/2016/02/OH_E-Mail_Internet_Arbeitsplatz.pdf, Ziffer 5.3. S. 15 (zuletzt abgerufen am 04.08.2022).

die Daten, die diese jeweils erhebt, zutreffend, möglichst umfassend und transparent den Beschäftigten gegenüber dargelegt werden.[644]

II. Individualrechtliche Regelungen

Die Überwachungsmaßnahmen können sich grundsätzlich auf eine Einwilligungserklärung als Rechtsgrundlage stützen. Entscheidet sich der Arbeitgeber für diese Vorgehensweise sind neben den allgemeinen Anforderungen an deren Ausgestaltung die sich aus der konkreten Kontrollmaßnahme ergebenden Besonderheiten zu beachten.

1. Ausgestaltung

Neben den gesetzlichen Anforderungen an eine wirksame Einwilligungserklärung[645] sollte eine solche den Hinweis auf die Möglichkeit des Wechsels der Rechtsgrundlage enthalten[646] und, um dem Kriterium der Freiwilligkeit möglichst Rechnung zu tragen, erst nach Abschluss des Arbeitsvertrags[647] erteilt werden und zwar unter dem Hinweis darauf, dass bei Nichterteilung der Einwilligung keine nachteiligen Folgen drohen.

2. Vor- und Nachteile

Mit der Einwilligung als Rechtsgrundlage für die Überwachung der Beschäftigten geht die Unsicherheit hinsichtlich der Möglichkeit der „freiwilligen" Erteilung im Beschäftigungsverhältnis einher.[648] Insbesondere bei Compliance-Maßnahmen sehen Kritiker die Problematik, dass die Freiwilligkeit der Einwilligung in Frage gestellt werden könnte, weil Arbeitgeber und Beschäftigte keine

---

644 Datenschutzkonferenz (DSK), Orientierungshilfe der Datenschutzaufsichtsbehörden zur datenschutzgerechten Nutzung von E-Mail und anderen Internetdiensten am Arbeitsplatz, Januar 2016, abrufbar unter: https://www.baden-wuerttemberg.datenschutz.de/wp-content/uploads/2016/02/OH_E-Mail_Internet_Arbeitsplatz.pdf, Ziffer 5.3. S. 15 (zuletzt abgerufen am 04.08.2022); *Ströbel/Böhm/Breunig/Wybitul*, CCZ 2018, 14, 20.

645 Vgl. dazu oben ausführlich unter Ziffer § 5 III 2.

646 Vgl. dazu oben ausführlich unter Ziffer § 3 II 2.

647 BT-Drs. 18/11325 S. 97.

648 Vgl. dazu oben ausführlich unter Ziffer § 5 III 1.

gleichlaufenden Interessen verfolgen und die Gefahr der Vorverurteilung solcher Mitarbeiter drohe, die eine Einwilligung verweigerten.[649]

Noch offen ist auch die Möglichkeit des Wechsels der Rechtsgrundlage. Fraglich bleibt somit, ob die Überwachungsmaßnahme auf eine alternative Rechtsgrundlage gestützt werden kann, sollte die Einwilligungserklärung unwirksam erteilt oder widerrufen worden sein. Darüber hinaus bedeutet die Verwaltung und Dokumentation der Erklärungen nebst etwaiger Widerrufserklärungen gerade in Unternehmen mit einer Vielzahl von Mitarbeitern einen gewaltigen administrativen Aufwand.

Die Einwilligung ist zudem jederzeit frei widerruflich und lässt den Arbeitgeber so mit einer gewissen Gestaltungsunsicherheit für die Zukunft zurück. Als weiteres Problem ergibt sich bei der Videoüberwachung, dass diese nicht auf einzelne Personen begrenzt werden kann. Widerruft ein Betroffener seine Einwilligung, so kann die Kontrolle, die naturgemäß mehrere Personen betrifft, faktisch nicht mehr durchgeführt werden. Die Einwilligung ist als Rechtsgrundlage für die Durchführung einer Videokontrolle daher denkbar ungeeignet.

III. Kollektivrechtliche Regelungen

Unternehmen können die Überwachungsmaßnahmen auch im Rahmen kollektivrechtlicher Vereinbarungen als Erlaubnistatbestand regeln.

1. Tarifverträge

Regelungen bezüglich der Kontrolle der Mitarbeiter können in den seltensten Fällen sinnvoll in Tarifverträgen implementiert werden.[650] Denn tarifliche Regelungen zum Beschäftigtendatenschutz sind zwar grundsätzlich möglich, sie würden sich jedoch auf grundsätzliche Leitlinien beschränken. Der Beschäftigtendatenschutz erfordert typischerweise unternehmens- und konzernbezogene Regelungen und damit Anpassungen an die jeweiligen spezifischen Umstände.[651]

---

649 Ebenso gegen die Möglichkeit der wirksamen Erteilung einer Einwilligung zur Mitarbeiterüberwachung Kühling/Buchner/*Maschmann*, DS-GVO/BDSG, § 26 Rn. 63; *Ströbel/Böhm/Breunig/Wybitul*, CCZ 2018, 14, 16.

650 Hauschka/Moosmayer/Lösler/*Mengel*, Corporate Compliance, § 39 Rn. 65; allgemein zu Compliance-Regelungen *Lüders/Rinkens*, CB 2019, 142, 146; Thüsing/*Thüsing/Granetzny*, Beschäftigtendatenschutz, § 4 Rn. 32.

651 Hauschka/Moosmayer/Lösler/*Mengel*, Corporate Compliance, § 39 Rn. 65; *Kempter/Steinat*, NZA 2017, 1505, 1509.

Weil Tarifverträge gerade nicht auf den individuellen Bedarf eines konkreten Unternehmens zugeschnitten sind, bieten sie der Compliance-Abteilung daher kaum Handlungsspielraum für die datenschutzrechtliche Compliance.[652]

2. Betriebsvereinbarungen

Sinnvoll hingegen – und in der Praxis das wohl probateste Mittel[653] – ist die Nutzung der Möglichkeiten, die der Abschluss einer Betriebsvereinbarung bietet. Wird die Kontrolle mittels Software durchgeführt, besteht hinsichtlich der in dieser Arbeit behandelten Überwachungsmaßnahmen in der Regel gemäß § 87 Abs. 1 Nr. 6 BetrVG ohnehin ein Mitbestimmungsrecht des Betriebsrats, da sowohl die Videoüberwachung als auch die inhaltliche Kontrolle von Ausgangsmails theoretisch geeignet sind, Leistung und Verhalten der Beschäftigten zu überprüfen. Aber auch wenn keine technischen Mittel zur Überwachung eingesetzt werden und – mangels ausdrücklichem Mitbestimmungsrecht des Betriebsrats in Angelegenheiten des Datenschutzes[654] – kein Anlass zum Abschluss betrieblicher Vereinbarungen besteht, können diese für alle Beteiligten vorteilhaft sein.

a) Ausgestaltung

Kollektivvereinbarungen müssen die in der DS-GVO statuierten Grundsätze und Vorschriften beachten. Insbesondere dem Grundsatz der Transparenz sollte maßgebliche Bedeutung zugemessen werden. Eine klare und verständliche Beschreibung der jeweiligen Zwecke sowie der hierfür zu erhebenden personenbezogenen Daten nebst deren weiteren Verwertung und der genauen Funktionsweise des eingeführten Überwachungsmechanismus ist darüber hinaus geeignet, etwaigem Misstrauen der Beschäftigten frühzeitig zu begegnen.[655] Materielle Regelungen, die ein Verbot oder die Erlaubnis einer konkreten Datenverarbeitung beinhalten, müssen eine Interessenabwägung erlauben oder auf einer deutlich beschriebenen Interessenabwägung beruhen, um angemessen im

---

652 Hauschka/Moosmayer/Lösler/*Mengel*, Corporate Compliance, § 39 Rn. 65; *Kempter/Steinat*, NZA 2017, 1505, 1509.

653 Ähnlich *Althoff*, ArbRAktuell 2018, 414, 417; *Schrey/Kielkowski*, BB 2018, 629, 631; *Ströbel/Böhm/Breunig/Wybitul*, CCZ 2018, 14, 19.

654 *Körner*, Beschäftigtendatenschutz, S. 85; vgl. dazu auch Schaub/Koch/*Ulrich/Koch*, Arbeitsrecht von A–Z, Betriebsrat (Beteiligungsrecht), I. 1. (d).

655 *Deiters*, ZD 2012, 109, 112; *Ströbel/Böhm/Breunig/Wybitul*, CCZ 2018, 14, 20; *Wybitul/Brink/Albrecht*, NZA 2018, 285, 289.

Sinne des Art. 88 Abs. 2 DS-GVO zu sein.[656] Es muss also ein betriebsspezifischer Ausgleich der gegenseitigen Interessen hergestellt werden.[657] Zudem sollte Einigung erzielt werden, wie die Vorgaben der DS-GVO umgesetzt und welche Schutzmechanismen zugunsten der Betroffenen eingeführt werden.[658]

aa) Detaillierte Beschreibung geplanter Maßnahmen

Es liegt im Ermessen der Parteien, wie detailliert sie die betrieblichen Vorschriften gestalten möchten. Trotz des damit einhergehenden erheblichen Zeitaufwands kann es sich aber anbieten, die Möglichkeit zu nutzen, die abstrakten und eher prozessualen Vorschriften der DS-GVO in konkretere Formen zu gießen.[659] Je konkreter die jeweiligen Maßnahmen beschrieben werden, desto eher wird die darauf basierende Datenverarbeitung später als zulässig beurteilt werden.[660] Darüber hinaus stünden dem Betriebsrat gegebenenfalls weiterhin Mitbestimmungsrechte bei einzelnen Maßnahmen zu, sofern diese in der Betriebsvereinbarung nicht ausreichend präzise beschrieben sind.[661]

bb) Konkrete Bezeichnung verwendeter Software

Häufig wird seitens des Betriebsrats die genaue Bezeichnung und Benennung der verwendeten Software verlangt.[662] Sollte diesem Verlangen arbeitgeberseitig nachgegeben werden, so sollte in jedem Fall die Möglichkeit des Einsatzes von Nachfolgesystemen vorgesehen werden.[663] Auf diese Weise könnte das Eingreifen des Mitbestimmungsrechts des Betriebsrates auf solche Änderungen der Software eingegrenzt werden, die neue Kontrollmöglichkeiten eröffnen.[664]

---

656 *Dahl/Brink*, NZA 2018, 1231, 1232; *Jerchel/Schubert*, DuD 2016, 782, 785; *Wybitul*, NZA 2017, 1488, 1489.

657 Ähnlich Kühling/Buchner/*Maschmann*, DS-GVO/BDSG, Art. 88 Rn. 84; *Wybitul/Brink/Albrecht*, NZA 2018, 285, 287.

658 *Ströbel/Böhm/Breunig/Wybitul*, CCZ 2018, 14, 19; *Wybitul*, ZD 2016, 203, 208.

659 In diese Richtung auch *Holthausen*, RdA 2021, 19, 29; *Wybitul*, NZA 2017, 1488, 1491.

660 *Wybitul*, NZA 2017, 1488, 1491, 1492; *Wybitul/Brink/Albrecht*, NZA 2018, 285, 288.

661 Vgl. dazu auch BeckOK/*Werner*, ArbeitsR, § 87 BetrVG Rn. 99; *Wybitul/Böhm*, CCZ 2015, 133, 135.

662 So auch vorgesehen in BeckOF/*Hecht*, 2.5.5; *Lindemann/Simon*, BB 2001, 1953, 1954; Oberthür/Seitz/*Panzer/Heemeier*, Betriebsvereinbarungen, B. V. Rn. 221.

663 *Lindemann/Simon*, BB 2001, 1953, 1954; vgl. Oberthür/Seitz/*Panzer/Heemeier*, Betriebsvereinbarungen, B. V. Rn. 221.

664 *Lindemann/Simon*, BB 2001, 1953, 1954.

cc) *Regelungen zur Privatnutzung betrieblicher IT*

Empfehlenswert ist zudem eine Regelung hinsichtlich der privaten Nutzung der betrieblichen Internet- und Kommunikationsmittel. Soll diese erlaubt werden, wäre die betriebliche Vereinbarung konstitutiv.[665] Soll die private Nutzung hingegen verboten werden, wäre die Regelung deklaratorischer Natur und die datenschutzrechtlichen Bestimmungen würden konkretisierende Vorschriften treffen.[666]

dd) *Vereinbarung prozessualer Verwertungsverbote*

Grundsätzlich sind auch Regelungen zu Beweisverwertungs- und Sachvortragsverwertungsverboten denkbar.[667] Werden solche Vereinbarungen aufgenommen, regeln die Betriebsparteien also nicht nur die Voraussetzungen und Grenzen der Beweismittelbeschaffung, sie schreiben vielmehr auch für den Fall eines gerichtlichen Verfahrens den Umgang mit außerhalb dieser Grenzen erlangten Beweismitteln fest.[668] Die Frage, ob Betriebsparteien ein prozessuales Verwertungsverbot durch Betriebsvereinbarung begründen können, war bereits vor Inkrafttreten der DS-GVO ungeklärt und ist noch immer nicht höchstrichterlich geklärt.[669] Das LAG Baden-Württemberg hat diese Frage allerdings verneint.[670] Danach begründen eventuelle in den Betriebsvereinbarungen zum Ausdruck kommende eigenständige Verwertungsverbote bei Verstößen gegen die in den Betriebsvereinbarungen zur Auswertung und Erhebung von Daten befindlichen Regelungen kein gerichtliches Verwertungsverbot oder eine Einschränkung des Grundsatzes der freien Beweiswürdigung (§ 286 ZPO) durch das Gericht.[671] Nach zutreffender Ansicht des LAG können die Betriebsparteien gegenüber der Rechtspflege mangels Regelungskompetenz keine über die

---

665 *Brink*, ZD 2015, 295, 299; *Müller*, öAT 2019, 1, 2.

666 *Brink*, ZD 2015, 295, 299.

667 *Lindemann/Simon*, BB 2001, 1953, 1955; MAH ArbR/*Dendorfer-Ditges*, § 35 Rn. 65.

668 *Lindemann/Simon*, BB 2001, 1953, 1955; MAH ArbR/*Dendorfer-Ditges*, § 35 Rn. 65.

669 *Fuhltrott/Oltmanns*, NZA 2018, 413, 415; *dies.* NZA 2019, 1105, 1108; MAH ArbR/*Dendorfer-Ditges*, § 35 Rn. 66.

670 LAG Baden-Württemberg, Urt. v. 6.6.2018 – 21 Sa 48/17 = ZD 2019, 132, 135; ebenso *Fuhltrott/Oltmanns*, NZA 2018, 413, 416; *Schrey/Kielkowski*, BB 2018, 629, 631.

671 LAG Baden-Württemberg, Urt. v. 6.6.2018 – 21 Sa 48/17 = ZD 2019, 132, 135.

Gesetze hinausgehenden Verwertungsverbote schaffen, jedenfalls aber binden derartige Vereinbarungen nicht die erkennenden Gerichte.[672]

b) Vor- und Nachteile

Die Vorzugswürdigkeit betrieblicher Vereinbarungen gegenüber individuellen Einwilligungserklärungen liegt auf der Hand. Betriebsvereinbarungen tragen zu Rechtssicherheit, Transparenz und Vorhersehbarkeit der Compliance-Kontrollen bei[673] und zwar zugunsten aller Beteiligten. Denn die Betriebsparteien können konkrete, anlassbezogene und detaillierte Regelungen treffen, ohne auf allgemeine gesetzliche Erlaubnistatbestände zurückgreifen zu müssen.[674] Aufgrund ihrer Beständigkeit und ihrer Laufzeit sowie ihrer kollektiven Wirkung[675] sind sie zudem verlässliche Rechtsgrundlage im Minenfeld des Beschäftigtendatenschutzes. Sie schaffen klare Regelungen, die eine – vergleichsweise – einfache Prüfung der Rechtmäßigkeit der konkreten Datenverarbeitung zulassen.[676] Zudem wird durch die Einbeziehung der Interessenvertretung die Wahrung der schutzwürdigen Interessen der Beschäftigten sichergestellt, was zusätzlich zur Akzeptanz der getroffenen Regelungen beizutragen geeignet ist.[677]

Nachteilig hingegen stellt sich die wegen des Territorialitätsprinzips auf Deutschland beschränkte Geltung der Betriebsvereinbarung für ausländische Tochterunternehmen dar.[678] Darüber hinaus entfaltet sie weder für Leitungsorgane (§ 5 Abs. 2 Nr. 1 und 2 BetrVG) noch für leitende Angestellte (§ 5 Abs. 3 BetrVG) Wirkung.[679]

---

672 In diesem Sinne wohl auch BAG, Urt. v. 22.9.2016 – 2 AZR 848/15 = ZD 2017, 344, 347; LAG Baden-Württemberg, Urt. v. 6.6.2018 – 21 Sa 48/17 = ZD 2019, 132, 135; so auch *Fuhlrott/Oltmanns*, NZA 2018, 413, 416.

673 Ähnlich *Holthausen*, RdA 2021, 19, 28; *Ströbel/Böhm/Breunig/Wybitul*, CCZ 2018, 14, 19.

674 *Holthausen*, RdA 2021, 19, 28; Wybitul/*Wybitul/Pötters/Böhm*, Hdb. DS-GVO, Art. 88 Rn. 17.

675 Ähnlich *Krieger/Arnold/Zeh*, NZA 2020, 81, 83.

676 *Deiters*, ZD 2012, 109, 112; vgl. zum Ganzen auch Schreiber, NZA-RR 2010, 617, 621 ff.

677 *Deiters*, ZD 2012, 109, 112; Schreiber, NZA-RR 2010, 617, 623.

678 BAG, Urt. v. 30.4.1987 – 2 AZR 192/86 = NZA 1988, 135, 135; BAG, Beschl. v. 22.3.2000 – 7 ABR 34/98 = NZA 2000, 1119, 1121 m.w.N.; *Kempter/Steinat*, NZA 2017, 1505, 1509; Schaub ArbR-Hdb./*Koch*, § 213 Rn. 1.

679 *Homuth*, BB 2014, 3061, 3063; *Kempter/Steinat*, NZA 2017, 1505, 1509; Schreiber, NZA-RR 2010, 617, 621.

Schließlich steht nicht allen Unternehmen der Weg über eine Betriebsvereinbarung offen. Um auch diesen Arbeitgebern eine rechtssichere Möglichkeit zu eröffnen, sowohl ihren Compliance-Pflichten, als auch ihren Pflichten aus der DS-GVO gegenüber Beschäftigten und Dritten nachzukommen, ist es unausweichlich und längst überfällig, gesetzliche Grundlagen zu schaffen.

IV. Gesetz

1. Fehlen einer gesetzlichen Regelung

Bislang scheiterten die Versuche des Erlasses eines Beschäftigtendatenschutzgesetzes. Gerade für den sensiblen Bereich der Mitarbeiterkontrolle fehlen ausdifferenzierte Regelungen, um die in der Praxis relevanten Fragen zu beantworten. Das vorhandene Netz aus abstrakten und überwiegend prozessualen Regelungen, vor allem aber die Vielzahl gerichtlicher Einzelfallentscheidungen zu dem Themengebiet sind für die betroffenen Arbeitnehmer mühsam bis gar nicht nachvollziehbar und zu erschließen. Die fehlende Rechtssicherheit führt zu einem grundsätzlichen Misstrauen gegenüber Überwachungsmaßnahmen des Arbeitgebers, welches durch die aktuelle Präsenz des Themas Datenschutz in den Medien noch verstärkt wird. Der Flickenteppich aus generalklauselartigen Regelungen bietet darüber hinaus keinen geeigneten Rahmen für Unternehmen, ihre auf die Sicherstellung der Einhaltung der Datenschutzvorschriften gerichteten Überwachungsmaßnahmen rechtlich sicher auszugestalten. Die fehlenden gesetzlichen Regelungen gehen nicht zuletzt auch zulasten der Kunden, die – im Hinblick auf zahlreiche „Datenschutzskandale“ ohnehin verunsichert – ihre personenbezogenen Daten bestmöglich geschützt wissen möchten.

2. Vor- und Nachteile einer gesetzlichen Regelung

Zwar wird auch ein gesetzliches Regelwerk nicht jeden Einzelfall erfasst und ist nicht individuell auf die Unternehmen anpassbar, seine Vorteile aber überwiegen. Es gilt für alle Beschäftigten, Unternehmen und Dritte in gleicher Weise. Der Gesetzgeber kann die unterschiedlichen Interessen vorab gewichten und zu einem fairen Ausgleich bringen.

Für eine allen Beteiligten gerecht werdende Lösung bedarf es einer gesetzlichen Grundlage für die zum Schutz personenbezogener Daten vorgenommenen Überwachungsmaßnahmen, die die Interessen aller Beteiligten in einen möglichst schonenden Ausgleich bringt. Das aufgezeigte Interessen-Dreigespann unterscheidet dabei Kontrollen, die zum Zwecke der Einhaltung der DS-GVO vorgenommen werden von solchen, die für die traditionellen Felder der

Compliance, wie etwa die Bekämpfung von Wirtschaftskriminalität, eingerichtet werden. Diesem bedeutenden und im Rahmen der Verhältnismäßigkeitsprüfung unbedingt zu beachtenden Umstand kann nur durch eine eigenständige Vorschrift für zu diesem Zweck durchgeführte Überwachungsmaßnahmen ausreichend Rechnung getragen werden. Würde sich die gesetzliche Regelung allein in allgemeinen Vorschriften zu den einzelnen Überwachungsmethoden erschöpfen, so wäre für die Unternehmen kein Mehr an Rechtssicherheit gewonnen, weil ein maßgebliches Kriterium der Interessenabwägung gänzlich außer Acht gelassen würde.

In Vorbereitung eines abschließenden Formulierungsvorschlags sollen zunächst die regelungsbedürftigen Fragen zusammengefasst werden.

3. Zusammenfassung regelungsbedürftiger Fragen

Bei der Ausgestaltung der gesetzlichen Regelungen sollte – im Rahmen der Regelungsbefugnis des nationalen Gesetzgebers – neben den herausgearbeiteten erforderlichen Klarstellungen eine ausdifferenzierte Regelung formuliert werden, die konkret auf die Überwachung der Beschäftigten zum Zwecke der Sicherstellung der Einhaltung der DS-GVO zugeschnitten ist.

a) Allgemeine Regelungen

aa) Keine Unterschreitung des Schutzniveaus der DS-GVO

Als § 26 Abs. 1 Satz 2 BDSG sollte eine Klarstellung dahingehend aufgenommen werden, dass mit Kollektivvereinbarungen das Schutzniveau der DS-GVO für die Beschäftigten nicht unterschritten, aber erhöht werden darf.

bb) Anwendbarkeit des TKG

Unbedingt aufgenommen werden sollte eine Vorschrift, die die Anwendbarkeit des TKG im Beschäftigungsverhältnis – unabhängig von der erlaubten Privatnutzung betrieblicher Kommunikationseinrichtungen – ausschließt.

b) Technische Überwachung der Beschäftigten zwecks Einhaltung datenschutzrechtlicher Vorschriften

aa) Präventive, offene Überwachung

Die Erlaubnis präventiver, offener Überwachung der Beschäftigten zur Überprüfung der Einhaltung datenschutzrechtlicher Vorschriften muss sichergestellt sein. Präventiv sollte in diesem Zusammenhang anlasslos bedeuten, sodass ein Verstoß – gleich ob absichtlich oder versehentlich – nicht bereits begangen worden oder zu befürchten sein muss.[680] Andernfalls wäre eine Verhinderung von erstmaligen Verstößen gegen den Schutz personenbezogener Daten und damit die Vermeidung der Verletzung des Persönlichkeitsrechts des betroffenen Dritten nebst aller sich daraus ergebenden Sanktionen und Ansprüche nicht möglich.[681]

bb) Grundsätze des Art. 5 DS-GVO

Aufgrund der überragenden Bedeutung des Grundsatzes der Transparenz ist klarstellend aufzunehmen, dass dieser auch hinsichtlich der gegenständlichen Überwachungsmaßnahmen gilt, selbstverständlich ergänzt um die weiteren Grundsätze der DS-GVO. Insofern kann auf den deklaratorischen § 26 Abs. 5 BDSG Bezug genommen werden.

cc) Beteiligung des Datenschutzbeauftragten

Als weitere prozessuale Vorgabe sollte das Erfordernis der Beteiligung des Datenschutzbeauftragten sowohl bei Implementierung und Anpassungen der Maßnahme als auch bei einer etwaigen Auswertung vorgesehen werden. Um Missverständnisse zu vermeiden, sollte ergänzt werden, dass durch dessen Beteiligung das Mitbestimmungsrecht des Betriebsrats nicht berührt wird.

dd) Löschfristen

Darüber hinaus wäre es hilfreich, wenn der Gesetzgeber von seiner Kompetenz, konkretere Regelungen zu treffen, Gebrauch machen würde, indem er Löschfristen vorgibt.

Nach Art. 17 Abs. 1 lit. a) DS-GVO sind personenbezogene Daten zu löschen, wenn sie zur Erreichung der Zwecke, für die sie erhoben wurden, nicht mehr notwendig sind. Die Datenschutzbehörden gehen davon aus, dass bei der Videoüberwachung innerhalb von ein bis zwei Tagen geklärt werden kann, ob eine Sicherung des Materials notwendig ist und empfehlen eine Löschung nach 72 Stunden.[682] Das BAG hat in einer viel beachteten Entscheidung noch zur

---

680 So aber § 32e Abs. 2 BDSG-E (BT-Drs. 17/4230), der für Präventivmaßnahmen voraussetzte, dass Tatsachen den Verdacht begründen, dass eine Straftat oder eine schwerwiegende Pflichtverletzung bereits begangen worden ist.

681 Ähnlich *Kort*, Spannungsfeld Datenschutz und Compliance im RegE Beschäftigtendatenschutzgesetz, Vortrag im Rahmen der 1. Bitburger-Gespräche, München 14.–15. Oktober 2010, Ziffer V. 1.

682 Datenschutzkonferenz (DSK), Orientierungshilfe Videoüberwachung durch nichtöffentliche Stellen, 17.7.2020, S. 22 f., abrufbar unter https://www.datenschutzkonfer

alten Rechtslage hingegen – jedenfalls bei offener Videoüberwachung – eine Auswertung über sechs Monate nach der Aufnahme für zulässig gehalten.[683] Überzeugend erscheint eine Differenzierung danach, ob eine obligatorische, also anlasslose, Auswertung der Aufnahmen erfolgt. Denn auch die Auswertung ist ein Eingriff in das Persönlichkeitsrecht der betroffenen Beschäftigten. Entscheidet sich der Arbeitgeber gegen eine permanente Auswertung, sollte ihm ein längerer Speicherzeitraum zugestanden werden, um ihn in die Lage zu versetzen, später bekannt gewordene Verstöße mittels der Videoaufnahmen aufzuklären. Angemessen erscheint insofern eine Jahresfrist zur Löschung. In aller Regel werden Verstöße innerhalb dieses Zeitraumes bekannt. Der Eingriff in die Rechte der Betroffenen hält sich zudem im Rahmen, weil sie bei der offenen Videoüberwachung um die Verarbeitung ihrer personenbezogenen Daten wissen und entsprechend Rechtschutz suchen können. Zudem soll die Löschung der Verhinderung zweckwidriger Verwendung dienen. Die Speicherung der Aufnahme dient aber allein der Zweckerreichung und benachteiligt den Beschäftigten nicht übermäßig. Dies insbesondere vor dem Hintergrund, dass als Alternative die wohl schwerer wiegende Auswertung der Aufnahmen in Betracht käme. Wertet der Arbeitgeber die Aufnahme ohnehin regelmäßig aus, ist es ihm jedoch auch zumutbar, dies binnen 48 Stunden zu tun und nicht notwendiges Material zu löschen.

ee) Technik

Während die erlaubte Dauer der Speicherung durch äußere Einflüsse kaum beeinträchtigt wird, gestaltet sich die konkrete Festlegung technischer Mittel im Hinblick auf die sich stetig wandelnde und fortschreitende Entwicklung als nahezu unmöglich und darüber hinaus auch wenig sinnvoll. Die darauf Bezug nehmenden Maßstäbe sollten dementsprechend möglichst neutral und so gehalten sein, dass der Einsatz von die Beschäftigten möglichst schonende Software zu jeder Zeit gewährleistet ist. Dies könnte am besten und zuverlässigsten erreicht werden, wenn die oberste Bundesbehörde (Bundesbeauftragte/r für den Datenschutz und die Informationsfreiheit (BfDI)) in regelmäßigen Abständen Listen mit ihren Ansprüchen genügender Software veröffentlichen und gesetzlich vorgesehen würde, dass jedenfalls die Verwendung einer dort aufgeführten Software einer rechtmäßigen Datenverarbeitung nicht entgegensteht. Darüber hinaus

---

enz-online.de/media/oh/20200903_oh_v%C3%BC_dsk.pdf, (zuletzt abgerufen am 04.08.2022).

683 BAG, Urt. v. 23.8.2018 – 2 AZR 133/18 = NZA 2018, 1392, 1333.

sollte eine Genehmigungsmöglichkeit[684] für Software vorgesehen werden, die auf dieser Liste nicht geführt wird, um auch finanziell weniger gut ausgestatteten Unternehmen oder solchen, die aufgrund ihrer besonderen Ausgestaltung eine andere Software einsetzen (müssen), die Möglichkeit zu geben, Rechtssicherheit hinsichtlich der Überwachungsmethode zu erlangen. Die Genehmigung sollte zeitlich befristet werden und eine Begründung erfordern, weshalb die zur Prüfung gestellte Software eingesetzt werden soll.

ff) Abwägungskriterien

Werden die auf oben dargestellten Grundlagen basierenden, konkreten gesetzlichen Vorgaben nicht eingehalten, so sollte die Verarbeitung aber nicht per se als rechtswidrig eingestuft werden. Vielmehr sollte die Möglichkeit einer Abwägung im Einzelfall vorgesehen werden, für die bestimmte Kriterien vorgegeben werden. Auf diese Weise werden Unternehmen bevorzugt, die die gesetzlichen Vorgaben einhalten. Sie können auf die Rechtssicherheit ihrer Kontrollmaßnahmen vertrauen. Arbeitgeber, die die Vorgaben – sei es aus finanziellen, sei es aus anderen Gründen – nicht einhalten, können sich nicht in gleichem Maße auf die Rechtmäßigkeit der Überwachung verlassen, erhalten aber gleichwohl hilfreiche Kriterien, an denen sie die Ausgestaltung der Kontrolle orientieren können.

Für die Abwägung kann auf die in der Rechtsprechung entwickelten – und um die besonderen für die Überwachung zwecks Einhaltung datenschutzrechtlicher Vorschriften erweiterten – Kriterien zurückgegriffen werden. Diese Kriterien bieten den Unternehmen zwar nur eine Orientierung. Der Vorteil im Vergleich zur aktuellen Situation ist jedoch, dass die Kriterien gesammelt dargestellt werden und nicht erst mühsam anhand Einzelfallrechtsprechung herausgefiltert werden müssen. Die Abwägung soll lediglich als „Auffangbecken" für solche Arbeitgeber dienen, die die gesetzlich vorgegebenen Maßstäbe nicht einhalten (können). Ziel ist jedoch eine möglichst einheitliche Handhabung der technischen Überwachung, was mit der Privilegierung derjenigen erreicht werden soll, die sich an die konkreten gesetzlichen Vorgaben halten.

Die in der Rechtsprechung entwickelten Kriterien sollten wie folgt im Rahmen der gesetzlichen Regelung Berücksichtigung finden: Das Kriterium der Anlassbezogenheit ist insofern hinfällig, weil diese für den konkreten Zweck bereits in der Vorschrift geregelt wird. Wird auf den Einsatz einer genehmigten Software verzichtet, so sollte mit der Einstellung der Kriterien Dauer und Art der

684 Ähnlich *Maas/Schmitz/Wedde*, Datenschutz 2014 – Probleme und Lösungsmöglichkeiten, S. 67.

Überwachung sowie Inhalt und Persönlichkeitsrelevanz dafür Sorge getragen werden, dass – soweit möglich – stichprobenartige und gegebenenfalls pseudonymisierte oder anonymisierte Kontrollen durchgeführt werden und sämtliche Kontrollen einen angemessenen Schutz für die personenbezogenen Daten der Beschäftigten vorsehen. Im Formulierungsvorschlag als zwingend für die Rechtmäßigkeit der Maßnahme vorgesehen ist die Offenheit der Kontrolle sowie die Einbeziehung des Datenschutzbeauftragten, sodass die Kriterien der Heimlichkeit und der Einbeziehung Dritter nicht aufzunehmen sind. Fester Bestandteil des Konzepts sollte in jedem Fall eine determinierte Löschfrist sein.

Neben den in der Rechtsprechung entwickelten Abwägungskriterien ist unbedingt den Besonderheiten des Datenschutzes Rechnung zu tragen. So etwa dem Umstand, dass die Kunden, deren personenbezogene Daten durch die Überwachung geschützt werden sollen, ebenso grundrechtlich vor einem Eingriff in ihr allgemeines Persönlichkeitsrecht geschützt werden wie die von der Kontrolle betroffenen Beschäftigten. Die Abwägung im Rahmen der Verhältnismäßigkeit der Verarbeitung hat insofern nicht nur Arbeitgeber- und Arbeitnehmerinteressen in Ausgleich zu bringen, sondern zusätzlich die Interessen der Kunden. Insofern sollte auch die Art der Daten berücksichtigt werden. Besondere Kategorien personenbezogener Daten Dritter im Sinne des Art. 9 Abs. 1 DS-GVO können auf diese Weise eine engmaschigere Überwachung der Beschäftigten rechtfertigen. Als Kriterium zugunsten des Unternehmens sollten zudem von ihm getroffene strukturelle Maßnahmen gewertet werden, etwa die regelmäßige Schulung der betroffenen Mitarbeiter und Mechanismen zur regelmäßigen Prüfung und Anpassung der Überwachungsmaßnahmen. Zwar wird hierdurch der Eingriff in das Persönlichkeitsrecht der Beschäftigten nicht verringert. Neben den weiteren positiven Aspekten wie Sensibilisierung und Verständnis der Beschäftigten verleiht der Arbeitgeber damit aber seiner Bestrebung Ausdruck, tatsächlich Verstößen gegen den Datenschutz vorbeugen zu wollen und die Kontrollen nicht als Vorwand für Prüfung von Leistung und Verhalten der Mitarbeiter zu nutzen.

4. Formulierungsvorschlag

Soweit bereits bestehende Regelungen ergänzt wurden, sind die Einfügungen in kursiver Schrift kenntlich gemacht.

§ 26 Datenverarbeitung für Zwecke des Beschäftigungsverhältnisses

(1) Personenbezogene Daten von Beschäftigten dürfen für Zwecke des Beschäftigungsverhältnisses verarbeitet werden, wenn dies für die Entscheidung über die Begründung eines Beschäftigungsverhältnisses oder nach

Begründung des Beschäftigungsverhältnisses für dessen Durchführung oder Beendigung oder zur Ausübung oder Erfüllung der sich aus einem Gesetz oder einem Tarifvertrag, einer Betriebs- oder Dienstvereinbarung (Kollektivvereinbarung) ergebenden Rechte und Pflichten der Interessenvertretung der Beschäftigten erforderlich ist. *Sofern sich die Erlaubnis zur Verarbeitung personenbezogener Daten von Beschäftigten aus einer Kollektivvereinbarung ergibt, darf diese das durch die DS-GVO gewährleistete Schutzniveau nicht unterschreiten, aber schutzerhöhend zugunsten der Beschäftigten ausgestaltet sein.* Zur Aufdeckung von Straftaten dürfen personenbezogene Daten von Beschäftigten nur dann verarbeitet werden, wenn zu dokumentierende tatsächliche Anhaltspunkte den Verdacht begründen, dass die betroffene Person im Beschäftigungsverhältnis eine Straftat begangen hat, die Verarbeitung zur Aufdeckung erforderlich ist und das schutzwürdige Interesse der oder des Beschäftigten an dem Ausschluss der Verarbeitung nicht überwiegt, insbesondere Art und Ausmaß im Hinblick auf den Anlass nicht unverhältnismäßig sind.

(2) – (8) […].

§ 26a Betriebliche Kommunikationseinrichtungen

Arbeitgeber sind gegenüber ihren Beschäftigten kein Diensteanbieter im Sinne des § 3 Nr. 6 TKG, gleich ob sie die private Nutzung betrieblicher Kommunikationseinrichtungen erlauben, dulden oder untersagen.

§ 26b Technische Überwachung zwecks Sicherstellung des Schutzes personenbezogener Daten

(1) Der Arbeitgeber darf Beschäftigte zwecks Sicherstellung des Schutzes personenbezogener Daten, insbesondere hinsichtlich der Einhaltung der Voraussetzungen des Art. 6 Abs. 1 Satz 1 DS-GVO, mit technischen Mitteln überwachen.

(2) Die Überwachung gemäß Absatz 1 darf präventiv und anlasslos erfolgen. Ein Verdacht dahingehend, dass bereits eine Straftat oder schwerwiegende Pflichtverletzung begangen wurde oder deren Begehung droht, ist nicht erforderlich.

(3) Die Überwachung gemäß Absatz 1 muss offen erfolgen. Die Beschäftigten sind gemäß dem Grundsatz der Transparenz (Art. 5 Abs. 1 lit. a DS-GVO) insbesondere über die Zwecke der Verarbeitung, die betroffenen personenbezogenen Daten, die Art und Weise der Verarbeitung sowie deren Verwertung zu informieren. § 26 Abs. 5 BDSG bleibt unberührt.

(4) Ist der Arbeitgeber gemäß Art. 37 DS-GVO oder § 38 BDSG zur Bestellung eines Datenschutzbeauftragten verpflichtet, ist dieser bei der Implementierung der Überwachungsmaßnahme und späteren Änderungen zu beteiligen. Erfolgt eine Auswertung der nach Absatz 1 erhobenen Daten, ist der Datenschutzbeauftragte auch bei dieser zu beteiligen. § 25 Abs. 6 BDSG bleibt unberührt.

(5) Die Überwachung gemäß Absatz 1 ist jedenfalls zulässig, wenn sie unter Einsatz einer Software erfolgt, die von der/dem Bundesbeauftragten für den Datenschutz und die Informationsfreiheit (BfDI) als geeignet festgestellt oder deren Einsatz auf Antrag des Arbeitgebers vom BfDI genehmigt wurde.

(6) Werden die mittels Überwachung gemäß Absatz 1 erhobenen personenbezogenen Daten anlasslos ausgewertet, so ist nicht notwendiges Material spätestens 72 Stunden nach Erhebung zu löschen, sofern nicht eine Rechtsgrundlage für dessen Speicherung besteht. Werden die mittels Überwachung gemäß Absatz 1 erhobenen personenbezogenen Daten anlassbezogen ausgewertet, so ist das Material spätestens ein Jahr nach Erhebung zu löschen, sofern nicht eine Rechtsgrundlage für dessen Speicherung besteht.

(7) Eine Überwachungsmaßnahme nach Absatz 1, die entsprechend der Voraussetzungen nach den Absätzen 3, 4 und 6 durchgeführt wurde, nicht aber die Voraussetzungen des Absatzes 5 erfüllt, ist rechtmäßig gemäß § 26 Abs. 1 Satz 1 BDSG, wenn sie im konkreten Einzelfall erforderlich war. Die Erforderlichkeit ist insbesondere anhand der folgenden Abwägungskriterien zu beurteilen:
   1. Streubreite des Eingriffs,
   2. Ort der Überwachung,
   3. Dauer der Überwachung,
   4. Art der Überwachung,
   5. Inhalt der verarbeiteten Daten,
   6. Persönlichkeitsrelevanz der verarbeiteten Daten,
   7. Nachteilige Folgen für die Betroffenen,
   8. Interessen Dritter, deren personenbezogene Daten mit der Überwachung geschützt werden sollen,
   9. Art der personenbezogenen Daten, die durch die Überwachung geschützt werden sollen,
   10. Strukturelle Maßnahmen des Arbeitgebers zur Abmilderung des Eingriffs in die Rechte der Beschäftigten.

§ 11 Zusammenfassung der Ergebnisse

Die DS-GVO hat eine lange Entstehungsgeschichte und soll den Schutz personenbezogener Daten natürlicher Personen gewährleisten. Räumlich gesehen gilt das bisherige Sitzprinzip fort, welches jedoch mit Art. 3 Abs. 2 DS-GVO durch das Marktortprinzip ergänzt wird.

In Art. 6 Abs. 1 Satz 1 enthält die DS-GVO verschiedene Erlaubnistatbestände, deren Aufführungsreihenfolge keine Rangfolge indiziert. So kann die Verarbeitung personenbezogener Daten etwa auf Grundlage einer Einwilligungserklärung gemäß Art. 6 Abs. 1 Satz 1 lit. a) DS-GVO erfolgen, an deren Wirksamkeit jedoch hohe Anforderungen gestellt werden und die jederzeit widerrufen werden kann, ohne dass hierfür ein plausibler Grund gefordert werden darf. Wird die Verarbeitung zunächst auf einen Erlaubnistatbestand gestützt, der im weiteren Verlauf sodann gewechselt werden soll, so ist dies nach hiesiger Auffassung möglich, wie sich vor allem aus dem eindeutige Gesetzeswortlaut des Art. 17 Abs. 1 lit. b) DS-GVO ableiten lässt.

Neben weitgehend allgemeinen Grundsätzen finden sich in der Verordnung einige zusätzliche Regelungen für bestimmte Verarbeitungskontexte. So bietet Art. 88 Abs. 1 DS-GVO den Mitgliedstaaten die Möglichkeit, durch Rechtsvorschriften oder Kollektivvereinbarungen „spezifischere Vorschriften zur Gewährleistung des Schutzes der Rechte und Freiheiten hinsichtlich der Verarbeitung personenbezogener Beschäftigtendaten im Beschäftigtenkontext" zu treffen. Die Reichweite der Vorschrift ist bislang allerdings weitgehend ungeklärt. Im Hinblick darauf, dass es sich um EU-Gesetzgebung handelt, erscheint es sinnvoll, für den Beschäftigtenbegriff auf die anhand des Art. 45 AEUV entwickelte Rechtsprechung des EuGH zurückzugreifen. Zudem kann nur durch eine weite Auslegung des Begriffs den Besonderheiten des mitgliedstaatlichen Arbeits- und Sozialrechts Rechnung getragen werden. Vor diesem Hintergrund ist auch der Begriff „Beschäftigungskontext" weit auszulegen. Höchst umstritten ist die Frage, ob Art. 88 Abs. 1 DS-GVO einen Mindeststandard vorgibt oder ob das Prinzip der vollständigen Harmonisierung in den Mitgliedstaaten gelten soll. Nach Auslegung der Öffnungsklausel erscheint es überzeugender, von einer Mindestharmonisierung auszugehen. Die Mitgliedstaaten haben also die Möglichkeit, im Bereich Beschäftigtendatenschutz nicht nur konkretisierende, sondern auch strengere Regelungen vorzusehen. Eine Unterschreitung des durch die DS-GVO gewährten Schutzniveaus steht hingegen nicht zur Disposition der nationalen Gesetzgeber, der nach Art. 88 Abs. 2 DS-GVO ohnehin angemessene und besondere Schutzmaßnahmen vorzusehen hat.

Von der Öffnungsklausel hat der deutsche Gesetzgeber mit § 26 BDSG Gebrauch gemacht, der in Abs. 1 § 32 Abs. 1 BDSG a.F. nahezu wortgleich übernimmt und dessen Satz 2 keine Sperrwirkung gegenüber Satz 1 entfaltet. Datenverarbeitungen zur Aufklärung von Pflichtverletzungen unterhalb der Strafbarkeitsschwelle können also auf § 26 Abs. 1 Satz 1 BDSG gestützt werden, sofern dessen Voraussetzungen vorliegen.

Die Frage nach dem jeweiligen Verhältnis stellt sich auch bei weiteren Vorschriften. So etwa bei § 4 Abs. 1 BDSG, der die Zulässigkeit der Videoüberwachung im öffentlich zugänglichen Raum regelt. Entsprechend der Rechtsprechung zur damaligen gesetzlichen Regelung des § 6b BDSG a.F. steht einer Datenverarbeitung § 4 BDSG nicht entgegen, sofern die Voraussetzungen für die Verarbeitung von Beschäftigtendaten nach § 26 Abs. 1 Satz oder 2 BDSG erfüllt sind. Im Hinblick auf Art. 6 DS-GVO kann nach hier vertretener Ansicht bezüglich der Verarbeitung von Beschäftigtendaten auf einen der dortigen Erlaubnistatbestände zurückgegriffen werden, wenn die Verarbeitung nicht der Aufdeckung von Straftaten oder Zwecken für die Entscheidung über die Begründung eines Beschäftigungsverhältnisses, für dessen Durchführung oder Beendigung im Sinne des Art. 26 Abs. 1 BDSG dient.

Mit Einführung des § 26 Abs. 2 BDSG hat der Gesetzgeber Stellung zur Frage bezogen, ob im Verhältnis Arbeitgeber – Arbeitnehmer eine wirksame Einwilligung erteilt werden kann und dies – sofern die in der Vorschrift genannten (hohen) Wirksamkeitsanforderungen eingehalten werden – bejaht.

Einen weiteren einen eigenständigen datenschutzrechtlichen Erlaubnistatbestand enthält Art. 88 Abs. 1 DS-GVO für Betriebsvereinbarungen. Absatz 4 stellt in Umsetzung des Art. 88 Abs. 1 DS-GVO klar, dass Tarifverträge, Betriebsvereinbarungen oder Dienstvereinbarungen weiterhin die Rechtsgrundlage für Regelungen zum Beschäftigtendatenschutz bilden können. Diese Kollektivvereinbarungen sind inhaltlich sodann an Art. 88 Abs. 2 DS-GVO zu messen. Wie der nationale Gesetzgeber dürfen auch die Kollektivparteien dabei das Schutzniveau über- aber nicht unterschreiten.

Auch nach Einführung des TTDSG ist die Frage der Vorrangigkeit der Regelungen der ehemaligen §§ 88, 91 TKG gegenüber § 26 BDSG ungeklärt. Insofern ist zwischen verbotener, geduldeter und erlaubter Privatnutzung zu differenzieren. Ist die private Nutzung der betrieblichen E-Mail-Dienste nicht gestattet, wird die Anwendbarkeit des TTDSG zurecht von der ganz herrschenden Meinung verneint. Gleiches muss nach hiesiger Ansicht auch im Falle der Duldung sowie der Erlaubnis der Privatnutzung gelten. Denn durch die Duldung entsteht keine betriebliche Übung, sodass sie einer Erlaubnis nicht gleichgesetzt werden kann. Aber selbst für den Fall der ausdrücklichen privaten Nutzungserlaubnis ergibt die Auslegung der Vorschriften, dass die Regelungen zum Fernmeldegeheimnis keine Anwendung finden. Die Zulässigkeit der E-Mail-Kontrolle richtet sich demgemäß allein nach datenschutzrechtlichen Vorschriften.

Bei der Überwachung von Beschäftigten stehen sich unterschiedliche Interessen gegenüber. Auf der einen Seite steht der Arbeitgeber, der durch Grundrechte geschützt wird und dem bei Nichterfüllung seiner rechtlichen Pflichten zum Teil gravierende rechtliche wie auch faktische Konsequenzen drohen. Hinzu kommen einzuhaltende vertragliche Pflichten und die Verhinderung der Schädigung des Unternehmens. Auf der anderen Seite stehen die Interessen der von der Datenverarbeitung betroffenen Personen. Dies sind zum einen die überwachten Beschäftigten und zum anderen Dritte, deren personenbezogenen Daten im Unternehmen verarbeitet werden. Auch dieser Personenkreis kann sich auf grundrechtlichen Schutz berufen. Sie haben ein Interesse an der Einhaltung datenschutzrechtlicher Vorschriften sowie der Erfüllung vertraglicher Pflichten.

Vor diesem Hintergrund stellt sich die Frage nach der Zulässigkeit von Mitarbeiterkontrollen zwecks Sicherstellung der Einhaltung datenschutzrechtlicher Vorschriften durch die Beschäftigten.

Sowohl die Videokontrolle zwecks Zutrittskontrolle als auch die E-Mail-Kontrolle zwecks Weitergabekontrolle sind dabei an § 26 Abs. 1 Satz 1 BDSG zu messen. Die Rechtsprechung hat für die Angemessenheitsprüfung in einer Vielzahl von Einzelfallentscheidungen mehrere Abwägungskriterien entwickelt. Maßgeblich sollen insofern die Streubreite, die Anlassbezogenheit, der Ort, die Dauer, die Art sowie die Persönlichkeitsrelevanz der Überwachung sein. Daneben sind etwaige nachteilige Folgen, die Heimlichkeit der Maßnahme, die Einbeziehung Dritter, die weitere Verwertung der Daten und ein Kernbereichsbezug zu berücksichtigen. Anhand dieser Kriterien kann jedoch keine pauschale Aussage zur Rechtmäßigkeit der in Frage stehenden Überwachungsmethoden getroffen werden. Vielmehr ist in jedem konkreten Einzelfall eine Interessenabwägung vorzunehmen. Dies birgt ein erhebliches Maß an Rechtsunsicherheit für die Unternehmen. Zumal durch die mit Inkrafttreten der DS-GVO enorm gestiegenen Bußgelder der Bedarf für belastbare Entscheidungsgrundlagen und transparente Rechtsprechung nochmals gestiegen ist. Bislang ließ die Rechtsprechung insbesondere die sich hinsichtlich der datenschutzrechtlichen Compliance ergebende Kollision nicht nur zwischen Grundrechten des Unternehmens und dessen Beschäftigten, sondern zugleich der den Beschäftigtengrundrechten gleichstehenden Interessen von Kunden vermissen. Dabei finden sich auch in der DS-GVO Anhaltspunkte, die eine Berücksichtigung von Drittinteressen bei der Bewertung der Rechtmäßigkeit von Mitarbeiterüberwachung erforderlich erscheinen lassen. So werden in Art. 6 Abs. 1 Satz 1 lit. f) DS-GVO Drittinteressen ausdrücklich als mögliches berechtigtes Interesse für die Verarbeitung personenbezogener Daten genannt. Dieses durch die DS-GVO gewährleistete Schutzniveau für Dritte darf durch nationale Regelungen nicht unterschritten werden. Mit der Erlaubnis an die Mitgliedsstaaten, spezifischere Rechtsvorschriften zur Gewährleistung des Schutzes der Rechte und Freiheiten hinsichtlich der Verarbeitung personenbezogener Beschäftigtendaten im Beschäftigungskontext, insbesondere für Zwecke des Schutzes des Eigentums der Kunden, zu erlassen, indiziert auch Art. 88 Abs. 1 DS-GVO das Erfordernis, Drittinteressen in die Interessenabwägung einzustellen.

Verstoßen Unternehmen gegenüber Dritten gegen datenschutzrechtliche Vorgaben, so kann dies empfindliche Bußgelder, Schadensersatz-, Unterlassungs- und Beseitigungsansprüche sowie einen Anspruch auf Löschung der Daten zur Folge haben. All diese Folgen drohen auch, wenn Beschäftigte unrechtmäßig – also unter Verletzung datenschutzrechtlicher Vorgaben – überwacht wurden. Ihre Ansprüche gehen aber noch darüber hinaus. Denn ihnen können zusätzlich ein Leistungsverweigerungsrecht und das Recht zur fristlosen Kündigung zustehen.

Ergibt sich aus den Überwachungsmaßnahmen ein Kündigungsgrund, so stellt sich im Rahmen des sich anschließenden Kündigungsrechtsstreits regelmäßig die Frage nach der Verwertbarkeit von unter Verletzung datenschutzrechtlicher Vorschriften erlangten Materials. Voraussetzung für ein solches Beweisverwertungs- oder Sachvortragsverwertungsverbot ist eine Persönlichkeitsrechtsverletzung bereits durch die Informations- oder Beweisbeschaffung, die nicht durch überwiegende Belange des Arbeitgebers gerechtfertigt war. Zudem muss das Gericht durch die Verwertung ohne Rechtfertigung in eine verfassungsrechtlich geschützte Position des Arbeitnehmers eingreifen, indem es die Persönlichkeitsrechtsverletzung perpetuiert. Liegen diese Voraussetzungen vor, ist eine Verwertung ausgeschlossen.

Unter Berücksichtigung all dieser Ergebnisse können Unternehmen zwar zahlreiche tatsächliche Maßnahmen ergreifen, um im Rahmen der Angemessenheitsprüfung des § 26 Abs. 1 Satz 1 BDSG den Boden für eine zu ihren Gunsten ausgehende Interessenabwägung zu eben. Aufgrund der Vielzahl an Einzelfällen und Rechtsprechung stellen derartige Maßnahmen aber keine gänzlich verlässliche Grundlage dar. Individualvertragliche Vereinbarungen zur Überwachung sind sich in aller Regel nicht zu empfehlen, da sie zahlreiche – abermals mit rechtlichen Unsicherheiten flankierte – Risiken bergen. Als kollektivrechtliche Lösungsmöglichkeit bieten hingegen die Betriebsvereinbarungen zahlreiche

Vorteile und dient in der Praxis als probates Mittel rechtlichen Unsicherheiten besser Herr zu werden. Allerdings gilt die Betriebsvereinbarung wegen des Territorialitätsprinzips nur national und entfaltet weder für Leitungsorgane noch für leitende Angestellte Wirkung. Vor allem aber steht dieser Weg naturgemäß nicht allen Unternehmen offen. Als beste Lösung erscheint mithin eine für alle Unternehmen gleichermaßen geltende gesetzliche Regelung, die unter Berücksichtigung der sich aus dem Interessen-Dreigespann ergebenden Besonderheiten sowie der von der bisherigen Rechtsprechung entwickelnden Kriterien belastbare Vorgaben zur Rechtmäßigkeit der Mitarbeiterüberwachung zwecks datenschutzrechtlicher Compliance macht. In diesem Rahmen sollten sodann auch bislang streitige Fragen einer gesetzlichen Regelung zugeführt werden.

www.ingramcontent.com/pod-product-compliance
Ingram Content Group UK Ltd.
Pitfield, Milton Keynes, MK11 3LW, UK
UKHW021936290926
8980IPUK00016B/1658

9 783631 905982